Dara McAnulty
Tagebuch eines jungen Naturforschers

# DARA McANULTY

# TAGEBUCH EINES JUNGEN NATUR-FORSCHERS

Aus dem Englischen von Andreas Jandl

Mit zehn Schwarz-Weiss-Fotos und einer Karte

MALIK

Mehr über unsere Autor*innen und Bücher:
*www.malik.de*

Abdruck des Lieds »Bottom of the Sea Blues« auf Seite 236:
Words and music by Johnny Flynn,
© 2013 Cold Bread Ltd.
All Rights Administered by Kobalt Music Publishing Limited.
All Rights Reserved. International Copyright Secured.
Used by permission of Hal Leonard Europe Limited.

Inhalte fremder Webseiten, auf die in diesem Buch (etwa durch Links) hingewiesen wird, macht sich der Verlag nicht zu eigen. Eine Haftung dafür übernimmt der Verlag nicht.

ISBN 978-3-89029-551-0
© Dara McAnulty & Little Toller Books, 2020
Titel der englischen Originalausgabe:
»Diary of a Young Naturalist«, erschienen bei Little Toller Books, Dorset 2020
© Piper Verlag GmbH, München 2021
Redaktion: Antje Steinhäuser, München
Fotos im Innenteil: Familie McAnulty, 2020
Karte: Barry Falls, 2020
Satz: Uhl + Massopust, Aalen
Gesetzt aus der Sabon
Litho: Lorenz & Zeller, Inning am Ammersee
Druck und Bindung: GGP Media GmbH, Pößneck
Printed in Germany

*Für meine Familie*

# Inhalt

Vorwort 9

FRÜHLING 15

SOMMER 71

HERBST 141

WINTER 189

Glossar 239

Dank 251

# Vorwort

Dieses Tagebuch hält fest, wie meine Welt sich verändert, von Frühling bis Winter, bei uns zu Hause, in der Wildnis, in meinem Kopf. Es begleitet mich vom County Fermanagh im nordirischen Westen ins County Down im Osten. Es zeigt die Entwurzelung durch den Umzug, den Wechsel von County und Landschaft und die zwischenzeitliche Heimatlosigkeit auch meiner Sinne und Gedanken. Mein Name ist Dara, im Irischen bedeutet das »Eiche« und ist in meinem Fall ein Jungenname. Als Baby nannte Mum mich *lon dubh,* das heißt Amsel, was sie heute noch manchmal tut. Mein Herz ist das eines Naturforschers, mein Kopf der des Wissenschaftlers, der ich werden will, und meine Knochen sind alt und morsch und ächzen, wenn ich sehe, wie gleichgültig und grob wir mit der Natur umgehen. Der Fluss aus meiner Feder zeigt meine Verbundenheit mit Flora und Fauna, erklärt möglichst klar meine Sicht auf die Welt und erzählt, wie wir als Familie alle Stürme überstehen.

Ich begann mit dem Schreiben in einem sehr einfachen Bungalow, in einer Wohngegend mit vielen Familien, die ihre Kinder nie raus vor die Tür ließen, und älteren Leuten, deren Brut bereits ausgeflogen war, die ihren Garten und den Rasen mit einer Schere stutzten – ja, das habe ich tatsächlich gesehen. In dieser Umgebung bildeten sich langsam erste Sätze, dort rang auf dem Blatt die Verzückung mit dem Frust, und dort verwandelte sich in den Frühlings- und Sommermonaten unser Garten (anders als die anderen in unserem kleinen Straßenwinkel) in eine Wiese mit Wildblumen, Insekten und einem in den hohen Gräsern aufgestellten »Bee and Bee«-Schild für geflügelte Gäste, ein Ort, an dem unsere Familie stundenlang die Üppigkeit der Natur beobachtete, die anderen Gärten fehlte, ohne dass wir den Nachbarn, die hin und wieder mit hochgezogenen Brauen hinter ihren Vorhängen hervorschauten, irgendwelche Beachtung schenkten.

Seitdem sind wir umgezogen, haben das Land durchquert und haben uns – nicht zum ersten Mal – ein neues Zuhause eingerichtet. In meinem noch nicht so langen Leben waren wir Nomaden schon an vielen Orten zu Hause. Doch egal, wo wir uns niederlassen, unser Haus ist immer voll mit Büchern, Schädeln, Federn, Politik, heftigen Debatten, Tränen, Gelächter und Freude. Manche Menschen meinen, dass Wurzeln durch Steine und Mörtel entstehen, aber unsere wachsen wie unterirdische Pilzgeflechte in alle Richtungen, verbinden sich zu einem Grundstock gemeinsam gelebten Lebens, sodass wir, egal wohin wir gehen, immer verwurzelt bleiben.

Meine Eltern stammen beide aus dem Arbeitermilieu und waren in ihren Familien die erste Generation, die zur Uni ging und dort Abschlüsse machte, und sie folgen nach wie vor ihrem Ideal, diese Welt besser machen zu wollen. Das heißt, wir haben keinen materiellen Reichtum, aber sind, wie Mum sagt, »in anderer Hinsicht reich«. Dad ist – und war immer – ein Wissenschaftler (erst Meeresforschung, jetzt Naturschutz). Er hat das geheime Wissen der Wildnis für uns lebendig gemacht und uns die Rätsel der Natur erklärt. Mums berufliche Laufbahn ähnelt der Herangehensweise, wie man am besten einen Strom durchquert: nie gradlinig. Musikjournalismus, Freiwilligenarbeit, Uni – auch heute macht sie immer noch ein bisschen von alldem, während sie nebenbei meine neunjährige Schwester Bláthnaid zu Hause unterrichtet. Bláthnaids Name bedeutet »die Blühende«, und im Augenblick ist sie Expert für Feen, kann aber auch viel zu Insekten sagen, hält sich Schnecken und repariert alle Elektrosachen im Haus (worüber Mum gewaltig staunt). Ich habe auch einen Bruder, Lorcan – »der wild Entschlossene« –, der dreizehn ist. Lorcan hat sich selbst beigebracht, Musik zu machen, und erzeugt damit bei uns immer wieder große Verzückung und zugleich Verwirrung. Er ist außerdem ein Adrenalinjunkie – was bedeutet, er rennt Berge herunter, springt von Steilküsten ins Meer und geht überhaupt mit der Energie eines Neutronensterns durchs Leben. Dann ist da noch Rosie, eine vor dem Einschläfern gerettete Greyhound-Dame, die unter heftigen Blähungen leidet und die wir 2014 adoptiert haben. Ihr Fell ist gestreift, sie ist unsere Tigerhündin. Wir nennen sie auch »Kissen auf vier Beinen«, und sie ist eine großartige Gefährtin und Stresskillerin. Ich, nun ja, ich bin der Nachdenkliche, meine Hände sind immer schmutzig und meine Taschen vollgestopft mit toten Dingen und (manchmal) mit Tierkot.

Bevor ich mich hingesetzt und dieses Tagebuch verfasst habe, hatte ich bereits einen Blog im Internet geschrieben. Ein größeres Grüppchen Menschen mochte den und sagte mehr als einmal, ich sollte doch ein Buch schreiben. Was ziemlich erstaunlich ist, da ein Lehrer meinen Eltern einmal sagte, »Ihr Sohn wird Texte nie in ihrer Gänze verstehen, geschweige denn einen durchgehenden Absatz schreiben können.« Und doch mache ich das jetzt. Meine Stimme brodelt und steigt auf, wie bei einem Vulkan, und all mein Frust und meine Leidenschaften können beim Schreiben ausbrechen – hinaus in die Welt.

Unsere Familie verbinden nicht nur Blutsbande, wir sind auch alle autistisch, alle bis auf Dad – er ist der Sonderling, und von ihm hängen wir ab, damit er uns nicht nur die Mysterien der Natur, sondern auch die des Menschen verrät. Zusammen sind wir ein verschrobener, chaotischer Haufen. Und sind wohl ganz schön beeindruckend. Dicht aneinandergeschmiegt wie die Otter ziehen wir zusammen hinaus in die Welt.

# FRÜHLING

MEIN TRÄUMEN IN DER DUNKELHEIT *wird unterbrochen. Ich bin irgendwo zwischen Auftauchen und Atemschöpfen, als ein Flöten in mein Bewusstsein dringt. Die Wände meines Zimmers lösen sich auf. Der Raum zwischen Bett und Garten schrumpft, wird eins. Ich stehe auf, ohne mich zu rühren, gehalten von der Schwere des Schlafs. Die Töne rieseln weiterhin auf meine Brust. Jetzt sehe ich vor dem inneren Auge die Amsel: Ihre Reviersonaten schallen durch den frühen Morgen, die Testosteron-Pfeile schwirren. Eingetaucht in die Musik, rattern in meinem wachen, denkbereiten Hirn die Gedanken los.*

*Der Frühling ist von Raum zu Raum verschieden, aber für mich liegt der größte Zauber in allem Seh- und Hörbaren, das zwischen Himmel und Wurzeln meinen Alltag umgibt. Der Frühling ist die Froschfrau, die ganz zu Beginn unserer Zeit in diesem Haus unsere Pfade kreuzte – unsere erste Begegnung hatten wir mit einem Klecks rasch auf Asphalt gesetzten Laich, dessen unsichtbaren Weg die Moderne durchkreuzte. Besorgt schufen wir voller Hoffnung ein feuchtes Asyl: Wir setzten einen Eimer Wasser in die Erde und bestückten ihn zum Ein- und Ausstieg mit Tontopfscherben, Kieseln, Pflanzen und einigen Stöcken. Wir wussten nicht, ob es funktionieren würde. (Um tiefer zu graben, hätten wir für den Blocklehm, mit dem unser Vorortgarten in Enniskillen gesegnet war, einen Bagger gebraucht.) Im darauffolgenden Jahr kam es aber zu einer zweiten Begegnung, als nämlich unsere amphibische Freundin beschwingt durchs Gras tanzte, Gesellschaft von einem zweiten Frosch bekam und uns zum Geschenk eine Ladung Froschlaich im Asyl-Eimer hinterließ. Wir jubelten, und unsere*

*Freude war bis an den Fuß des Hügels zu hören, wo sie einen Moment lang das Rauschen des Autoverkehrs nach Sligo oder Dublin übertönte und sogar das Rumpeln und Rattern des nahen Betonwerks.*

*Die Ebbe und Flut der Zeit bringt in vertrauter Folge alljährlich Wunder und Funde hervor wie zum allerersten Mal. Die prickelnde Erregung hört nie auf. Neues ist immer lieblich.*

*Hain-Veilchen kommen als Erste hervor, genau wenn die Sperlinge Moos aus den Regenrinnen herauswühlen und die Luft sich plustert wie die Brust eines Rotkehlchens. Löwenzahn und Butterblume scheinen auf wie Sonnenstrahlen, zeigen den Bienen, dass es nun sicher ist, endlich auch herauszukommen. Kommt der Frühling, will ich jedes Wiederaufleben sehen. Bláthnaid feiert ihn jeden Tag, indem sie die Gänseblümchen zählt, und wenn es ausreichend viele für einen Kranz sind, wird sie zur »Frühlingskönigin« – und falls noch welche übrig sind, macht sie noch ein Armband und einen passenden Ring zur Vervollständigung der Dreifaltigkeit. Manchmal reichen, wie durch Zauberei, die Gänseblümchen für eine ganze Wochenproduktion an Schmuck und Amuletten, dann bedenkt sie, hier und dort, das ganze Haus mit ihren Gänseblümchengeschenken.*

*Mir wurde mehr als einmal erzählt, ich sei ein Aurorababy gewesen, das zum Tagesanbruch wach war. Ich kam im Frühling zur Welt, und meine ersten Morgen waren – dem wachsenden Körper und Geist zur Nahrung – begleitet von der Sonate der Amselmännchen. Vielleicht war ihr Gesang das erste Locken der Wildnis. Mein Ruf. Ich denke oft an den heiligen Kevin, Caoimhín, stelle mir vor, wie er dasteht, mit vorgestreckter Hand, und darin ein Amselnest hält, bis das eine Junge flügge ist. Caoimhín von Glendalough war ein Einsiedler, der Trost in der*

*Natur suchte. Als ihn immer mehr Menschen aufsuchten, um sich bei ihm Rat zu holen und seine Lehre zu hören, bildete sich nach und nach eine Klostergemeinschaft.*

*Ich liebe die Geschichten von Caoimhín, vielleicht auch, weil Caoimhín der Heiligenname ist, den ich mir zur Konfirmation ausgesucht habe. Obwohl ich jetzt weiß, dass dies vor allem meinem Erwachsenwerden dienen sollte, ist mir der Name immer noch wichtig, umso mehr, da seine Geschichte zeigt, wie wir, auch wenn wir gar nicht wollen, die Wildnis stören und das Gleichgewicht zwischen Mensch und Natur verändern. Das Gefühl hatte Caoimhín, als ihm immer mehr Menschen folgten, vielleicht auch.*

*Die Fülle der Töne. Ich höre sie auch aus dem vollsten Luftraum heraus. Sie sind der Beginn von allem, das Erwachen von so vielem. Das Lied trägt mich weiter in die Vergangenheit: Ich bin drei und lebe entweder in meinem Kopf oder unter den kriechenden, krabbelnden, flatternden Dingen der Wildnis. Sie alle sind mir verständlich, anders als die Menschen. Ich warte darauf, dass die Morgenröte ins Schlafzimmer meiner Eltern scheint.*

*Lorcan liegt zwischen Mum und Dad eingebettet. Ich lausche auf die Töne, und sie beginnen, sobald die erste Portion Licht auf den Vorhang trifft. Goldene Schatten enthüllen die Gestalt, auf die ich gewartet hatte: die horchende Amsel auf dem Küchenanbau, ein prächtiger Bote auf dem Dach der Schlafenden und Wachenden.*

*Als die Amsel kam, konnte ich erleichtert aufseufzen. Es hieß, der Tag hatte wie alle anderen begonnen. Es gab Gleichmäßigkeit. Alles ging seinen festen Gang. Und jeden Morgen lauschte ich, berührte die Schatten und wollte weder die Vorhänge aufziehen noch jemanden wecken. Nie wollte ich den Moment zerstören. Ich konnte den Rest der Welt mit seinem Gehetze und*

*Gewühle, seinem Krach und Trubel nicht hereinbitten. Also lauschte ich und beobachtete – die winzigen Bewegungen von Schnabel und Rumpf, die langen Linien der Telefondrähte, die dreißigsekündigen Pausen zwischen den Strophen.*

*Ich wusste, dass »mein« Vogel das Männchen war, denn einmal, nur einmal, schlich ich die Treppe hinunter und schaute durch die Verandatüren hinauf. Dort saß es, starr und grau, doch war es dort und war immer dort. Ich zählte jeden Takt und prägte ihn mir ein, dann schlich ich die Treppe wieder hinauf und beobachtete wieder das Schattenspiel auf dem Vorhang. Das Amselmännchen war der Dirigent meines Tages, jeden Tag, für eine scheinbar lange Zeit. Dann hörte es auf, und ich dachte, meine Welt zerbricht. Ich musste mir eine neue Aufwachbeschäftigung suchen, und ich begann lesen zu lernen. Zunächst Bücher über Vögel, dann über alle wild lebenden Tiere. Die Bücher mussten naturgetreue Bilder und viele Informationen haben. Die Bücher halfen mir, eine Brücke zum Amseltraum zu bauen. Sie verbanden mich physisch mit dem Vogel. Ich lernte, dass nur Amselmännchen mit so viel Hingabe singen und dass Vögel singen, wenn sie einen Grund dazu haben, etwa um ihr Revier zu verteidigen oder das andere Geschlecht anzuziehen. Sie sangen nicht für mich oder irgendjemanden sonst. Das Ausbleiben des Gesangs im Herbst und Winter war traumatisch, doch das Lesen lehrte mich, die Amsel würde zurückkehren.*

*Der Frühling bewirkt etwas in uns. Alles schwebt. Man kann nicht anders, als sich nach oben und nach vorn zu bewegen. Es gibt mehr Licht, mehr Zeit, mehr zu tun. Jeder vergangene Frühling verschmilzt zu einer Collage und birgt so viel Materie in sich, so viel Gewicht. Der erste erinnerbare Frühling brannte sich tief und lebhaft in mich ein: Er war der Beginn einer Faszination für die Welt außerhalb von Wänden und Fenstern. Alles in ihm drängte mit zarter Kraft, bettelte, ich solle lauschen und verstehen. Die Welt wurde mehrdimensional, und erstmalig verstand ich sie. Ich spürte jedes Teilchen und konnte in sie hineinwachsen, bis es keine Unterscheidung mehr zwischen mir und dem Raum um mich herum gab. Würde sie doch nur nicht durchbohrt von Flugzeugen, Autos, Stimmen, Anweisungen, Fragen, sich wandelnden Gesichtszügen und schnellem Geplapper, mit dem ich nicht Schritt halten konnte. Ich zog mich vor diesem Lärm zurück und vor der Menschenwelt, die ihn machte; ich öffnete mich in Gesellschaft von Bäumen, Vögeln und an kleinen abgelegenen Orten, die meine Mum instinktiv in Parks, Wäldern und an Stränden regelmäßig für mich fand. An diesen Orten kam ich offensichtlich aus mir heraus: den Kopf konzentriert zur Seite geneigt, mit sehr ernstem Gesichtsausdruck sog ich ein, was ich sah, hörte.*

*Ich blende mich plötzlich aus und ein, merke, es liegt am Licht draußen, der morgendliche Chor ist verstummt. Der Zauber gebrochen. Es ist Zeit für die Schule. Heute fühlt es sich an, als würden die Dinge sich ändern. Bald werde ich mein vierzehntes Lebensjahr vollenden, und das Amselmännchen, der Dirigent meines Tages, ist genauso wichtig wie damals, als ich drei war. Ich bin immer noch versessen auf Gleichmäßigkeit. Alles muss seinen festen Gang gehen. Die einzige Veränderung ist eine andere Art des Erwachens: mein Bedürfnis, über die Tage zu schreiben, was ich sehe, wie ich mich fühle. Zum Ansturm des Lebens, zu den Prüfungen und Erwartungen (wobei die höchstens meine eigenen sind), kommt der Fluss aus meiner Feder hinzu, und der wird für mich zum verbindenden Zahnrad zwischen Wachheit und Schlaf und der sich drehenden Welt.*

### Mittwoch, 21. März

Wenn es März wird, kommen eigentlich Farben und Wärme, aber heute stehe ich bei uns im Garten wie eingeschlossen in eine Schneekugel. Die eisigen Flocken beißen, schnappen die gestrige Helligkeit fort. Die plötzliche Kälte bedeutet eine schwere Zeit für unsere Gartenvögel. Sie gehören für uns zum erweiterten Familienkreis, also laufe ich schnell zum Gartencenter die Straße runter, kaufe einen Nachschub an Mehlwürmern und fülle die Futterhäuschen vor dem Küchenfenster ganz auf; die Futterhäuschen hängen gute dreieinhalb Meter vom Haus entfernt, um eine klare Grenze zwischen nachbarschaftlicher Privatheit und Invasion zu ziehen. Nur wenige Tage zuvor haben unsere Blaumeisen die Nistkästen inspiziert, ihr Gezwitscher im Garten ist ein Konzert der Vorfreude gewesen. Und jetzt das. Vögel sind widerstandsfähig, aber dieser Temperaturabfall bereitet uns allen Sorgen.

Es ist schwer zu glauben, dass wir noch letzte Woche das Flüstern wärmerer Tage gespürt haben, als wir in den Ästen einer alten Eiche im Castle Archdale Country Park saßen, unweit von Dads Büro. Viele Menschen führen meine Liebe zur Natur auf ihn zurück. Er hat bestimmt viel zu meinem Wissen und meiner Achtung vor der Natur beigetragen, aber mein Gefühl sagt mir, dass die Verbindung bereits entstand, als ich noch in Mums Bauch war und die Nabelschnur mich nährte. Natur und Nahrung – es muss eine Mischung von beidem sein. Vielleicht ist Naturliebe angeboren, und ich kam damit zur Welt, aber ohne die Ermutigung durch Eltern und Lehrer und den Zugang zu etwas Wildnis gelangt sie nicht dauerhaft in den Alltag.

Mein Name, Dara, bedeutet im Irischen wie gesagt »Eiche«, und oben in den Ästen des majestätischen Baums spürte ich den

Puls eines Lebens, das seit fast fünfhundert Jahren im Boden von Castle Archdale gewachsen ist, und klammerte mich an einen Zweig meiner Kindheit.

Bei uns im Garten beobachte ich einen Buchfinken mit Konfetti-Sprenkeln auf seiner silbernen Kappe. Er sitzt auf einem Ast unserer Zypresse, einem immergrünen, jetzt schneeweiß bepuderten Gewächs. Die pfirsichrote Brust des Buchfinken wölbt sich vor, als sich ein Girlitzpaar zu ihm gesellt – der eine zitrusgelb und schwarz, der andere fein getupft mit zierlich zinngelben Flecken. Das Rotkehlchen beherrscht die Szene, wie immer, stolziert prahlerisch herum, um alle Eindringlinge auf Distanz zu halten. Zuvor hatte es ein Geraufe zwischen vier Männchen und einem Weibchen gegeben, bei dem die Federn flogen und Köpfe gepickt wurden – Rotkehlchen sind so aggressiv, dass sie ihre Gegner angeblich am Genick verletzen, doch frage ich mich, ob sie das auch in Gärten tun, in denen es Samen, Nüsse und wunderbare Mehlwurmhäppchen in großer Menge gibt. Reichlich für alle.

Eine Singdrossel spielt Himmel und Hölle im Schnee, hüpft herum, holt sich die von uns verstreuten Samen. Das helle Rot halb gegessener Äpfel wird entdeckt: Die Drossel pickt, Saft kommt heraus, ich lächle. Die Zeiten im Jahr, zu denen die Drossel da ist, sind seltsam und in einer Weise unvorhersehbar, die mich in der Vergangenheit frustriert und gequält hätte. Doch jetzt habe ich gelernt, die unverlässliche Drossel zu rationalisieren und alle Begegnungen zu schätzen, ohne Bindung und Erwartungen. Na ja, so ungefähr.

Am Abend feiern wir Dads Geburtstag, als wäre es ein Wassailing, ein Wintersingen: Wir singen und tanzen und spielen (schlecht) auf unseren Tin Whistles, machen schrille Töne, erbitten das Ende der dunklen Tage und wünschen uns Licht. Mum hat für ihn gebacken – Victoria Sponge, seinen Lieblingskuchen.

**Sonntag, 25. März**

Ich finde den letzten Teil des Winters frustrierend, und die Warterei, bis wir durch das Tor hindurch in Farbe und Wärme reisen, kehrt meine schlimmste Eigenschaft hervor: Ungeduld! Heute aber können die Wärme der Luft und das Summen und Surren überall meine Unruhe lindern. Endlich scheint der Frühling den weichenden Schatten des Winters zu entkommen.

An diesem Morgen sind wir alle unterwegs zu einem unserer liebsten Orte: zum Big Dog Forest, einer Sitkafichten-Schonung nahe der irischen Grenze, etwa eine halbe Stunde von unserem Zuhause, oben in den Hügeln, mit Inseln von Weide, Erle, Lärche und im Mittsommer Sträuchern voller Heidelbeeren. Von den beiden Sandsteinhügeln – Little Dog und Big Dog – heißt es, sie wären durch einen Zauber aus Bran und Sceolan entstanden, den beiden riesigen Jagdhunden des legendären Fionn Mac Cumhaill, des Jäger-Kriegers und letzten Anführers der mythischen Fianna. Laut der Sage haben Fionns Hunde bei der Jagd die Fährte der bösen Hexe Mallacht aufgenommen und jagten ihr nach. Die Hexe floh und verwandelte sich in einen Hirsch, um schnell voranzukommen, doch das Bellen kam immer näher, weshalb Mallacht die beiden Hunde mit einem mächtigen Zauber in Little Dog und Big Dog verwandelte, die Hügel, die wir heute hier sehen.

Ich mag sehr, wie Namen Geschichten über das Land erzählen und wie durch alte Geschichten Vergangenheit lebendig bleibt. Genauso faszinieren mich wissenschaftliche Erklärungen, mit denen Geologen solche Mythen sprengen: Der Sandstein der Hügel ist härter als der umgebende Kalkstein, und als der Kalk durch Gletschererosion abgetragen wurde, blieb nur der Sandstein übrig und überragt jetzt das verbliebene Geschiebe der Eiszeit.

Ich entdecke Huflattich, Sonnenexplosionen im aufgewühlten Boden. Weißschwänzige Hummeln trinken und sammeln begierig. Löwenzahn, Gänseblümchen und ihre Verwandten aus dem Clan der Korbblütler sind oft die ersten Blütenpflanzen, die sich im Frühling zeigen, und sind für die Artenvielfalt unglaublich wichtig. Ich beknie jeden, den ich treffe, ein Fleckchen für diese Pflanzen im Garten brach zu lassen – das kostet nicht viel, und jeder kann es tun. Da die Natur an den Rand unserer zugebauten Welt gedrängt wird, sind kleine Inseln Wildnis eine gute Gegenaktion.

Manchmal scheinen Gedanken und Worte in meiner Brust festzusitzen – doch selbst wenn sie gehört und gelesen werden, wird das irgendetwas ändern? Die Vorstellung schmerzt mich und gesellt sich zu den anderen Gedanken, die immer in meinem Gehirn herumkämpfen und die Freude am Moment zerstören.

Das Klackern eines Schwarzkehlchens bringt mich dahin zurück, wo ich sein sollte, nämlich im Wald, und es sieht so aus, als ließe der Vogel winzige Schottersteinchen auf den Weg fallen. Ich starre auf den Weg, über den das Licht hinwegfährt, und merke, dass alles sich irgendwie regt. Sogar ein steiniger Pfad kann sich bewegen und durch den Lichteinfall und die Schatten vorbeifliegender Vögel verändern. Jeder Moment ist ein Bild, das es nie wieder genauso geben wird. Ich schaue, fasziniert, ohne mich darum zu kümmern, was Betrachter denken könnten, da wir üblicherweise den Ort hier für uns allein haben. Ich kann hier ich selbst sein. Wenn ich möchte, kann ich mich hinlegen und auf den Boden starren. Und während ich so starre, kommt mir zwangsläufig irgendein Lebewesen vor die Nase: Diesmal ist es eine Assel, die von nirgendwo nach irgendwo spaziert. Ich biete ihr die Spitze meines Fingers an, und sie kitzelt mich. Ich mag das Gefühl, ein Lebewesen in der Hand zu halten. Dabei geht es mir nicht um die Verbindung, die ich spüre, sondern um die Neugierde, die ich stillen kann. Sobald ich genau hinschaue, saugt der Augenblick mich ein – wieder und wieder ist es ein perfekter Moment. Aller Lärm verschwindet aus der Umgebung. Ich gehe zum Gras und senke behutsam meinen Finger in die Halme: Die Assel verschwindet im Gestrüpp.

Bláthnaid und Lorcan eilen voraus zur Kuppe des Hügels, der dahinter zum Lough Nabrickboy abfällt, während Dad, Mum und ich dahinspazieren, darüber plaudern, wie es wäre, an diesem besonderen Ort die Sitkafichten durch einheimische Bäume zu ersetzen. Letztes Jahr zur fast gleichen Zeit haben wir von der Hügelspitze den wunderschönen Anblick von vier Singschwänen gehabt – den einzigen wirklich wilden Schwänen. Die sanftmütigen, melancholischen Gestalten wippten anmutig mit hoch erhobenen Hälsen auf dem Wasser. Sie hätten die Kinder von Lír sein können: Aodh, Fionnuala, Fiachra und Conn, die von ihrer grausamen Stiefmutter Aoife dazu verflucht wurden, dreihundert Jahre auf Lough Derravaragh, dreihundert Jahre auf dem Nordkanal zwischen Irland und Schottland und dreihundert Jahre auf der Insel Inishglora zu verbringen.

Langsam und leise näherten wir uns dem Picknicktisch im Schatten der Weiden am See, und sie blieben bei uns, als wir uns in stiller Ehrfurcht und Verehrung hinsetzten. Wir fühlten uns sehr privilegiert. Mein Herz schlug schneller, mein Atem schien in meiner Brust gefangen. Die Vögel glitten geruhsam dahin, bis plötzlich das Schreien und Trompeten begann. Verdeckt von den nackten Zweigen einer Weide pirschte ich mich an, um sie besser zu sehen. Ich war still wie die Luft, beobachtete die sich ausweitenden Wellen der zum Fliegen sich aufschwingenden Vögel: Mit ausgebreiteten Flügeln, tief gehaltenen Häuptern, wild rotierenden Beinen stiegen sie auf, während die plumpen Paddelfüße sie schoben und hoben. Fort flogen sie, bliesen das Horn wie ein königlicher Konvoi. Sie verschwanden in nordwestlicher Richtung, vielleicht nach Island.

Auf eine Wiederholung dieser Begegnung auch nur zu hoffen, wäre unerhört, und als ich hinunter über den See schaue, erkenne ich, dass heute keine Singschwäne da sind. Er ist leer.

Ich bin etwas schwermütig, als wir hinunter zum Picknicktisch gehen. Ich finde einen günstigen Ort und warte auf die Kornweihen, reglos, bis das Licht schwindet. Als es Zeit wird zu gehen, schauen meine Eltern sich wissend an – und vermuten ganz richtig: Ich bin schlecht gelaunt für den Rest des Tages, schleiche, sobald wir zu Hause sind, in mein Zimmer, schreibe, suhle mich in Selbstmitleid. Keine Singschwäne heute. Keine Kornweihen.

**Samstag, 31. März**

Im Licht des späten Nachmittags, bei auflandigem Wind, fahren wir von Ballycastle an der nordöstlichen Küste mit der Fähre die wenigen Seemeilen nach Rathlin Island. Lummen und Möwen zerwühlen die Luft mit Schnattern und Kreischen. Ich bin heftig aufgeregt.

Heute ist mein Geburtstag, und ich lag heute Morgen bis zu meiner genauen Geburtszeit (11:20 Uhr) einige Stunden noch wach im Bett und lauschte einem schreienden Fuchs in der Ferne. Schon die ganze Woche war ich so heftig aufgeregt, nervös, aus Gründen, die ich nie richtig verstehen werde. Vielleicht weil ich neue Orte liebe und gleichzeitig hasse. Die Gerüche, die Geräusche. Dinge, die sonst niemand bemerkt. Auch die Menschen. Welche Dinge in Ordnung sind und welche nicht. Kleine Dinge, zum Beispiel, wie wir uns für die Fähre anstellten, was von mir auf Rathlin bei unserer Ankunft erwartet würde. Obwohl ich nach jeder Reise in meinem Kopf immer die übliche Aufräumaktion mache, zurückschaue und normalerweise denke, wie albern das alles war, strömen dennoch die Ängste herein. Mum beteuert, dass wir die Zeit auf Rathlin entweder draußen oder allein mit der Familie verbringen werden. »Alles wird gut«, sagt sie.

Bei unserer Ankunft versammeln sich Eiderenten im Hafen, und als wir uns zu der Hütte begeben, in der wir die nächsten paar Tage wohnen werden, mildert sich meine übliche Ablehnung neuer Umgebungen. Der Ort ist ein besonderer. Es fühlt sich hier so ruhig an. Die Luft ist frisch, die Landschaft in ihrem Überschwang außerirdisch. Kiebitze kreisen zu unserer Rechten, ein Bussard zu unserer Linken. Die Autofenster sind heruntergelassen, und die Geräusche durchziehen unsere Gliedmaßen, die von der dreistündigen Auto- und Fährfahrt ganz steif sind. Wir entspannen uns und strahlen, als in großer Zahl Hasen auftauchen und über uns Gänse schreien. Das Auto klettert über dem Meeresspiegel in den Westen der Insel hinauf.

Als wir unseren Schlafplatz erreichen, sieht er auf die Entfernung perfekt aus. Ein traditioneller Steinbau und meilenweit keine anderen Behausungen, und sobald wir da sind, springe ich aus dem Wagen, laufe herum und schaue mich um. Bald entdecke ich einen See mit Graugänsen und Reiherenten. Beim Umhergehen tauchen überall Hasen auf, meine Augen haben Mühe, mit all der Bewegung mitzukommen, und vor lauter Sinneseindrücken schwirrt mir das Gehirn.

Ich höre die Schreie der Seevögel in der Ferne. Tölpel fliegen am Horizont, das Kieksen von Klippenmöwen wird lauter. Ich bleibe stehen, schaue auf das Meer, wo sanft die Wellen strudeln, und durch den abendlich dämmernden Himmel fliegt eine Schar Blässgänse in Keilformation. Obwohl wir gerade erst hier angekommen sind und nur für ein paar Tage bleiben, mache ich mir schon Gedanken, wie leer ich mich fühlen werde, wenn es Zeit sein wird zu gehen. Ich spüre Panik.

Meine Kindheit, auch wenn sie wunderbar war, ist immer noch voller Fesseln. Ich bin nicht frei. Das tägliche Leben besteht aus vollen Straßen und Menschenmassen. Fahrplänen, Erwartungen, Stress. Ja, es gibt auch unbändige Freude, aber gerade jetzt und hier, an diesem außergewöhnlichen und schönen Ort, so voller Leben, wächst in meiner Brust eine schreckliche Angst.

In Trance kehre ich zur Hütte zurück, sehe in goldenen Feldern Schatten huschen.

Nach dem Abendessen bricht aus allen Himmelsrichtungen Gesang hervor, wir halten im Halbdunkel inne und horchen. Sobald ich jede Melodie für sich heraushöre, fühle ich mich plötzlich verwurzelt. Spiralen der Feldlerche. Harmonien der Amsel. Sprudeln des Wiesenpiepers. Das Worfeln der Schnepfenflügel. Und immer dabei die Seevögelschreie. Wir sind in einer anderen Welt. Keine Autos. Keine Menschen. Nur wilde Tiere und die Großartigkeit der Natur.

Mein bester Geburtstag.

Und der Vollmond strahlt hinter den Wolken hervor, als wir über entfernten Häusern Venus beobachten, und ich stehe da mit tauben Händen und tauber Nase, aber loderndem Herzen. An solchen Orten kann ich glücklich sein. Ich wickle meinen Mantel eng um meine Brust, sauge das alles in mich ein, möchte noch nicht ins Bett, lagere diesen Moment in meinem Geheimversteck bei all den anderen Erinnerungen ein. Wenn die Armee der Ängste dann angestampft kommt und mich überfällt, bin ich bereit zum Kampf, bewaffnet mit den wilden Schreien von Rathlin Island.

**Sonntag, 1. April**

Nach einem Abend mit gutem Essen, Musik und Vogelgesang, der mir immer noch im Kopf schwirrt, erwache ich bei vielversprechendem Wetter: Zwischen den Wolken bricht es blau hervor. Die Morgensee ist glatt und blendend. Es ist Ostersonntag, und wir wollen heute zum RSPB Rathlin West Light Seabird Centre gehen, einem Vogelbeobachtungszentrum am Sitz der größten Seevogelkolonie in Nordirland – und zudem nicht weit von unserer Hütte entfernt.

Vor dem Frühstück renne ich mit Bláthnaid und Lorcan herum und suche die Schokoeier, die Mum und Dad in den Ritzen und Spalten einer Trockenmauer, unter Steinen und hinter Grasbüscheln versteckt haben. Hier ist es so anders als in unserem kleinen Vorstadtgarten, wo die Eier sich zu einfach finden lassen. Wir kreischen und rennen voll zügelloser Begeisterung. Hier müssen wir uns nicht kontrollieren: Niemand ist sonst da, meilenweit!

Wir wandern los nach Westen, Feldlerchen sind unser Sonntagschor, die Landschaft wie immer unser Andachtsort. Es ist böig, aber heiter. Ich entdecke zwei Graugänse, die am abgelegenen Ufer des Sees Gras rupfen und die, als wir dort entlangkommen, bereits zu acht sind und ganz in unserer Nähe herumwatscheln. Sie zeigen keine Scheu.

Bei unserer Ankunft am Vogelbeobachtungszentrum merken wir, dass wir eine halbe Stunde zu früh sind, so eilig haben wir es gehabt herzukommen. Wir treffen auf Hazel und Ric – die seit einem Jahr auf der Insel leben, unglaublich viel Wissen über die wilden Tiere haben, es mit Begeisterung teilen und sehr warmherzig und freundlich sind. Ich sage nicht viel, aber das ist bei mir nicht ungewöhnlich. Dafür lächle ich und nicke immer, außer wenn es um Vögel geht. Doch sogar dann, obwohl ich äußerlich entspannt wirke, bin ich es nicht. Ich fühle mich mittendrin eingeklemmt. Ich versuche, Gesprächen zu folgen, Nuancen zu beachten, Gesichtsausdrücke, Tonlagen. Das wird mir oft zu viel, dann drifte ich ab. Mein Herz schlägt zu schnell. Manchmal gehe ich von Leuten weg, ohne es zu merken. Das kann alles ganz schön peinlich sein.

Hazel und Ric gehen mit uns zu den Steinstufen, die zur Vogelkolonie hinunterführen. Mum und Dad lassen sich zu ausführlichem Erwachsenengeplauder mit Hazel und Ric hinreißen – alles unnötige Formeln und Hülsen, wie ich finde. Ich gehe ein Stück voraus, beginne mit den vierundneunzig sich schlängelnden Stufen, die langsam die Sicht auf eine zerklüftete Felswand freigeben, an der es von Klippenmöwen und kreisenden Eissturmvögeln wimmelt, die sich drehen, umherwerfen lassen und in der Luft tanzen. Der Anblick macht mich innerlich zappelig. In einem plötzlichen Anfall von Begeisterung renne ich die restlichen Stufen hinunter und hinüber zur Aussichtsplattform. Ich kann Unmengen von Lummen sehen! Die Schreie aufgeregter Vögel explodieren in meiner Brust. Mit zittrigen Händen leihe ich mir ein Stativ von Ric, setze mein Fernrohr auf und schaue angestrengt aufs Meer.

Nach nur wenigen Suchmomenten bekomme ich die schwarzweiße Tracht eines Tordalks in den Fokus. Er wackelt auf den Wellen und bleibt erstaunlicherweise trotz der aufgewühlten See mit den anderen Vögeln seiner Gruppe in fester Formation. Diese Vögel sehen so klug aus, sogar wenn sie im Meer schwanken. Ich entdecke einen stromlinienförmigen Basstölpel (unseren größten Meeresvogel) am Himmel, der elegant herumschwenkt – er kann erstaunliche hundert Stundenkilometer schnell werden, wenn er sich auf der Jagd nach Nahrung ins Wasser stürzen lässt, aber dieses Schauspiel habe ich noch nie gesehen. Basstölpel sind schöne Vögel, haben bemerkenswerte Augen, jugendstilartige Linien und knapp zwei Meter Spannweite. Einen bekomme ich mit dem Fernrohr zu sehen, so halb. Überall erschallt das Kichern und Knarren der Eissturmvögel, als würden Hexen die Klippen und alles Getier darauf verfluchen. Sie sind ziemlich lustige Vögel, die ein widerliches, leuchtend gelbes Öl ausspeien, um Nesträuber abzuhalten. Mir erscheinen sie seltsam zart, und ich schaue ihnen gerne zu, wenn sie landen. Eine solche Landung ist faszinierend, hypnotisch. Der gekreischte Soundtrack passt perfekt dazu. Es gibt keine Papageientaucher, aber die hätte ich auch noch nicht erwartet.

Heute ist es unglaublich warm, und ich bin so froh, so in Frieden. Bláthnaid und Lorcan werden allerdings ein bisschen unruhig – nicht jeder hat für die Vogelbeobachtung Geduld. Ich bekomme die Möglichkeit, länger zu bleiben, aber gehe mit dem Rest der Familie zu einem Mittagspicknick. Es fällt mir so schwer wegzugehen, aber wir vereinbaren, dass wir noch mal zurückkommen, bevor wir die Insel verlassen.

Am Nachmittag wandern wir zum schönen Kebble Cliff. Pfotenabdrücke von Hasen im Schlamm zeigen ihre leicht- und tieffüßigen Kapriolen. Sie sind wieder überall. Geheimnisvoll tauchen sie hinter Grasbüscheln auf, sitzen eine Weile da, als nähmen sie uns in Augenschein, dann verschwinden sie. Bussarde und Raben kommen, zeitweise, suchen, kreisen, zu verschiedenen Tageszeiten, und ein Wanderfalke taucht auf, saust herab, ist nicht mehr zu sehen. Wir scheuchen beim Gehen Schnepfe und Waldschnepfe auf, ihr verängstigtes Fliehen überrascht und beglückt uns. Feldlerchen und Wiesenpieper schrauben sich weiter in die Lüfte, steigen auf, ihr Gesang reicht bis in jeden Teil meines Wesens, schlängelt sich empor. Alles, was jetzt noch fehlt, ist das Flattern von Schmetterlingen, das Vorbeischießen von Libellen. Das Summen des Frühlings. Ich bleibe still stehen, stelle mir vor, wie es klingen könnte. Ich gelobe zurückzukommen, wenn es wirklich so weit ist, im Mai. Was für ein Tag!

Müde vom Wandern und Erkunden fahren wir zum Pub, essen zu Abend und spielen Billard. Ich fange an, jeden Moment in meinem Kopf zu speichern, damit ich in einer Woche oder in einem Monat, zu irgendeinem unbekannten Zeitpunkt in der Zukunft, wenn ich das gute Gefühl mal wirklich brauche, mir die Details in Erinnerung rufen kann. Die fast nixenschwanzförmige Insel hat mich in ihren Sirenenbann geschlagen. Ich bin vollkommen bezaubert. Sie ist nur zehn Kilometer lang und anderthalb Kilometer breit, bietet aber so viel – und wir haben davon nur einen Bruchteil gesehen.

Mum und ich legen die letzten ein, zwei Kilometer vom Pub zur Hütte zu Fuß zurück, um nach dem seltenen Pyramiden-Günsel Ausschau zu halten, vergebens. Als ich unsere Hütte sehe und wie perfekt sie aussieht, tut mir das Herz weh. Morgen ist unser letzter ganzer Tag.

## Montag, 2. April

Erholsamer Nachtschlaf ist für mich nichts Gewöhnliches. Mir fällt es schwer, so viel von unserer überwältigenden Welt zu verarbeiten und auszublenden. Die Farben auf Rathlin sind größtenteils natürlich und im Licht des Vorfrühlings noch gedeckt, also Farbtöne, die ich gut vertrage. Grelle Farben rufen eine Art Schmerz bei mir hervor, greifen meine Sinne körperlich an. Lärm kann unerträglich sein. Natürliche Geräusche sind leichter zu verarbeiten, und auf Rathlin gibt es nur solche. Mein Körper und mein Geist sind hier in einer Art Gleichgewicht. Das spüre ich sonst nicht so oft. Das heißt, ich kann mit mir und meiner Familie wieder in Kontakt kommen, was normalerweise schwierig ist, weil das Leben anstrengend und hektisch werden kann. Hier gehe ich gemächlich. Schaue mir stundenlang Vögel an, ganz ungestört. Ich kann gehen, wohin ich will. Kann forschen. Es gibt hier auch keinen Müll, nichts Unappetitliches – es sei denn, man findet Tierkacke ganz schlimm. Meine Neugierde zieht mich an Orte wie diesen, wo ich die Eierschalen geschlüpfter Lummen und Tordalke sammeln kann (die Beute des letzten Jahres wurde von den Raben gestohlen), Rocheneier, Muscheln und Knochen. Zu Hause haben wir die sogenannte »Fermanagh-Zeit«, in der das Leben langsamer zu sein scheint als an den meisten anderen Orten. Aber die Fermanagh-Zeit ist nichts im Vergleich zur Rathlin-Zeit, die noch angenehmer ist und noch freier fließt.

Der Wind und der graue Himmel, die uns am Morgen begrüßen, hindern Lorcan, Bláthnaid und mich nicht daran, doch hinauszurennen. Der Wind schlägt uns in die ungeschützten Gesichter, unsere Augen und Münder füllen sich mit Salz und Frische. Sogar der schwarz-graue Himmel enthält hier unheimlich viel Licht und Raum und Farbe. Er hat nicht die Schwere eines Vorstadthimmels, vielleicht einfach, weil er so viel Platz hat. Wir nehmen noch einmal genau den See unter die Lupe, an dem gestern die Graugänse waren. Wir rennen und rennen. Heute Morgen sehen wir keine Hasen. Sie hocken wahrscheinlich im Verborgenen, sitzen den Sturm aus. Der See bebt vor lauter Wind, ist aber frei von Vögeln.

Geknickt und atemlos kommen wir zurück zur Hütte und bekommen von Mum gesagt, dass keine Fähre fährt. Freude! Ich hoffe, das Wetter wird niemals besser werden, und träume davon, auf Rathlin gestrandet zu sein. Beim Frühstück erinnere ich alle an die Abmachung, noch einmal zum Vogelbeobachtungszentrum zurückzukehren, bevor wir die Insel verlassen, aber statt durch die Regenschauer zu laufen, sind wir uns einig, die kurze Strecke zu fahren.

Heute sind dort weniger Vögel: Eine kleine Gruppe Tordalke wackelt auf der turbulenten See, ein Paar Mantelmöwen. Trotz des schlechten Wetters hebe ich den Kopf zum Himmel und atme die kleinsten Einzelheiten ein. Ein einsamer Basstölpel senst durch den Himmel, und seine kanternden Schreie synchronisieren sich mit meinem Herzschlag – Orkadier (die Bewohner*innen der Orkneyinseln) nennen sie auch Sonnengans –, und auch im fallenden Regen spüre ich die Wärme seiner klagenden Rufe. Allzu bald legt sich Mums Hand auf meine Schulter – ich habe nicht gemerkt, wie viel Zeit vergangen ist.

Wir steigen zurück hinauf zum Vogelbeobachtungszentrum für einen heißen Kakao, und meine Haut wird knallrot und prickelt durch die Wärme drinnen. Während Mum und Dad mit Hazel und Ric sprechen, huschen meine Gedanken aus der Zeit und wieder hinein. Langsam entspannen sich meine Finger, ich fühle mich weniger taub, da erfahre ich aus dem Gespräch, dem ich gerade zu folgen anfange, dass es zurück hinaus in Wind und Regen geht, offenbar um nach Robben zu schauen. Die Fahrt zum Hafen dauert viel länger, als wir alle dachten. Bis wir da sind, fällt der Regen gemächlicher, statt aus Eimern nur aus Bechern, aber ich bin dankbar für den Regenmantel, als wir zu dem kleinen Strand vor McCuaig's Bar gehen. Die Robben sind nicht schwer zu finden: Sechs von ihnen liegen in den anrollenden Wellen. Wir beobachten auch Eiderenten, wie sie dahintreiben. Anders als beim bescheiden geschmückten Weibchen wirkt das hervorstechende Gefieder des Männchens ziemlich außerirdisch. Während weiter draußen noch mehr Robbenköpfe wippen, picken Austernfischer, Rotschenkel und ein einzelner Sanderling im Seetang herum, tanzen lange, spindeldürre Beine durch die Brandungslinien. Eine Robbe hat eine seltsam hervorstehende Stelle im Fell: eine Wunde, verursacht durch ein unbekanntes Plastikobjekt, die zwar abgeheilt ist, bei der das Objekt aber immer noch drinsteckt. Der Anblick löst in mir eine Sonneneruption von Wut aus. Wie können wir mit den Tieren so umgehen?

Um uns alle etwas aufzuheitern, führen Mum und Dad uns in ein gemütliches Café, wo wir Crêpes verputzen, und erinnern uns daran, dass wir bald zur McFaul-Farm aufbrechen werden, wo wir eingeladen sind, später am Nachmittag die Lämmer zu füttern. Neben seiner Tätigkeit als Bauer ist Liam McFaul auch der Leiter des Vogelbeobachtungszentrums auf Rathlin Island und arbeitet mit vollem Einsatz daran, die Wiesenralle wieder anzusiedeln, eine überall in Irland stark gefährdete Spezies. Letztes Jahr rief ein Männchen, bekam aber keine Antwort. Liams Nesselbeete könnten dieses Jahr helfen, wie ich hoffe. Die Gedanken zur Wiesenralle und die Ansicht der verletzten Robbe erinnern mich daran, dass sogar dieser Ort hier, mitten in der Wildnis, nicht vor dem Einfluss des Menschen verschont bleibt. Überall gibt es Verluste. Lebensraum geht verloren, Arten und Lebensweisen gehen verloren. Obwohl hier und an vielen anderen Orten etwas dagegen getan wird, bleibt es eine sehr komplizierte Angelegenheit. Ich fühle mich nicht qualifiziert, die Situation zu verstehen oder zu bewerten. Ich weiß aber, dass sie mich verunsichert. Das Gleichgewicht stimmt nirgendwo mehr so richtig.

Diese Gedanken beschäftigen mich bis in den Abend, beim Füttern der Lämmer auf der McFaul-Farm. Es fühlt sich gut an, sie zu füttern. Wir sind keine Bauern, aber wir alle lieben Tiere, und Bláthnaid spricht jetzt davon, dass sie später Tierärztin werden will.

Zurück bei der Hütte, lesen wir bei Kerzenschein. Als Erster liest Dad aus Dara Ó Conaolas *Night Ructions* (»Krach in der Nacht«) vor, danach folgt Mum mit einigen Gedichten, bis wir nach und nach alle davonschlummern, geschützt vor den krachenden Wellen und dem Getöse draußen.


**Mittwoch, 4. April**

Still dämmert der Morgen. Der Wind hat sich gelegt, was bedeutet, dass wir abreisen. Das Aufräumen und Packen hält meine Gedanken beschäftigt, aber in meinem Inneren springt ein Gefühl wild im Kreis. Wir fahren eilig zur Fähre, sind spät dran. Schweren Herzens geht es hinaus aufs Meer. Kein Kichern, kein Deuten auf Dinge hinter den Wellen. Verhaltenes Schweigen. Im Irischen heißt dieses Gefühl *uaigneas*. Ein tiefes, tiefes Fühlen, ein Zustand von Einsamkeit.

Wir haben etwas gefunden und verloren, so schnell wieder. Vielleicht verliere ich auch einen Teil meiner Kindheit. In mir ist Raum für eine nixenschwanzförmige Rathlin-Insel, der wieder gefüllt werden muss.


**Samstag, 7. April**

An diesem Morgen und den ganzen Tag über lastet Bedrückung auf mir, schließt mich ein. Obwohl so viele gute Dinge passieren, draußen, in einem Garten voller Gesang und Leben, hängen meine Gedanken fest zwischen Schwermut und herzrasender Angst. Ich fühle mich in der Vorstadt gefangen. Wind und Rauschen, wie es sie in der Wildnis gibt, wirbeln durch meine Tagträume und meine nimmermüden Nachtgedanken. Die Armee der Ängste marschiert, und meine Verteidigung hat versagt. Ich taste herum im Nebel meines Gehirns, versuche verzweifelt eine Erinnerung zu finden, ein Bild, um Tränen, Verwirrung und Frust loszuwerden. Um alles zu ersticken, ziehe ich mir die Decke über den Kopf und falle wieder in unruhigen Schlaf.

**Sonntag, 8. April**

Ich hieve mich wieder in die Welt, widerwillig. Sogar die Verlockung des Claddagh-Naturreservats beruhigt nicht meine innere Angst. Und ich merke, dass meine Trübsal berechtigt war, da wir bei unserer Ankunft sehen, dass zwischen dem Fluss und dem dichten Bärlauchteppich, dort, wo normalerweise Anemonen blühen, ein Streifen aus Steinen und Schlamm den Boden bedeckt. Ich tobe innerlich. Ein Bagger, der verräterisch in einem nahe gelegenen Gebäude steht, liefert das noch fehlende Puzzleteil.

Wir gehen verärgert weiter, und obwohl ich Knospen an den Zweigen sehe und goldenes Milzkraut die hohen Hänge bedeckt, ist das nur ein schwacher Trost. Auch die Zilpzalpe zwitschern, aber ich ignoriere ihren Gesang.

Als es wärmer wird, beschließen wir, zum Gortmaconnell-Felsen zu gehen, einem wilden Ort, der zum Marble Arch Caves Global Geopark gehört. Dies ist einer der Flecken, die anscheinend nie jemand besucht, zumindest nicht, wenn wir da sind. Es gibt einige Orte in Fermanagh, die wir als unsere »Tummelplätze« beanspruchen, und dieser gehört dazu. Ich erspähe meinen ersten Schmetterling des Jahres, ein ziemlich erschöpftes Tagpfauenauge. Aufregung tobt in meiner Brust, löst den Spannungsknoten. Ich kann wieder einfacher ein- und ausatmen. Ich renne von ganz unten bis ganz hinauf auf den Gortmaconnell-Gipfel und spüre den Wind meine Auflehnung brechen. Sie wogt davon in die Landschaft, und ich liege flach auf dem Boden und schaue in die Wolken. Ich schließe die Augen und spüre, eine Hand auf der Brust, einen regelmäßigeren Puls. Ich schlafe für eine Weile, alle lassen mich in Ruhe. Diese Viertelstunde ist erholsamer als all die zerstückelten Stunden Schlaf dieser Woche.

**Mittwoch, 18. April**

Das vierte Zwischenzeugnis dieses Jahr verhindert, dass meine Füße Boden und Gras berühren, und sperrt mich in eine Prüfungsphase ohne Freiheiten, wie sich zeigt. In der Schule sind die Klassenzimmer beengend. Durch die abgestandene Luft bombardieren mich Herumgerutsche, Geseufze, Gezappel und Rascheln laut wie Donner. Die Räume sind hell, so hell, dass alles Rot und Gelb sich in meine Netzhaut bohren. Neonlicht ertränkt Tageslicht. Ich kann nicht nach draußen sehen. Ich fühle mich eingepfercht, wie ein wildes Wesen im Käfig.

Obwohl ich den Spanischunterricht sehr mag, ist der Raum abscheulich und macht es unmöglich, sich zu konzentrieren. Fast in jeder Stunde muss ich rausgehen und mich draußen hinsetzen. Dort sitze ich still, atme ein und aus, verschwinde in einem Mahlstrom. Gott sei Dank gibt es den »Rückzugsraum« – der ist für Kinder mit Autismus-Spektrum-Störungen und für andere, die einen ruhigen Ort brauchen. Manche Leute glauben, ich bin da drin isoliert, das stimmt nicht. Ich bin in Sicherheit. Mein Gehirn kann sich ausdehnen und alles ausspucken, was ihm zu viel wurde.

Ich mag die Schule, will wirklich etwas lernen. Aber das Lernen ist so lahm und wenig inspirierend. Was wir lernen, ist so aufregend wie ein tropfender Wasserhahn, während sich die Welt draußen so viel einfacher erfassen und verstehen lässt. Man kann sich auf eine Sache fokussieren: eine Blume, einen Vogel, ein Geräusch, ein Insekt. Schule ist das Gegenteil. Ich kann nie klar denken. Mein Gehirn wird von Farbe und Lärm verworren und von dem Gedanken, sich organisieren zu müssen. Punkte von den Hirnlisten abhaken. Ständig die innere Unruhe im Zaum halten. Mich zusammenhalten.

**Freitag, 20. April**

Heute Morgen war ich nicht in der Schule, weil ich eingeladen wurde, im Rahmen vom Eco-Schools-Programm auf einer Lehrerkonferenz zu sprechen. Ich liebe diese Art von Arbeit. Sie passt zu meinem Anliegen, die Welt besser machen zu wollen. Ich muss es von allen Dächern rufen, wie wir mehr für unseren Planeten tun können, für unsere Flora und Fauna, wie wir etwas verändern können. Oft habe ich das Gefühl, mit meinem Kopf gegen eine Wand zu rennen.

Heute sind alle freundlich, aufmunternd und ernsthaft aufgeregt, hier dabei zu sein, um zu feiern, was viele Schulen mit so wenig Budget schaffen. Doch auf meinem Weg durch die gepflegten Gärten, hin zu dem Gebäude, in dem die Veranstaltung stattfinden wird, steigt mir ein Güllegeruch in die Nase. Ich bin hier, um über Artenvielfalt zu sprechen, und genau die fehlt; weder der Geruch noch die aufgeräumten Gärten passen dazu.

Mein Herz beginnt zu pochen, als man mich bittet, aufzustehen und zu sprechen. Ich kann den hinteren Teil des Raums nicht sehen – aber der Blickkontakt mit einer weit entfernten leeren Wand ist für mich ein wichtiges Hilfsmittel, um mich öffentlich äußern zu können. Hier ist das Podium jedoch zu hoch. Ich fühle mich klein, versuche mich zu erheben. Der Raum beginnt sich aufzublähen. Ich fühle mich wie untergetaucht, unter Wasser. Während ich laut lese, ribbelt sich die Schnur, die mich hält, langsam auf. Ich drohe herunterzufallen. Ich lese weiter. Lächle. Posiere für Fotografen. Rede, so viel ich im Kreis von Unbekannten kann. Dann merke ich, dass ich immer noch meine Fleecejacke trage, was erklärt, warum mir der Schweiß den Hals runterläuft. Ich habe keine Ahnung, wie lange ich mich so gefühlt habe. Und als ich diese Schicht endlich ausziehe, werde ich auf mich selbst sauer, da ich mein liebstes Undertones-T-Shirt trage. Warum habe ich das nicht früher gemacht? Meine Unfähigkeit, mich zu organisieren und grundlegende Dinge zu tun – wie in einem warmen Raum meine Fleecejacke auszuziehen –, geht mir echt auf die Nerven. Ich kann so was nicht einplanen. Offenbar komme ich nicht allein klar, ohne dass mir jemand alles souffliert (meistens Mum oder Dad). Andererseits ist das Soufflieren selbst noch viel nerviger.

Ich fahre mit Dad nach Hause zurück, und wir hören meine Lieblingsmusik. The Clash, The Buzzcocks und so weiter. Wir reden ein wenig, aber was ich eigentlich will, ist einschlafen, einfach den Tag wegsperren. Die Musik legt den Sinnesschalter um, die Klänge ziehen in mich hinein und lösen die innere Spannung.

Durch Musik fühle ich mich immer besser, und als wir zu Hause ankommen, bei Mums Fragen und ihrem Lächeln, ist meine zwingende Zusammenfassung des Tages schon fröhlicher. Danach fliehe ich mit meinem Fotoapparat in den Garten. Ich fotografiere nicht. Stattdessen döse ich ein. Kein Wunder, dass ich nachts nicht schlafen kann.

**Donnerstag, 26. April**

Als ich bei mir im Zimmer sitze und Hausaufgaben mache, spüre ich ein Kribbeln. Ich ziehe die Vorhänge und schiebe meine Türen auf. Ich lebe am Rand, am Rand unseres Hauses, weg von allen anderen, in der umgebauten Garage. Mum und Dad machen sich immer Sorgen, dass ich nachts nicht in ihrer Nähe bin, aber ich bin kein Baby, und ich finde es meistens gut. Ich stehe draußen, schaue mit schief gelegtem Kopf in den Himmel, und da ist es. Ein Kreischen. Ein Mauersegler-Weibchen! Erster Tag seines hunderttägigen Aufenthalts. Sie sind da! Den ganzen Weg von Afrika. Die muntersten und schwungvollsten unserer Sommergäste, schon höre ich ihre schrillen Rufe über unserem Haus.

Einer der wichtigsten Momente im Leben von Mauerseglern ist es, einen Nistplatz zu finden. Aber Leute wie meine Nachbarn machen ihre Gärten steril und bauen Vogelabwehrspitzen aus Plastik oder Metall an ihre Dachtraufen. Diese Haltung findet sich überall. Es ist die Norm, Wildvögel und andere Wildtiere davon abzuhalten, in den Ritzen und Winkeln unserer Wohn- und Bürohäuser zu leben. Und die ganze Kotgeschichte ist lächerlich! Das ist die Standardbeschwerde: Man sagt, wie schmutzig Vögel sind, und rechtfertigt damit den Verlust von Lebensraum direkt vor unserer Haustür.

Aber zunächst einmal wirbelt das einzelne Mauersegler-Weibchen jubilierend herum – eine Späherin, vielleicht auf der Suche nach Futter, noch unvergeben, auf Partnersuche, in Erwartung ihrer kreischenden Artgenossen, die um die Reviere raufen und rangeln werden. Es ist schwer zu glauben, dass viele Mauersegler-Babys einfach aus dem Nest fliegen und ihre gewaltige Reise ganz allein antreten. Erstaunlich ist das. Ich grüble darüber nach, wie sehr wir Menschen, um zu überleben, aufeinander angewiesen sind, und wie wilde Arten, um zu überleben, von unserer Gnade abhängen. Ich fröstele in der Kühle des Abends.

Das Mauersegler-Weibchen ist weitergezogen, hinterlässt einen leeren Himmel, in dem sich die Nacht herabsenkt.

Bevor ich ins Bett gehe, entdecke ich einen zaghaften grünen Stängel, schüchtern neben dem forschen Löwenzahn, winzige rosa Knospen, die erste Kuckucksblume, das erste Wiesenschaumkraut. Früher waren ganze Felder damit bedeckt, und nach wie vor legen Aurorafalter ihre Eier bevorzugt am Wiesenschaumkraut ab. Winzige orangefarbene Pünktchen. Ich werde später im Jahr alle unsere grünen Stängel danach absuchen, aber bisher habe ich über Jahre hinweg noch keine gefunden. Vielleicht liegt es an dem neongüllegrünen Feld nebenan, das wir aus unserem Küchenfenster sehen.

### Donnerstag, 10. Mai

Ich nehme meinen Fotoapparat mit in den Garten, um einen Löwenzahn zu verewigen, mit seinen auf links gedrehten Pusteblumen, die aussehen wie umgestülpte Schirme im Sturm. Sie waren mir aufgefallen, weil ich Löwenzahn liebe, mich an ihm erfreue wie an Sonnenschein. Mit etwas Geduld sieht man auf den geöffneten Blüten immer irgendein Wesen sitzen. Er ist eine unverzichtbare Lebensquelle für alle frisch hervorkommenden Bestäuber, und sein explodierendes Gelb erhellt mir auch die grauesten Tage. Hoch und stolz steht er da, anders als die windschwankenden anderen Frühblüher. Der Sonderling.

Auch Wiesenschaumkraut gibt es jetzt reichlich, und das erste Knabenkraut ist aus dem Boden gebrochen. Ich frage mich, ob es dieses Jahr mehr als die dreizehn wunderbaren Orchideen vom letzten Jahr werden. Mit einem Mal fällt Regen aus den wenigen Wolken über uns, und dicke Tropfen klatschen auf all die Pusteblumen. Die einzige Pflanze, die unversehrt davonkommt, ist die eine, die mir aufgefallen war.

Pusteblumen ähneln ein bisschen mir, wie ich mich von anderen abschirme, entweder weil so viel auf der Welt zu schmerzhaft ist, wenn man es sieht oder spürt, oder weil, wenn ich mich Leuten öffne, der Spott kommt. Das Mobbing. Fiese Beleidigungen wegen der großen Freude, die ich empfinde, wegen meiner Begeisterung, meiner Leidenschaft. Viele Jahre habe ich das für mich behalten, aber jetzt leaken diese Worte in die Welt.

Ich strecke mein Gesicht in den Regen, lasse mir Wolkenpartikel auf die Zunge fallen.

**Freitag, 11. Mai**

Das überall sprießende Leben – im Garten, auf dem Schulgelände, sogar auf den Straßen rund ums Haus – hebt meine Stimmung. Mein Herz wummert weniger gegen meine Brust. Ich fühle mich im Einklang mit der Natur, tauche jeden Moment wieder darin ein, lasse mich von jeder Welle treffen, versinke.

Nach den Pfadfindern beschließen wir, einen Spätabendspaziergang zu machen, in einem kleinen Park in Lisnaskea, einem Örtchen keine fünfundzwanzig Kilometer von Enniskillen entfernt. Es ist ein milder Abend, und das Licht ist vor lauter Gnitzen, die für uns ärgerlicherweise überall herumschwärmen, ganz verschwommen. Plötzlich hebt sich mit Wucht von den anderen Gesängen über Schilf und Bäumen einer ab, ein Schilfrohrsänger. Er durchdringt den Luftraum. Ich bleibe stehen und lausche. Einen Moment später beginnt ein Gespräch zwischen einem Schilfrohrsänger auf einem Stacheldrahtzaun und einem auf einem Weidenast. Einer sitzt im Schatten, der andere hat das Licht gewählt, die Musik ihres Zirpens beinhaltet all das taumelige Staunen, das ich spüre. Manchmal frage ich mich, wie andere Menschen auf diese Begegnungen reagieren. Fühlen sie sich ähnlich privilegiert, den Gesang eines Vogels wie dem Schilfrohrsänger zu hören? Nach einem ununterbrochenen Flug aus der Sahara landet er direkt hier, um unseren Sommer mit seiner knarrenden Ausgelassenheit zu verschönern.

Edward Thomas, der ein ganzes Dichterleben in zwei Jahre hineinpresste, bevor er in den Schützengräben des Ersten Weltkriegs starb, hat diese Vögel perfekt beschrieben:

*Ihr Gesang hat keine Worte, keine Melodie.*
*Doch für fast jede Süße hatte ich mehr Sympathie*
*Als für süße Stimmlein, die lieblich süße Worte singen.*
*Die kleinen braunen Vögel – brachten den Mai zum*
    *Klingen.*
*Denn wissend endlos wiederholen sie*
*Was niemand lernt, nicht in noch außerhalb der Schule.*

Über den Rohrkolben eine Wolke Schwebfliegen. Das Licht ist tintenschwarz gesprenkelt. Ich bin geblendet von der Köstlichkeit des Moments. Mein Inneres explodiert, Worte schießen in mich hinein, hageln herab. Ich halte sie fest, denn sie auf einer Seite einzufangen erlaubt mir, alles noch einmal zu spüren.

**Samstag, 12. Mai**

Heute auf einem geruhsamen Spaziergang rund um einen der Parks unseres Ortes – Forthill Park, ein Überbleibsel des viktorianischen Enniskillen – erblicke ich etwas, das ich zuvor nicht bemerkt habe. Der Rhododendron, in dem wir so gerne spielen, ist zerhackt worden, zusammen mit der kalten, dunklen Welt, die er einst bedeckte. Aber in diesem Frühling brechen neben den Stümpfen erstaunlicherweise Primeln hervor, die ich zum ersten Mal wiedersehe – seit weiß ich wie vielen Jahren. Und ich entdecke zwischen den Primeln ein Buschwindröschen, das in die Luft ragt wie ein vergessener Zauberspruch.

Das dichte Rhododendrondach hat Primel wie Windröschen gleichermaßen das Licht genommen und zur Keimruhe gezwungen. Doch plötzlich taucht das Röschen auf, hervorgegangen aus dem Blut des Adonis, dem Blut des Waldes, der hier einst stand. Ein Überbleibsel. Indiz für einen lang zurückliegenden Mord. Beweis für den Verlust der Wälder und Sümpfe, die früher ganz Irland bedeckten. Um zwei Meter in die Breite zu wachsen, braucht das Buschwindröschen ganze einhundert Jahre. Ich hoffe, die Pflanze wird hier im Licht in Ruhe gelassen, dass sie sich wieder ausbreiten kann. Ein Buschwindröschen in einem Park, in einer Stadt, wo Kinder spielen. Ein Röschen mit so viel Mythologie, so vielen Geschichten, kann sich jetzt wieder ausstrecken, kann in diesem Jahrhundert neue Horizonte eröffnen, Menschen berühren.

Vor vielen Jahren ging Mum auf die Grundschule gleich neben dem Park – und machte genau hier Spaziergänge durch die Natur. St. Theresa's Girls School. Graues Latzkleid, rotes Rosenabzeichen. Sie habe das sehr gemocht, sagt sie – denn Róisín, ihr Vorname, heißt im Irischen »kleine Rose«. Sie wisse noch, wie sie Blätter von Eiche und Bergahorn gesammelt habe, Kiefernzapfen, Rosskastanien. Alle Kinder legten ihre Funde dann auf einen »Jahreszeitentisch« – ich frage mich, wie viele Schulen heute einen Jahreszeitentisch haben. Meine hat keinen, das weiß ich.

Die Schwalben jubeln hier, schießen knapp über das kurze Gras. Ich lege mich hin und schaue hinauf zum »Glücklichen Prinzen« – eigentlich heißt das Denkmal Cole's Monument, eine hohe Säule mit einer Statue von General G. Lowry Cole, einem Soldaten und Politiker aus dem neunzehnten Jahrhundert. Aber bei uns zu Hause sagen wir »Der glückliche Prinz«, nach dem Kunstmärchen von Oscar Wilde. Als er auf die Portora Royal School in Enniskillen kam, muss Wilde hinaus auf den grauen

Turm geschaut und sich das wunderschöne Märchen zusammengeträumt haben, von der Jungenstatue, die zum Freund einer allein im Winter zurückgebliebenen Schwalbe wird. Im Märchen bekommt der Prinz die Schrecken der Welt unter ihm zu sehen und bittet die Schwalbe, das Blattgold und die Edelsteine wegzupicken, die seine Oberfläche zieren, um sie den Armen zu geben. Nachdem er aller Schönheit entledigt ist, wird der Glückliche Prinz abgerissen und in einem Ofen eingeschmolzen. Was von ihm übrig bleibt, ist nur sein gebrochenes Herz und die tote Schwalbe. Diese werden von Engeln in den Himmel gehoben und zu den schönsten Dingen der Stadt erklärt.

Das Märchen bringt mich immer zum Weinen. Es bringt uns alle zum Weinen. Ich lasse mich tiefer ins Gras sinken und beobachte die Schatten der Schwalben und lausche ihrem Zischeln und Blubbern.

Oscar Wilde hasste Portora, und auch ich habe seelenschädigende achtzehn Monate dort verbracht. Keine Ahnung, warum ich dort hinwollte. Vielleicht weil einer von Irlands berühmtesten Schriftstellern auch dort hinging: Samuel Beckett, der es dort offenbar toll fand, vielleicht, weil er gerne Sport machte. Für mich war jeder Tag eine Qual. Das habe ich gut verborgen. Die Mobber waren kräftige Jungs, beliebt, sportlich, und Lügen rollten ihnen von den Zungen wie Diamanten. Schwarze Diamanten. Blutdiamanten. Ich setze mich rasch auf, Herzklopfen und -wummern. Allein daran zu denken tut mir weh, auch jetzt noch, über ein Jahr später. Ich bin froh, von dort weg zu sein.

Ich kehre zu dem einzelnen Buschwindröschen zurück, das einsam da steht, doch umso schöner ist.

## Sonntag, 13. Mai

Besucht man einen vertrauten Ort, ist er nie der gleiche. Immer verändert sich irgendetwas, und jeder neue Tag bringt etwas Neues, einen neuen Blick auf etwas, was uns zuvor entgangen ist. Das Neue kann unscheinbar wie eine alte Mauer sein. Natürlich lässt sich eine alte Mauer kaum unscheinbar nennen – in ihren Ritzen und Spalten steckt so viel Leben. Bleibt mal ruhig stehen und beobachtet eine Zeit lang eine Mauer, ihr bekommt bestimmt ein Spektakel zu sehen, das verspreche ich, doch muss man dafür still stehen und schauen. Heute gab es das Schauspiel, jedoch nicht an oder in der Mauer, sondern dahinter.

Wir waren schon länger durch die Killykeegan Nature Reserve gelaufen, ein kleines, gut verborgenes Naturschutzgebiet, nicht weit von unserem Haus. Ein weiterer Ort, an dem wir offenbar immer die Einzigen sind. Heute haben wir nach Wiesenorchideen gesucht, haben dem Kuckuck gelauscht und sind auf der Suche nach Säugetierkot über die Kalksteinkarren gerannt.

Bláthnaid späht gerne über Mauern, sucht solche Momente. Sie hat einen sechsten Sinn dafür. Wir beide spürten etwas. Sie blieb am perfekten Spähpunkt stehen, denn hinter der Mauer einer ehemaligen Festung liegt ein versteckter Teich, der den Himmel spiegelt, verschnörkelt mit einer Vielzahl von Schatten, in die immer wieder das Licht hineinfuhr. Darin eine zuckende Masse aus Kaulquappen und mit ihnen der andauernde Kreis des Lebens, Vorfreude und Faszination. Wir kletterten darüber, traten ans schlammige Ufer und schauten begeistert hinein.

Im Wasser blubberten Methanblasen, die mich an Folklore denken ließen, an Irrlichter und Banshees, Todesfeen, an rote Blitze, die auf verrottendem organischem Material tanzten. Dad erinnert sich, dass er in Tamnaharry, auf dem Hof seines Großonkels, im Dunkeln solche Blitze hat tanzen sehen. Heute sind diese Dinge selten geworden, da durch Entwässerung und »Bodenverbesserung« für die Landwirtschaft die meisten unserer Sümpfe, Moore und Feuchtgebiete dran glauben mussten. Egal ob es sich um Biolumineszenz oder brennendes Methan handelt, ich lasse meine Gedanken gerne zu Banshees und Irrlichtern schweifen... Folklore und Geschichten sind ja häufig von schönen und seltsamen Naturphänomenen inspiriert und schleusen die Natur tief in unsere Fantasie hinein. Außerdem starre ich so gerne auf Seen, dass es bestimmt gut für den Geist ist. Mein Kopf ist die meiste Zeit ziemlich hektisch, und Wasserflöhe, -käfer, Teichläufer und Libellenpuppen zu betrachten ist Medizin für mein überaktives Gehirn.

Auf der Oberfläche kräuseln sich kleine Wellen ohne erkennbaren Grund. Ich merke auf meinem Kopf, wie das leichte Nieseln sich in größere Tropfen verwandelt, und meine Trance endet abrupt, als sie mir von den Brauen das Gesicht hinablaufen. Bláthnaid und ich trollen uns, stellen uns an einer Hecke unter, doch als der Regen aufhört, kehrt sie zurück zu Mum und Dad, während ich allein in anderer Richtung weitergehe.

Bisweilen brauchen wir auf dieser schwankenden Weltkugel einen gewissen Halt. Heute würde ich unglaublich gerne einen Kuckuck hören – mein Bedürfnis nach »Saisonpremieren« ist groß. Das erste Mal von allem ist etwas Besonderes. Weil ich heute unbedingt einen hören will, habe ich mich in meinem Eifer sehr weit von den anderen entfernt und befinde mich, wie ich merke, in einem abgeschiedenen Dickicht aus Haselgebüsch und Blauglöckchen. Kennt ihr das, wenn ihr einen Ort gleichzeitig vergesst und euch daran erinnert? Das Dickicht versetzt mich sofort zurück ins Kleinkindalter zu einer Szene, in der ich über die zartlila Blüten trample, bis Mum mich schnell packt und hochnimmt. Dann im Schnellvorlauf ein paar Jahre später zu der Szene, in der ich in einem Kuhfladen herumstochere, um Mistkäfer aufzuspüren, und auf der Suche nach unbekannten Dingen bemooste Hänge hochkraxle. Fast kommen mir darüber die Tränen. Das Alleinsein bringt ausreichend Frieden, um die Vergangenheit zu spüren, die sich in Moschusgerüchen und Kitzelstrahlen, die durchs Blätterdach fallen, mit dem Hier und Jetzt überlappt.

Das grüne Lapislicht erhellt den Pfad durch Blauglöckchen und Haselbüsche – einen geheimen Weg. Manchmal ist es gut, einen Pfad zu haben, aus Angst vor dem Zorn der Feen, über die es heißt, sie wohnten in den glockenförmigen Blüten der Wildblumen – und manche meinen, die Träger der unseligen Ohren, die das unheilvolle Läuten der Blauglöckchen hörten, müssten mit dem Tod rechnen.

Ich spaziere behutsam über den Waldweg. Das Bulldozern früherer Kindheitsjahre ist vorbei. An diesem Ort herrscht Ehrfurcht. Um solch einen Blütenteppich zu bilden, braucht ein Blauglöckchen-Wald länger, als wir auf Erden sind. Er ist wertvoll, uralt und zauberhaft. Und lässt man ihn in Ruhe, so entwickelt er mit Gewissheit eine Anmut, die zahlreiche Herzen öffnet. Blauglöckchen, die es seit der Eiszeit bei uns gibt, brauchen ganze fünf Jahre, um vom Samen zur Knolle heranzuwachsen. Präzis-langsame Wachstumsarbeit.

Ein Überwurf aus Blauglöckchen, im Kreis des Frühlings, und zwischen alldem ruft, so plötzlich, dass ich fast aus der Haut schrecke, ganz laut und nah ein Kuckuck. Ich beschließe, ihm nicht nachzufolgen. Ich lausche. Lächle erleichtert, weiß, dass hier alles im Lot ist.

**Freitag, 18. Mai**

Ich schwinge ruhelos auf unserer Gartenschaukel hin und her. Die Sonne strahlt wieder, und der kleine umschlossene Bereich ist randvoll mit Vogelgesang und Geschwirr. Ich springe herunter und schaue in unseren kleinen Eimer. Ich erinnere mich daran, wie wir Steine und alte Tontopfscherben hineingelegt und ungeduldig auf Regen gewartet haben. Zusätzlich trugen wir eine

Tasse Schlamm aus dem Teich bei Dads Büro herüber, um natürliche Sauerstofflieferanten hinzuzufügen, und schon brachte der Zaubertrank Leben hervor. Zuerst Wasserflöhe. Nach einer Woche Schnecken. Wasserkäfer folgten. Dann Libellenpuppen und der Heilige Gral: Kaulquappen. Vögel kommen zu unserem Zauberkessel, trinken und baden, während unter der Oberfläche das Leben brodelt und ganze fünf Kaulquappen metamorphosieren. Sich schlängelnde und windende Tränen, die Algen von den Kesselrändern knabbern. Braut man in seinem eigenen Kessel, geschieht bestimmt etwas Zauberei.

Einen Frühlingsabend damit zu verbringen, das Leben in einem Eimer zu beobachten, direkt vor der Haustür, das ist die reine Freude. Ja, absolut!

Ich gehe rein zum Abendessen, bin aber bald schon wieder draußen und laufe schnurstracks zum Eimer. Er überrascht uns ständig mit all dem, was er bietet. Vor allem sehe ich mir gerne an, wie verschiedene Arten aufeinander wirken. Der Springschwanz startet eine kleine nette Erkundungstour auf der Wasseroberfläche, eine dicke Haut für das Insekt, das selbst so klein ist und zum Glück nicht weiß, wer darunter seine Kreise zieht: Unten im Dunkeln kommt der Gemeine Rückenschwimmer, vom Hunger getrieben, mit seinen zwei ruderartigen Beinen herbeigeschwommen, dem Namen getreu auf dem Rücken, und hält seine spitzen Mundwerkzeuge beziehungsweise sein Stilett bereit zum Angriff. Die Interaktion zwischen dem Rückenschwimmer und dem Springschwanz ist atemberaubend. Der Springschwanz ist sehr schnell, wenn er sich mit seiner Sprunggabel am Hinterleib, der Furcula, abstößt. Und der Rückenschwimmer ist so anmutig durchgeknallt. Beim Beobachten ihres großartigen Theaters ist schnell eine Stunde vergangen.

Vor dem Schlafengehen schaue ich noch einmal zu ihnen, und der Springschwanz ist gesund und munter. Doch wie lange noch? Innerlich hüpfe ich, denn für die Augen der Außenwelt bin ich zu alt, um hüpfend ins Haus zurückzukehren. Ich gehe fröhlich ins Bett. Mir wurde beigebracht, dass kindisches Verhalten falsch ist, fast schlecht. Eine Welt ohne solche Gefühle finde ich zum Heulen. Eine freudlose, entfremdete Welt. Ich verdränge den Gedanken. Als ich die Augen schließe, sehe ich wimmelnde Kaulquappen, Springschwänze und einen lauernden Rückenschwimmer.

**Samstag, 19. Mai**

Vor dem Frühstück schaue ich noch schnell in den Zauberkessel. Der Rückenschwimmer hängt noch immer unter der Wasseroberfläche, der Springschwanz ist weg. Ich mache mir weiter keine Gedanken darüber, er ist einfach weg. Ich zähle nach und atme auf: Die gleiche Anzahl Kaulquappen schwimmt um die Tontopfscherben, und eine ruht auf einem quer durch den Teich reichenden Stock. Ich muss mich fortreißen, da wir heute eine zweistündige Fahrt nach Downpatrick machen, um ein paar Besorgungen mit Dad zu erledigen und dann zusammen weiter nach Inch Abbey zu fahren, wo einer meiner liebsten Rabenvögel beim Nisten zu sehen ist.

Es fühlt sich wie ein Sommerabend an, abgesehen von dem Summen und Brummen und dem entfernten Kreischen von Seeschwalben, die im Tiefflug über den Quoile River nach Südwesten flitzen. Überall sind Schmetterlinge. Aus der Ruine des Zisterzienserklosters steigt das Geschwätz von Dohlen. Das ist etwas Besonderes. Während sie lautlos um uns herumschießen, hören wir andere Geräusche, kein richtiges Krächzen. Ich sehe mir die Ritzen in den Mauern an und entdecke geschützt hinter Zweigen einige Küken. Dann scheinen die Laute aus allen Richtungen zu kommen. Ich ziehe mich zurück und sehe, wie die Eltern unermüdlich in verborgene Hohlräume hineinfliegen und ihre Jungen füttern.

Die schwarzen Umrisse von Dohlen an unseren Futterhäuschen zu Hause überraschen mich immer. Wenn sie schwankend darauf herumwackeln, wirken sie ungelenk. Sie picken an den Fettknödel sehr viel behutsamer als ihre Cousins, die Rabenvögel (vor allem die Krähen), die einmal zuschnappen und dann wegfliegen. Es sind so intelligente, empfindsame Vögel. Sie schauen ins menschliche Auge und suchen darin nach den Absichten. Sie können auch Tricks lernen. Erstaunliche Wesen sind das, mit wunderbar glänzendem, nacht- und kohlschwarzem Gefieder.

In der keltischen Mythologie gibt es eine Geschichte über einen Schwarm Dohlen, der den König darum bat, in die Stadt hineinzudürfen, um den tyrannischen Krähen und Raben zu entkommen. Der König verweigerte ihnen die Bitte, aber die Dohlen zeigten sich hartnäckig und fanden einen verloren gegangenen Zauberring, der die Provinz Munster vor den Angriffen der Formorier bewahrt hatte. Der König änderte seine Meinung, und die Dohlen wurden als Vogelbürger in die Stadt hineingelassen.

Ich liebe diese Geschichten. Sie bereichern mein Leben als junger Naturforscher. Wissenschaft, ja, natürlich Wissenschaft. Aber wir brauchen diese verlorenen Verbindungen, sie nähren unsere Fantasie, bringen wilde Figuren zum Leben und erinnern uns daran, dass wir nicht abgetrennt von der Natur leben, sondern ein Teil von ihr sind. Vogelbürger! Warum nicht?

**Samstag, 26. Mai**

Es ist so ein großartiges Gefühl, wieder auf Rathlin Island zu sein – einem langen schulfreien Wochenende sei Dank. Wir wohnen in derselben Steinhütte und besuchen am Nachmittag sofort das Vogelbeobachtungszentrum. Jetzt sind dort im Vergleich sehr viel mehr Menschen, daher nimmt Mum mich, bevor wir zur Aussichtsplattform hinuntergehen, kurz zur Seite. Wir vereinbaren Codewörter und Handdruck-Codes. Ich baue mir einen imaginären Schutzanzug und bewege mich vorwärts ins Gedränge, wobei mir die Sinne explodieren wie Popcorn-Mais.

Wenn man zum ersten Mal die Klippen in der Brutsaison sieht, zwischen Mai und Juli, schlägt einem alles Großartige gleichzeitig entgegen. Der ziemlich scharfe Geruch. Das Kaleidoskop von Lauten. Es gibt Tausende Vögel: Lummen, Klippenmöwen, Tordalke, Eissturmvögel und Papageientaucher, die alle kreisen oder hinabstürzen, schützen und auf Streife gehen, über die Kante des Kliffs spazieren. Alles vibriert hier vor Weiterleben und Fortbestand. Ich bin wahnsinnig froh und fast hysterisch, muss aber alles in mich aufnehmen.

Ich fokussiere mich, so gut es geht, auf einzelne Vogelarten, zuerst auf einen Eissturmvogel, der döst und wartet, eine Königin auf ihrem Thron, allein, aber geschützt vom Schatten ständig vorüberfliegender Flügel. Wie der Buddha befindet sie sich in Trance, schont ihre Kräfte, bleibt sitzen. Dann fällt mir eine Versammlung von Lummen auf, eine dichte Masse – sicher durch ihre Anzahl –, von der die Kliffkante komplett bedeckt wird (den Vögeln und ihrem Guano). Die Tordalke umschmeicheln einander, verdrehen die Hälse und klackern mit den Schnäbeln, kuscheln sich in prächtig glänzendes Gefieder, als gerade eine schwarz-weiße Meuterei unter ihnen ausbricht, ein Kampf um Reviere. Die Klippenmöwenpaare bleiben dicht zusammen, auf den Klippenvorsprüngen wie in der Luft. Diese hochseereisenden Nomaden wirken empfindlicher als andere Möwen, müssen aber sehr zäh und robust sein, um ein halbes Jahr auf dem Meer durchzuhalten, die Jungvögel kehren erst zum Land zurück, wenn sie zwei Jahre oder älter sind. Und hier kommen die kleinen Watschelgänger, die Papageientaucher! Mit ihren Augenschlitzen sehen sie aus wie Schlafwandler, während sie mit ihren stämmigen kleinen Körpern über die Wiese laufen. Es scheint sie sehr anzustrengen, doch sind sie entschlossen und haben Charisma – ich stelle mir vor, wie sie zusammen mit dem Zauberer in Oz als winzige Inspektoren von Bau zu Bau wackeln. Im Flug können sie erstaunliche neunzig Stundenkilometer erreichen, indem sie manisch vierhundertmal pro Minute mit den Flügeln schlagen.

Mein Grinsen reicht jetzt bis hinüber zu den Klippen, als könnte es sich mit jedem einzelnen Flügel und Schnabel verbinden. Ich beschließe sogar, eine neue Herausforderung anzunehmen und mit Leuten zu reden, mich in Austausch zu begeben. Umgeben von alldem hier ist es einfacher. Ich bin in meinem natürlichen Lebensraum, und ihn mit anderen zu teilen, fühlt sich echt gut an.

**Sonntag, 27. Mai**

Beim Aufwachen habe ich durch den wenigen Schlaf einen trockenen Mund und trockene Augen. Ich bräuchte jetzt Spannung, Adrenalin. Ich bräuchte die Fähigkeit, ohne Verdruss und Selbstanspruch durch den Tag zu kommen. Im Unbekannten Freude finden. Vielleicht, weil alles Leben unbekannt ist und wir durchs Dunkel tapsen, und immerhin habe ich Annehmlichkeiten, die viele andere nicht haben. Ich habe eine Familie. Ich habe Wärme. Ich bekomme so viel Liebe. Es wird schon gehen.

Was für ein Tag gestern – ich galoppierte die Stufen zur Aussichtsplattform hinauf, die Hitze und die Luft mischten sich in meiner Brust mit dem Wind und Vogelgesang. Danach gingen wir zum Abendessen in den Pub und sahen uns den blutroten Himmel an, während die Sonne sich ins Meer schlich. Wir unterhielten uns, hoben unsere Gläser, und dann fühlte ich Flut und Ebbe steigen und sinken, als Mum und Dad anfingen zu reden und diesen Moment wählten, um uns zu sagen, wir würden umziehen. Unser Zuhause wechseln. County, Landschaft, Leute wechseln. Umziehen.

Mum sagte, sie habe das Gefühl, wir bräuchten einen neuen Anfang, eine neue Schule für Lorcan und mich. Dad würde gerne näher an Belfast sein, wegen der Jobmöglichkeiten, und um näher bei Granny zu sein, seiner Mutter, die, seit Granddad gestorben ist, ganz allein lebt. Ich nickte. Ich verstand, was sie sagten. Ich verstand, aber beim Atmen der salzigen Luft brannte meine Kehle. Ich drängte alles so weit weg, wie ich konnte. Verweigerung. Verwirrung. Mums und Dads Blicke flogen zwischen uns und ihnen hin und her. Danach, wussten sie, musste ich Zeit allein verbringen. Aber auf dem Weg hielt Mum irgendwann inne und umarmte uns alle, und ohne etwas zu sagen, gingen wir weiter in Richtung der Hütte und der Unheimlichkeit des Unbekannten.

Der elektrische Strom in meinem Kopf entlädt sich nur langsam. Ich steige aus dem Bett in einen Tag sengender Sonne. Nach dem Frühstück entdecken wir auf einem Spaziergang zur Rue Point einen überwältigenden Gestank von verfaulendem Seetang und zwei tote Ziegen. Eine eindrückliche Begegnung, die aber die schimmernde Weite von Insel und Meer nicht trübt.

Ich mache eine Pause an einem Hang voller Stranddisteln, sehe einige Pieper zwischen den Felsen flattern und suche mit dem Feldstecher nach weiterem Leben. Die Sonne ist so grell, ich muss die Augen zusammenkneifen, um die Formen weiter vorn zu erkennen: graue Robben ausgestreckt auf Felsgestein. Sonnen, sich kurz kratzen, sich kaum rühren. Ich werde neidisch. Nicht nur, dass sie den lieben langen Tag herumliegen, es reicht auch ein großer Ruck, und schon tauchen sie ein in die dunkle Tiefe, wo sie fressen können. Vom Ruhezustand in die volle Bewegung ohne Vorbereitung, ohne Zwischenzustand. Ich suche mir einzelne Tiere aus, vergleiche ihr Verhalten. Sie haben ganz verschiedene Persönlichkeiten. In wenigen Monaten werden sie mit der Aufzucht ihrer Jungen zu tun haben. Im Moment ruhen sie aus, solange das noch geht.

1914 wurden Robben als erste Tiere mittels Gesetzgebung unter Schutz gestellt. Aber der »Grey Seals Protection Act« (Kegelrobben-Schutzgesetz) beendete nicht den Konflikt mit der Fischindustrie, und das Töten ging weiter. Zum Glück konnte ein Aufschrei der Öffentlichkeit Ende der 1970er-Jahre das Robbenschlagen beenden. Aber wie die Biologin Lizzie Daly in ihrem kurzen Film *Silent Slaughter (Das stille Schlachten)* berichtet, wurden 2018 erschossene Robben an Stränden nahe der schottischen Lachsfarmen gefunden, es ist also immer noch ein strittiges Thema.

Mir wird schlecht bei der Vorstellung, dass Blut über die Felsen hier läuft. Ich schüttle die Gedanken ab, wende meinen Blick nach draußen. Ich wahre einigen Abstand zu den Robben und erfreue mich an der Flossen-Soap, wenn sie sich hochstützen, ihren Raum einnehmen, sich schlängeln und schubsen. Ein wunderbarer Stummfilm. Ich kann nachempfinden, dass sie ihren eigenen Raum brauchen und sich manchmal unsozial verhalten. Der Wind dreht, und der Geruch wird mir zu viel. Es reicht. Sogar der begeistertste Naturforscher muss weiterziehen. Ich stehe auf und gehe zur nächsten funkelnd interessanten Sache.

Der Tag vergeht in Gesellschaft schnatternder Raben und erster Spätfrühlingsblüher: Klee, Butterblume und Strandleimkraut. Ich liege auf der Wiese und beobachte die Quellwolken, ihre knolligen Formen im Blau. Dieser Wochenendausflug nach Rathlin ist so kurz, zu kurz. Mein Leben scheint in Schüben zu passieren, dicht zusammengedrängt, mit wenig Freiheiten. Ich koste Stille und Alleinsein voll aus.

Als der Abend aufzieht, zeigt sich ein blutunterlaufener Brombeerhimmel. Die Luft ist kühl und duftet nach Heu, und bevor es zu dunkel wird, fahren wir los, quer über die Insel, und suchen nach dem Ort, von dem Liam McFaul uns erzählt hat, wobei wir alle genau auf ein Geräusch lauschen, das früher so verbreitet war, dass man es in der Dubliner Innenstadt hörte und auf jedem Feld und Hof überall in Großbritannien und Irland. Wir bleiben am Straßenrand stehen und warten. Es herrscht hier eine Stille, und die Stille ist ohrenbetäubend. Ich höre meinen Puls und habe das Gefühl, er explodiert mir in den Ohren. Die Vorfreude hinterlässt bei mir im Mund einen metallischen Geschmack. Dad will gerade den Motor wieder anlassen, als das Knarren beginnt, klar und abgehackt wie ein Sperrrad. Eine Wiesenralle. Sie knattert gegen das Blöken von Lämmern und das Stöhnen von Kühen an, ein weiterer Wildgesang, der von der Agrar-Klanglandschaft ausgelöst wurde.

Einstmals mähte man die Felder recht spät im Jahr, sodass die Wiesenrallen-Paare brüten und ihre Jungen aufziehen konnten. Diese Art der Landwirtschaft wurde ersetzt durch das intensivere Silagemachen im Frühling und Sommer. Das Vorziehen des ersten Mähens passt nicht zum Rhythmus der Vögel – und das Undenkbare geschieht, ein Leben wird von den Klingen beendet. Stellt es euch vor. Alle Eier kaputt. Die Zukunft der Art an diesem Ort, überall, ist dahin. Ausgelöscht. Am Lenkrad sitzt natürlich... ein Mensch.

Zurzeit ruft nur das Männchen in den unendlichen Himmel. Es knarrt und klagt ohne Erwiderung durch eine Partnerin. Wir sitzen still da und lauschen, und alle im Auto lächeln.

Ich liebe meine Familie, aber in diesem Augenblick bringt mich ihr Lächeln fast zum Schreien. Wie können sie? Ich kann ihre Freude nicht teilen. Eine Träne läuft mir über die Wange. Ich stehle mich aus dem Auto, schließe die Tür, so leise ich kann, gehe in Richtung der Vogellaute. So ein kleines Revier nur, und doch ist er hier, tapst im trockenen Schilf herum.

»Es tut mir leid«, flüstere ich.

Der Vogel beachtet mich nicht und knarzt weiter, und er wird weiterknarzen, bis die Saison vorbei ist. Abend für Abend. Unermüdlich. Ich fühle solche Einsamkeit und Hoffnungslosigkeit, wenn ich ihn sehe, ihn höre. Ein Ruck durchfährt mich. Ich muss etwas tun. Ich muss den Mund aufmachen. Muss protestieren.

Es wird dunkel, ich gehe zurück ins Auto. Die Wiesenralle knarzt weiter in den Nachthimmel.


**Freitag, 1. Juni**

Die Schulwoche ist vorbei, und ich bin immer noch aufgewühlt. Ich sitze auf der Schaukel, beobachte das Kommen und Gehen der ausgewachsenen Gartenvögel an den Futterhäuschen, wie sie fressen und in der Erde herumpicken, bevor sie davonfliegen, um ihre Jungen zu füttern.

Ich spüre ein Gewicht auf der Zunge, habe es fast die ganze Woche gespürt. Ich habe nicht sprechen können. Die Schule zieht wieder einmal das Tempo an für die Prüfungszeit. Das sind jetzt offenbar die »wichtigeren« Klausuren, weil sie mitbestimmen, welche Fächer ich für meinen Abschluss wählen kann. Die Klausuren sind kein Problem für mich; ich schreibe sie sogar gerne. Ich mag Herausforderungen auch irgendwie, aber sie kommen so schnell hintereinander, und in der Zwischenzeit lernen wir nicht genug Neues. Das ist ziemlich frustrierend und anstrengend. Würde ich nicht schreiben, müsste ich nicht all das Unklare, Verschwommene durchsehen und filtern, all den Lärm, der mich ständig umgibt, würde ich implodieren. Der ganze Druck würde mich fertigmachen. Aber noch bin ich hier, es ist Freitagabend, und morgen wollen wir im Teich baden.

Ich lehne mich aus dem Fenster meines Zimmers und schaue aufmerksam zu, wie nimmersatte Gestalten im Zweiminutentakt herumhuschen. Hin und her. Fleißige Eltern. Ohne Pause. Es ist ein vergnüglicher Anblick. Die Küken werden bald das Nest verlassen, und im Garten wird einiges los sein. Ein Gimpelmännchen landet auf der Mauer (am Morgen ist auch schon eins da gewesen). Seine rundliche, korallenrote Brust hebt sich vom Grau des Steins deutlich ab. Es wirkt etwas unbeholfen, lässt sich herunterplumpsen und pickt die Samen der Pusteblumen. Er tut dies noch einige Male, dann gesellt sich das Weibchen mit seiner altrosafarbenen Brust hinzu. Sie unterhalten sich mit Geknarr und Gegurgel. Das silberne Rückengefieder des Männchens kommt so nah, ich könnte es berühren. Der wippende Schwanz war sogar noch näher. Ich halte den Atem an, bereite mich vor, doch genau dann brummt ein Rasenmäher los, vermasselt die Begegnung.

**Samstag, 2. Juni**

Ich renne die lange Wiese entlang, der berauschende Geruch dringt mir in die Kleider. An der großen Eiche von Castle Archdale bleibe ich stehen, lege meine Wange an die Rinde. Ich spüre die alte, raue Haut, die schützende Schicht. Ich höre sie atmen, unsere Rhythmen verweben sich miteinander. Ich schließe die Augen.

Dreihundert Jahre, um zu wachsen, dreihundert Jahre volles Leben, dreihundert Jahre, um zu sterben. Bei dem Gedanken fühle ich mich klein wie die Ameisen, die über die Hülle dieser mächtigen Kreatur krabbeln.

Seit fast fünfhundert Jahren hat sie Ameisen und Hunderte anderer Insektenarten auf sich gehalten. Ich sitze im Gras, lehne meinen Rücken an den Stamm und schaue hinauf ins Kronendach. Die Blätter glänzen in der leichten Brise, und mein Körper erhellt sich. Ein Buchfink bringt mit seinem Zwei-Ton-Rhythmus alle anderen zum Mitsingen, und sie alle zusammen musizieren in den Zweigen. Ein Privatkonzert. Ich bleibe eine Weile dabei und gehe, bevor in der Ferne unliebsamer Lärm losbricht. Darüber bin ich sehr mit mir zufrieden. Ich bin genau im richtigen Moment gegangen und zu den anderen am Teich zurückgekehrt.

Der Himmel sieht von hier bedrohlich aus, ein Aufblühen knospender Wolken. Ohne dass wir es bemerkt hätten, werden sie auf uns herabgeschossen, ziehen von irgendwoher aus dem Blauen auf. Für zwei Minuten öffnet sich der Himmel, dann fliegen Flackerlichter vor unseren Augen entlang: Libellen, auf deren seidige Flügel Landkarten aus dem Karbon gezeichnet sind (als ihre Vorfahren mit den Dinos flogen, waren deren Flügel zwei Meter lang). Sie surren immer noch vorbei wie Leuchtflecken mit Turbo, ihre Flügel fangen das Licht ein und zeigen uns flüchtige Eindrücke vergangener Äonen.

Ich entdecke eine Torf-Mosaikjungfer, die oben am Himmel in ein Luftgefecht verwickelt nach Fliegen schnappt und sie in den spindeldürren Käfig ihrer Füße fängt. Zwei Adonislibellen landen auf einem Blatt, biegen sich in ihrem Liebeswerben zu einem Herzen: Das Männchen hält sich am Hinterkopf des Weibchens fest – und befruchtet es. Als ein weiterer Adonis dazukommen will, fliegen sie zusammen fort, immer noch aneinandergedockt.

Der Regen ist fort, also befüllen wir die Mulden eines Diptellers mit Wasser und fangen Köcherfliegenlarven, Wasserläufer, Posthornschnecken, Kreiselkäfer und einen Egel. Sie schlängeln und winden sich, schießen hoch und auseinander, zusammengesperrt in den Mulden einer in den Teich getauchten Plastikpackung. Unsere fünf Augenpaare glänzen vor Begeisterung, bei Klein und Groß in gleicher Weise. In diesem Moment ist jeder von uns mit den Wesen in den Plastikmulden verbunden sowie mit allem anderen Leben, das uns im Schein der Abendsonne umkreist.

**Dienstag, 5. Juni**

Der Garten ist in der Wärme des späten Frühlings erblüht. So viel Licht und Sonne ist ein guter Ausgleich für die wogende Erschöpfung und Verzweiflung, die mich am Ende des Schuljahrs überkommt. Freundschaft hat immer einen Bogen um mich gemacht – was ist das überhaupt? Ein Ansammeln von Handlungen und Worten zwischen zwei oder mehr Menschen, Menschen, die sowieso altern und sich verändern werden. Offenbar ist das etwas Schönes. Meinen manche. Ich habe da keine Erfahrung. Na ja, in der Schule spiele ich mit einer Gruppe Brettspiele. Wir spielen, wir dekonstruieren das Spiel. »Reden« tun wir dabei nicht. Was gibt es auch zu sagen? Manchmal habe ich Sorge, wenn ich anfange, höre ich nicht mehr auf. Das ist schon passiert, oft. Das geht nicht gut aus. Kinder aus meiner Klasse gehen zusammen durch die Stadt, vielleicht spielen sie zusammen Fußball oder machen sonst irgendeinen Sport, den sie mögen. Sie reden aber nicht viel. Sie grinsen oder kichern, wenn jemand anders ist. Dumm für mich, dass ich anders bin. Anders als die anderen in meiner Klasse. Anders als die meisten Menschen an meiner Schule. Heute in der Pause habe ich die Trauerbachstelzen beobachtet, wie sie immer wieder in ihr Nest flogen. Wie soll ich mich bei so was einsam fühlen? Die Natur ist meine Zuflucht. Wenn ich dasitze und etwas beobachte, fragen Erwachsene meistens, ob bei mir alles in Ordnung sei. Als wäre es nicht in Ordnung, einfach dazusitzen, die Welt zu verarbeiten, Dinge zu durchdenken und andere Arten bei dem zu beobachten, was sie so tun. Die Natur ist nie enttäuschend; Menschen können es sein. Die Natur hat in meinen Augen Reinheit, ist ungekünstelt. Ich beobachte die Trauerbachstelze, die immer wieder zum Nest fliegt, dann gehe ich näher ran. Schaue hinein und sehe, dass die Eier von letzter Woche jetzt Küken sind. Winzige hellgelbe Schnäbel, Münder, die sich lautlos öffnen und schließen. Das ist Zauberei. Dieser Vogel, der zu jedermanns Füßen hüpft und tanzt, ist für die meisten unsichtbar. Solche Lebendigkeit und ein Schwanz mit Aufziehmechanik, der ständig tickt, aber nie den Boden berührt. Da ist sie wieder, und das Kreischen beginnt richtig. Ich kichere innerlich, für den Fall, dass jemand es sieht. Ich muss so viel zurückhalten, mich so oft anders ausgeben. Anstrengend ist das.

Zu Hause lungere ich im Garten herum und bemerke sofort das erste Ruprechtskraut, wilde rosafarbene Blüten im Grün. Ich setze es mit auf meine Liste der Erstsichtungen im Garten und fühle mich gut. Ich höre, wie Dad von der Arbeit heimkommt und mit ihm eine verletzte Fledermaus. Sie ist die erste des Jahres, und wir pflegen sie – Weibchen bekommen nur ein Junges pro Jahr, es ist wertvolle Fracht. Wir füttern sie mit Mehlwürmern und füllen Wasser in einen Milchflaschendeckel. Der Fledermausmund ist so klein, ich lasse ihr mit einem Pinsel von Bláthnaid Wasser auf die Zunge tropfen und hoffe, das ist so ähnlich wie Tautropfen von einem Blatt oder aus einer Pfütze schlecken. Austrocknung ist die häufigste Todesursache für verletzte Fledermäuse, also ist es wichtig, sie viel trinken zu lassen. Aber sobald es ihnen besser geht, verdrücken sie einen Mehlwurm wie ein Stück Spaghetti.

Fledermäuse sind so harmlos und schüchtern, haben den dummen Rummel, der in Filmen und an Halloween um sie gemacht wird, nicht verdient. Sie sind Insekten-Kontrolleure: Eine einzige Zwergfledermaus isst pro Nacht dreitausend Gnitzen. Stellt euch vor, welche Insektenschwärme euch ernsthaft den Campingurlaub verderben würden, wenn es keine stabilen Fledermausbestände gäbe. Unschöne Vorstellung.

Die Fledermaus schläft bei mir im Zimmer. Das tun sie immer, da es vom Trubel und Jubel der restlichen McAnultys ein wenig abseits liegt. Ich schlafe immer tief und fest, wenn ich eine Fledermaus im Zimmer habe. Ich höre sie in der Nacht herumkratzen und habe nie Angst, spüre Trost.

**Freitag, 8. Juni**

Ich trotte mit bleiernem Herzen zur Schule: Die Fledermaus hat die Nacht nicht überlebt, und wir haben nicht nur eine Fledermaus verloren, sondern auch all die Generationen, die noch hätten folgen können. Ihre Verletzungen, zugefügt von einer Katze, waren zu schwer, und sie starb, wie Dad meint, an einer Infektion. Ich bin untröstlich. Die Klausuren habe ich zwar alle geschrieben, doch um meine Stimmung aufzuhellen, reicht das nicht.

Als Lorcan und ich nach der Schule heimkommen, hören wir Freudenschreie von Mum und Bláthnaid. »Sie sind geschlüpft! Sie sind geschlüpft!« Mum ruft mit der kindischen Freude, die vielen Kindern, die ich kenne, bereits fehlt, wenn sie acht oder neun sind. Die Begeisterung steckt an, sie springt auf mich über, und ich fühle mich, als hätte man mich ein Stück hochgehoben. Wir schauen durch das Fenster, als eine kürzlich geschlüpfte Kohlmeise, eine Blaumeise und ein Sperling auf einem Kiefernzweig sitzen, mit offenen Schnäbeln, laut, ungestüm und prächtig. Beim Beobachten dieser misstönenden Combo wird mir klar, dass ich sie nicht sehen werde, wenn sie einst ausgewachsen sind. Nicht, wenn wir umziehen.

Ich habe den Umzug bislang völlig verdrängt. Aber morgen fahren wir auf Häuserjagd ins County Down, nach Castlewellan – eine kleine Stadt zehn Kilometer von unserer neuen Schule in Newcastle entfernt (wo das Leben laut Mum und Dad zu teuer für uns ist). Ich bin mir unsicher, ob das Ganze einfach nur nervt oder ob der Kitzel, den ich manchmal spüre, wenn ich daran denke, ein Zeichen für die Aufregung darüber ist, noch einmal neu anzufangen. Die Möglichkeit, mich selbst neu zu erfinden.

Mum bemerkt, wie meine Stimmung schwankt. Ich zeige ihr mein bestes Breitgrinsen, umarme sie. Für keinen von uns ist es einfach, aber sie und Dad werden den Hauptteil der Arbeit übernehmen – auch beim Sorgenmachen.

Seit ich denken kann, hat Mum sich jeden Tag mit mir hingesetzt, sich mit uns allen hingesetzt, und hat uns alle Situationen erklärt, mit denen wir je haben umgehen müssen. Ob es um einen Besuch im Park ging, im Kino, bei Leuten zu Hause, in einem Café. Jedes Mal wurden alle Eventualitäten behutsam durchgesprochen. Hinweise auf Stimmungen und erwartbares Verhalten in Gruppen, Bedeutung von Gesten, nützliche Antworten, falls wir einmal nicht wüssten, was wir sagen sollen. Bilder, Social Storys, Diagramme, Karikaturen. Viele Leute werfen mir vor, ich würde »nicht autistisch aussehen«. Ich habe keine Ahnung, was das heißt. Ich kenne viele »Autisten«, und wir sehen alle anders aus. Wir sind keine eigene Spezies, die man erkennen könnte. Wir sind Menschen. Außerdem fallen wir nicht auf, weil wir uns sehr bemühen, unser wirkliches Ich zu verbergen. Wir halten uns zurück und halten uns geschlossen. Das verlangt viel Kraft. Ein noch größerer Kraftakt ist übrigens das, was Mum so locker und leicht für uns tat und immer noch tut. Sie sagt uns die Dinge, weil sie sie weiß. Sie kennt die Torturen und die Verwirrung aus ihrer eigenen Kindheit. Sie möchte uns diese Erfahrungen ersparen. Deswegen werden sie und Dad das Sorgenmachen beim Umzug übernehmen, und deswegen wird Mum all die Pläne und Mindmaps entwerfen – und wird irgendwie wissen, wie alles zusammenpasst. Ich habe echt Glück, großes Glück.

**Samstag, 9. Juni**

Der Tag ist prächtig. Wir haben Sommerwetter, ich habe ein neues Undertones-T-Shirt (von »My Perfect Cousin«), und es ist ein tolles Gefühl, es zu tragen. Ich weiß nicht, warum ich gerne T-Shirts trage, die einen Teil von mir herausposaunen. Vielleicht liegt es daran, dass sie Leute entweder abschrecken oder zu einem Gespräch einladen, ohne dass ich dazu etwas tun muss. Na ja, weder das eine noch das andere ist mir bisher passiert!

Wir kommen am ersten Haus an, um es zu besichtigen, und ich merke, Mum findet es schrecklich. Auch ich mag es nicht. Alles daran ist gestaucht, obwohl wir aus dem oberen Stock die Mourne Mountains sehen können. Das zweite Haus ist viel besser, müsste aber aufwendig renoviert werden – die Aussicht von dort ist außergewöhnlich. Allerdings entzündet keines bei uns echte Begeisterung im Bauch, und damit war's das für heute, zum Glück. Weil es aber noch Vormittag ist, fahren wir weiter und besuchen den Castlewellan Forest Park, ein staatseigenes Waldareal mit Urwald, Nadelschonungen und Rotmilanen. Es gibt dort sogar einen See und einen Bergpfad. Lorcan und Bláthnaid sind schon hier gewesen, aber für mich ist es das erste Mal. Wunderschön ist es. Meine Vorfreude wird immer größer – wenn wir hier hinziehen, könnten wir an einem Wald wohnen. Wir könnten nah bei Bäumen sein. Wir würden vielleicht nicht mehr von der Vorstadt eingeengt. Ich könnte Rad fahren, ohne mich um Autos zu sorgen.

Ihr merkt, für uns Kinder ist das eine große Sache. Wir haben keinen Zugang zur Natur, wie die Generation meiner Eltern ihn hatte. Unser Kontakt zu wilden Pflanzen und Tieren wurde durch Modernität und »Fortschritt« stark reduziert. Unsere Erkundungspfade wurden durch Erschließung, Straßenbau und Verschmutzung unpassierbar. Ganz im Ernst, wer irgendwo in Enniskillen mit dem Rad unterwegs ist, spielt mit seinem Leben. Auf den Straßen ist es voll, hektisch und wenig freundlich, vor allem, wenn man wie ich einfach stehen bleiben und sich sattsehen möchte. Wir müssen immer zu irgendwelchen Parks mit Wald oder zu Naturschutzgebieten gondeln, um auf unsere Kosten zu kommen, und kehren dann zurück in die Kargheit von Beton und manikürtem Rasen. Was für ein Gedanke, vielleicht neben einem Wald zu wohnen!

Der Gedanke hallt lange nach, und ich bin euphorisch, fast im Freudentaumel. Uns allen geht es ähnlich, im Schein der Sonne mit Rauchschwalben, Mehlschwalben, Mauerseglern über uns, die überall tanzen. So viele. Ich habe noch nie so viele auf einmal gesehen. Nicht alle drei Arten zusammen. Es ist stark und berauschend. Wir gehen mit federndem Schritt, sind aufgedreht, werfen uns Seitenblicke zu, zügeln unser Lächeln. Voller Hoffnung halten wir unsere Aufregung in Schach.

Im Park finden wir ein Heckenlabyrinth, das Peace Maze, das 1998 nach dem Karfreitagsabkommen angelegt wurde. Es besteht aus sechstausend Eiben und wurde von fünftausend Schüler*innen und anderen Helfer*innen aus der nahe gelegenen Gemeinde gepflanzt. Wir toben durch die Gänge bis an eine Seilbrücke. Ich bleibe stehen und greife zum Feldstecher: Rotmilane, drei, kreisen und steigen auf, lassen sich direkt über unseren Köpfen fallen. Ein atemberaubender Anblick. Wir starren hinauf in den Himmel und spüren, wie wir in aller Stille eine Familienabmachung treffen: Hier könnte ein guter Lebensort für uns sein.

Erschöpft von der langen Fahrt und den Ereignissen des Tages fahren wir zurück zu Grannys Haus in Warrenpoint, in dem wir heute übernachten werden. Meine Granny Elsie hat aus ihrem Garten hinter dem Haus eine großartige Aussicht. Wir sehen Carlingford Lough, die Mourne Mountains und die Cooley Mountains. Jeder Tag sieht hier anders aus, mit feinen Farbveränderungen, oder es hängen die Wolken an den Bergen und verziehen sich dann. Heute schwatzen die Sperlinge, und die Sonne steht noch hoch. Wir beschließen, dass wir noch einen Strandspaziergang machen müssen, bevor wir Abendessen bekommen.

Auf dem Weg machen wir eine Strandsäuberung, aber nicht allzu gründlich heute, was uns viel Zeit zum Erkunden lässt. Lorcan macht den besten Fund des Tages: den Kalkschulp eines Tintenfischs, vom Meer geschliffen und seidenweich. Der Schulp, der eine besondere Art Muschel ist, stammt typischerweise von Weibchen, die einige Wochen nach der Fortpflanzung sterben; und die Skelette der toten Kopffüßer werden später an den Strand angespült. Lorcans Fund trägt die Art von Bohrmuschel-Löchern, die man normalerweise in weichen Gesteinsarten und in Lehm findet, und es scheint immer noch Leben darin zu sein, sodass wir den Schulp zurück ins Meer tragen, bevor er austrocknet. Wir finden einen weiteren, knochentrocken, den wir mit zu Granny Elsies Haus nehmen.

Später an dem Abend, in der Dunkelheit des Zimmers, das ich mit Lorcan teile, reden wir leise und aufgeregt über den Umzug, bis wir beide wie Steine in den Schlaf sinken.

## Samstag, 16. Juni

Großartige Tage rollen ineinander, bis sie nicht mehr zu unterscheiden sind. Die Hitze ist manchmal unerträglich, und der Garten leidet bereits. Das Gras ist verdorrt, und ich befinde mich in der letzten Schulwoche vor den Sommerferien.

Gerade habe ich erfahren, dass ich in der nächsten Woche nach Schottland eingeladen bin. Mum bekam eine SMS von Dr. Eimear Rooney, die für die NIRSG arbeitet, die Nordirische Raubvogel-Forschungsgemeinschaft. Ich habe Eimear vorab bereits ein paarmal getroffen, einmal am Kornweihen-Tag und dann noch einmal nach einem Spendenspaziergang, daher weiß sie, was für ein leidenschaftlicher Raubvogel-Fan ich bin. Und jetzt hat sie Mum und mich zusammen mit einem weiteren meiner Helden zu einer Mission eingeladen, dem unglaublichen Dave (er hat auch einen Nachnamen, aber was er tut, ist heikel, weshalb ich ihn lieber nicht nenne), der ein Projekt zur Markierung von Habichten mit Satellitensendern durchführt.

Habichte! Nachdem ich die Neuigkeit erfahren habe, blättere ich gleich durch die Seiten eines Greifvogel-Bestimmungsbuchs bis hin zum *Accipiter gentilis,* dem freundlichen Habicht. Ich habe ihn bereits in den Tiefen des Big Dog Forest schnattern und die Stille zerreißen hören, aber gesehen habe ich ihn noch nie. Bald würde ich sogar einen halten dürfen! Ich kann es mir kaum vorstellen, geschweige denn es glauben. Ich würde so viel lernen.

Doch kehre ich erst mal zurück in die Realität und sage mir, dass wir heute auf Pilgerreise in den Big Dog Forest gehen werden. Das wird unser letzter Besuch sein, bevor wir in vier Wochen umziehen. Es ging alles sehr schnell, aber wir haben ein Haus gefunden. Ein schönes. In seinem Garten stehen Ebereschen, und es befindet sich direkt auf der anderen Straßenseite von dem Waldpark, den wir letzte Woche erkundet haben. Obwohl wir an diesem Vormittag alle voll freudiger Erregung sind, kann ich in Mums und Dads Gesichtern die Ermattung sehen. Mum hat sich um unsere Schule gekümmert, um die Aufstellung unserer besonderen Bildungsbedürfnisse, die GCSE-Fächerwahl, das Umzugsunternehmen, und das alles, während Bláthnaid auch noch Heimunterricht bei ihr bekam.

Wir brechen in guter Laune auf, doch sind wir nicht vorbereitet auf die emotionale Bindung an Big Dog. Hier habe ich meine erste Kornweihe aus den Bäumen steigen sehen, und hier haben wir den Habicht gehört. Hier hatten wir Picknicks, Gespräche, Unfälle und Missgeschicke. Dieser Ort hat mich geprägt. Bald werde ich nicht mehr viele Möglichkeiten haben, zurückzukommen und zu wandern, wie wir es tun, also stundenlang gemächlich durch den Wald zu schlendern. Auch der neue Waldpark wird irgendwann ein Ort voller Erinnerungen sein, aber ich fühle mich allein schon bei dem Gedanken wie ein Verräter.

Dad, Lorcan und Bláthnaid steigen auf den Little Dog, während Mum und ich uns an den See setzen, an unsere Stelle, von wo wir immer nach Kornweihen Ausschau halten. Ich werde abgelenkt von zwei Roten Admiralen, die in einem Sonnenstrahl einander umflattern, das Licht jagen, uns zum Staunen bringen.

Reflexhaft schaue ich auf, als ein großer Vogel – der nur ein Greifvogel sein kann – über unsere Köpfe hinwegfliegt, hinein in die Sitka-Schonung. Das kann nicht sein. Es ist unmöglich! War es eine? Zitterig vergrößere ich das Bild der schwarz-weißen Flügelspanne, zwei im Wind schlagende Scheunentore. Mum und ich schreien ungläubig auf. Ein Fischadler! Mum schickt schnell ein Foto an Eimear, und sie bestätigt, was wir bereits wissen: Dieser Vogel ist zu spät dran, er ist kein Zugvogel auf der Durchreise, weshalb sein rätselhaftes Erscheinen vielleicht etwas anderes bedeutet. Gibt es etwa wieder Fischadler, die in Irland brüten? Wir machen einen Luftsprung, nehmen uns aber schnell wieder zusammen, um noch ein wenig nach Kornweihen zu schauen. Während die Minuten verstreichen, fange ich an, mit mir zu kämpfen. Nicht nur, dass heute keine Kornweihe zu sehen ist, es ist noch mehr. Wir werden nicht mehr hierhin zurückkommen und nach Kornweihen Ausschau halten. Ich spüre Trauer. Tiefe Trauer.

ICH LIEGE AUF DEM BODEN *und schaue hinauf in die Zweige einer Eiche. Gesprenkeltes Licht scheint durch das Blätterdach, die Blätter flüstern alte Beschwörungsformeln. Dieser Baum in seiner Lebensstufe schlug Wurzeln in einer Welt, von der ich nichts mehr sehen und hören kann, erlebte Auslöschung und Krieg, Liebe und Verlust. Ich wünschte, wir könnten die Sprache von Bäumen übersetzen – ihre Stimmen hören, ihre Geschichten erfahren. Sie beherbergen so eine große Menge an Leben – Tausende Arten leben in, an oder unter dem mächtigen Riesen. Und ich glaube, Bäume sind wie wir, beziehungsweise beflügeln sie die besseren Teile der Menschennatur. Könnten wir uns bloß so mit unserer Umwelt verbinden, wie diese Eiche mit ihrem Ökosystem verbunden ist.*

*Ich male mir oft aus, ich hätte ein Blätterdach über meinem Kopf, das mich vor der Welt schützt. Meistens funktioniert das allerdings nicht. Aus Erniedrigungen entsteht Hoffnungslosigkeit. Ich bin vollkommen erschöpft vom ständigen Tief-Durchatmen, Hinweghören über Kommentare und Wegstecken von Schlägen. Zur Sommersonnenwende im Juni fühle ich mich schließlich wie Vogelscheuche auf dem Weg zu Oz mit vollkommen ausgehöhltem Strohkörper. Das Gefühl von Leere wird kurzzeitig überlagert von Verwirrung: Wie können Menschen so grausam sein? Menschen in meinem Alter. Meine Generation. Wie können sie schlagen, boxen, beleidigen? Wer bringt Kindern bei, so brutal zu sein? Warum lästern und verhöhnen sie? Woher kommt all der Hass?*

*Der Schmerz ist allerdings weniger geworden. Sie können mir nichts mehr anhaben. Sie haben keine Macht über mich, nicht mehr. Ich sehe nur die Schönheit in der Welt, zumindest versuche ich das, so gut ich kann. Das Leben um uns herum ist so faszinierend, bezaubernd. Durch meinen Autismus spüre ich alles intensiver: Ich habe keinen Freude-Filter. Wer anders ist, wer sich überschwänglich freut, wer wohlgelaunt über die Hänge des Alltags surft, wird von vielen Menschen einfach nicht gemocht. Sie mögen mich nicht. Aber ich will meine Begeisterung nicht einschränken. Warum sollte ich?*

*Während ich gegen die Leere ankämpfe, blüht und gedeiht alles unter der Eiche, und der Wald von Castle Archdale ist voller Leben. Ich freue mich auf Ende Juni, wenn die Schule vorbei ist und ich wieder in Sicherheit bin – zu Hause bei meiner Familie. Die Noten sind immer fast perfekt, das ist der leichtere Teil. Während alle anderen Nummern austauschen und sich für Treffen in den Ferien verabreden, stehe ich dumm rum, gucke verwirrt, betreten in die Gegend. Ich hasse zwar die Idee von Zugehörigkeit, würde aber gerne dazugehören. Stattdessen werde ich den Sommer zu Hause verbringen, werde jeden schönen Tag draußen sein. Es gibt immer Projekte: über Bestäubung, das Mittelalter, die Legende von Beowulf, Lyrik, Musik: Mum ist entschlossen, uns das zu geben, was sie als Kind nicht hatte. Und wir lieben es, vor allem die Ausflüge. Das Reisen. Die Bewegung. Nie gibt es Stillstand, anders als in der Schule.*

*Wir waren nicht immer so mobil. Vor ein paar Jahren noch hielt sich am besten niemand in meiner Nähe auf. Ich hatte schwere Ausraster, am schlimmsten mit ungefähr sieben, und wenn wir Zeit mit anderen Familien verbrachten – anderen Eltern, anderen Kindern –, war es die Hölle.*

*Das Licht lässt den Boden unter der Eiche schillern. Und als ich ins glitzernde Gras schaue, steigt in der*

*Wärme eine Erinnerung in mir auf. Es muss vor mindestens zehn Jahren gewesen sein, in Belfast. Es war ein warmer Sommertag wie heute, und wir kamen mit einigen Freunden gerade aus der Buchhandlung in der Ormeau Road. Ich sehe eine Dohlenfeder auf dem Boden, also hebe ich sie auf und schenke sie einem Mädchen, das neben mir steht, meiner »Freundin«. Ich habe sie schon öfter mit meinen Aktionen verwirrt, und heute war es nicht anders: Sie schaut angeekelt auf die Feder, und ihre Mum greift schnell danach und wirft sie weg. »Bäh«, sagt sie. »Schmutzig.«*

*Ich kann noch immer spüren, wie es in mir hochkochte wie eine Partikelsuppe, die knallend explodiert. Ich konnte mein zorniges Brüllen nicht kontrollieren. Ich brüllte so laut und so lang, dass mein Bruder Lorcan anfing zu weinen. Mum verstand, wie sehr ich verletzt war, das wusste ich, aber was konnte sie tun?*

*Ich frage mich immer noch, wie die Szene für sie gewesen sein muss, als Mutter und als Freundin und als Passantin auf der Straße. Ich erinnere mich, wie sie mich hochnahm, ganz sanft, ohne Vorwurf.*

*Es war nicht das erste Naturgeschenk, mit dem ich jemanden erfreuen wollte, aber es war das letzte. Ich beschloss, dass niemand, sofern er nicht zur Familie gehörte, etwas so Schönes wie eine Feder verdiente. Die Leute fanden Wildnis und Natur eher aus einiger Entfernung schön; Kirschblüten und Herbstblätter waren schön an Bäumen, wo sie hingehörten, aber nicht so schön, wenn sie wie feuchte Fetzen Leder auf den Boden fielen, auf Rasenflächen oder Schulhöfe. Schnecken waren eine Abscheulichkeit. Füchse waren schädlich, Dachse gefährlich. All diese seltsamen Ideen umwickelten mich wie ein Spinnennetz, bis ich ganz gefangen war. Ich war die lästige Fliege, und sie hatten die Kontrolle. Sie kontrollier-*

*ten die Wildnis und kontrollierten mich. Doch steckt Freude in den Dingen, die man liebt, Kraft, die ich nutzte, um mich zu wehren, redlich und erbittert, und die Kontrolle zurückzuerlangen. Wie ich so unter der Eiche liege, spüre ich sie im Erdreich wogen, ihre Wurzeln mich umwickeln, und eine rege Energie gibt mir Stärke.*

**Donnerstag, 21. Juni**

Die Sommersonnenwende beginnt um drei Uhr in der Frühe. Die Nacht liegt schwer, die Luft ist klar und still, als wir den Wagen packen und nach Belfast zum Fähranleger fahren. Teenager schwelgen immer noch in ihren Prüfungsergebnissen, torkeln, helfen einander durch die Dunkelheit nach Hause. Mum und ich reisen zusammen mit Dr. Eimear Rooney und Dr. Kendrew Colhoun, zwei Ornitholog*innen, die mit auf unsere Expedition nach Callander in Schottland kommen. Eine Reise. Ein Abenteuer. Richtige Feldforschung – mit Habichten! Im Auto muss ich ein Kichern unterdrücken, da es sich alles ein wenig so anfühlt wie Michael Rosens *Wir gehen auf Bärenjagd*.

Wir erreichen den Fährhafen rechtzeitig, ohne Probleme. Wenn wir einmal das Flugzeug nehmen, gibt es immer irgendwelche: Verspätungen, schmale, enge Sitze. Solche Nähe zu anderen Menschen ist für mich nervenaufreibend. Hier ist das anders. Während sich die Erwachsenen Kaffee holen, lege ich mich für ein Nickerchen in einen der bequemen Ruhesessel. Ich weiß, dass Mum sich nicht ausruhen wird, und als ich im Liegen kurz zur Seite schaue, ist sie da und liest, während Eimear und Kendrew neben ihr schlummern. Sie lächelt mich an. »Ich genieße die Stille«, sagt sie. »So ruhig ist es sonst nie.«

Ich döse wieder weg, und als Mum mich weckt, sind wir schon nahe der Küste. Wir gehen auf eines der Aussichtsdecks, beobachten die Möwen und schauen, was sonst noch zu sehen ist. Die Wolken lichten sich, das Blau bricht durch. Ich fühle mich bestens, voller Vorfreude. Dann merke ich, wie meine Freude in Panik umschlägt. Was wird der Tag alles bringen? Werde ich mich blamieren? Werde ich etwas Nützliches beitragen? Ist mein Vortrag zu lang, zu langweilig? Ein Heruntergeleiere von Habicht-Fakten? Und was, wenn ich körperlich nicht in der Lage bin mitzuarbeiten? Mum spürt meinen beschleunigten Puls. Sie lehnt ihre Schulter an meine und sagt, auch sie mache sich Sorgen, aber es werde schon alles klappen, »Wir sind unter Gleichgesinnten.« Vogelliebhabern. Mitfühlenden Menschen. Sie hat recht, es wird großartig sein.

Die Fahrt ist eindrucksvoll und befremdlich: Auf der einen Seite majestätische Meeresansichten, auf der anderen farblose, leuchtende Felder, eins nach dem anderen, frei von Leben, nur Monokulturen. Die Anbauweise ist industrieller als zu Hause, und der Anblick macht mich schwermütig. Ich frage mich, welche Leben diese grünen Felder verwehren.

Die Erwachsenen klingen alle munter, sie plaudern, aber ich bin nachdenklicher, mache mir Gedanken über das, was vor uns liegt. Ich versuche, mir alle Möglichkeiten auszumalen: den Lebensraum, wie man am besten Habichte zu Gesicht bekommt, wie man am besten über die Waldböden geht oder vielmehr durch den Matsch hüpft. Wir sind mit Fachleuten unterwegs (und werden noch mehr treffen), die alles wissen, doch das hält mich nicht davon ab, den eigenen Grips zu bemühen und planvoll darüber nachzudenken, wie ich die Leute am besten ansprechen soll. Ich probe, was ich sagen werde, wie ich höflich bin, engagiert aussehe. Mein Kopf fängt an zu rauschen: Es ist harte Arbeit, sich all die Details des Tages vorzustellen, bevor sie passieren. Aber ich möchte unbedingt einen guten Eindruck machen.

Meine frühe Faszination für Greifvögel hat sich zu einer Leidenschaft entwickelt, die sie schützen hilft. Vor ein paar Monaten sind Mum und ich durch den Matsch der Cuilcagh Mountains gestapft und gewandert, fünfzig Kilometer durch eine spektakuläre Landschaft, um Geld für die Markierung von Habichten mit Satellitensendern zu sammeln – das erste Programm dieser Art in Nordirland. Das Markieren ist knifflig, wirkt geheimnistuerisch und bedeutet, dass Raubvögel nachverfolgt und überwacht werden, damit Ökologen mehr darüber erfahren, wie sich Vögel bewegen, wo sie nisten, wie ihre Flug- und Verhaltensmuster aussehen. Ziel unserer Reise nach Schottland ist, dass wir uns fortbilden und von den Wissenschaftlern in Callander lernen. Es geht auch darum, den Vogelschutz in der Praxis zu sehen, daran teilzuhaben.

Nachdem Habichte von Jägern und Eiersammlern um 1800 fast zum Aussterben gebracht wurden, sind die wenigen Hundert Exemplare, die heute im UK brüten, die Nachkommen von gezüchteten und dann ausgewilderten Falknervögeln. Ich stelle mir vor, dass wir aus nächster Nähe erfahren dürfen, wie sie riechen, wie sie sich anfühlen. Ich muss ständig an sie denken. Habichte und Fischadler werden immer noch schonungslos von Menschen getötet. Geschossen. Vergiftet. In Fallen gefangen. Dass ein Mensch denken kann, es wäre in Ordnung, so schönen Wesen nachzustellen, ist für mich unverständlich. Mich macht das wütend.

Auf unserer Fahrt sehe ich, wie Tölpel sich ins Meer hinabstürzen und wie ein einzelner Bussard auf einem Zaunpfahl kauert. Rauchschwalben schießen herab und versetzen mich wie jedes Jahr in Jubellaune. Trotz geschlossener Autofenster durchzieht mich eine Wärme, weil ich ihren sprudelnden Gesang in meinem Kopf höre.

Die Wolken sind fast alle verschwunden. Nur Cirrusbänder zieren fein das helle Blau. Auf halber Strecke halten wir an für einen Kaffee – ich trinke einen Mochaccino, merke aber beim Blick in die leere Tasse, das war eine dumme Idee, da mir fast der Kopf wegfliegt. Zum Ausgleich kippe ich große Mengen Wasser aus meiner Flasche hinterher. Mum trinkt zwei Kaffee – ihr jahrelanges Lernen bis tief in die Nacht hat sie gegen Koffein immunisiert. Wir machen Witze darüber, dass sie ohne ihren Morgenkaffee vom Engel zum Teufel werden würde, obwohl sie wahrscheinlich genauso wäre wie sonst.

Als wir gegen elf Uhr bei Daves Haus ankommen, bin ich mit einem Mal nervös. Ich weiß, dass wir uns verstehen werden, weil wir beide Greifvögel mögen, aber ich habe ihn nur im Fernsehen gesehen, wie er Steinadler mit Sendern ausstattet, und fühle mich immer so, wenn ich neue Leute treffe. Da ist es auch keine Hilfe, dass wir sechs Stunden Reise hinter uns haben und etwas spät dran sind. Ich atme tief durch. Mum hält mich einige Sekunden lang fest und drückt meine Hand, dann geht es weiter.

Dave ist eine überlebensgroße Erscheinung, und seine Familie ist auch da, außerdem sein Kollege Simon mit den lachenden Augen und dem scharfen Verstand. Dave spricht darüber, was wir tun werden und warum. Es ist eine sehr mutige, wichtige Arbeit, und ich fühle mich sehr geehrt, dabei mithelfen zu können. Als Dave mir einen der Sender zur Satellitenmarkierung reicht, bin ich erstaunt, wie leicht das Gerät ist und dass so ein kleines Elektroteil via Satellit die Bewegungen des Vogels überallhin überwachen kann, bis irgendwann in ein paar Jahren die Solarbatterie den Geist aufgibt. In einer idealen Welt wäre nichts davon nötig. Die Technik, die Vogelschützer. Die ständige Wachsamkeit. Die Verantwortung. Das Herzblut. Aber solange Greifvögel wie Habichte, Steinadler, Kornweihen, Bussarde und Rotmilane verfolgt werden, ist diese Art menschlicher Einmischung unentbehrlich. Satellitenmarkierungen helfen dabei, eine Übersicht zu bekommen, wohin die Vögel reisen und wo sie verschwinden.

Ab jetzt nehmen wir Daves Wagen, zusammen mit seinen Hunden, Simon und einem weiteren Vogelschützer, den wir unterwegs einsammeln, und fahren weiter zu einer Fichten- und Sitkafichten-Schonung. Als wir ankommen, ist es immer noch später Vormittag. Wir können nicht tiefer in die Schonung hineinfahren, also steigen wir aus und tragen unsere Ausrüstung zu Fuß weiter. Die Sonne wärmt meine Haut. Meine Ohren machen ein Rotkehlchen aus, dann Buchfinken.

Wir brauchen nicht lange, um das erste Nest zu finden: Guano-Spuren am Boden darunter und weiße Federn, die in herabgefallenen Zweigen hängen. Ehrfürchtiges Flüstern geht durch die Runde, als Simon und Dave behutsam die Arbeitsgeräte bereitlegen. Ein Klettergurt wird umgeschnallt, Arme und Beine schießen erfahren den Baum hinauf, in erstaunlicher Geschwindigkeit. Ich stehe unten und kann das Quäken der Jungen oben hören. Da, in einiger Entfernung beginnt die Mutter zu rufen. Bislang wiederholen sich ihre Laute nicht, und sie stürzt auch nicht auf uns herab. Die Anzeichen sind alle gut, aber ich hoffe, sie gerät nicht in Sorge.

Ich starre fasziniert hinauf zum Nest, streichle einen von Daves Hunden, um meine Nerven zu beruhigen. Ich sehe, wie ein verheißungsvolles Bündel in einer orangefarbenen Tasche langsam heruntergelassen wird. Ich sauge jeden Geruch und Laut des Waldes in mich ein. Kieferntrockene Erde. Das Knarren der Äste. Irgendwo Kreuzschnäbel; ich höre sie zwitschern. Obwohl ich noch nie einen Kreuzschnabel gesehen habe, zügele ich meine Begeisterung, da der Habicht nun am Boden angekommen ist. Irgendetwas in mir wandelt sich. Wir ergreifen das Seilende, lösen die Tasche vom Gurtwerk und legen das Bündel auf den Boden. Das Küken darin sieht aus wie ein Herbstwald, der sich im ersten Schnee des Winters gewälzt hat. Das Gefieder ist noch flaumig, aber federartige Gebilde stechen überall schon heraus. Atemberaubend. Wir sind alle voller Ehrfurcht. Es mustert mich, eingehend. Die Wirkung der stechend blauen Augen und des kräftigen Schnabels wird – auf fast lustige Weise – von seiner büscheligen braunen Haube mit den vielen Sternen aufgewogen.

Dave gibt mir die Aufgabe, das Protokollbuch zu führen. Es ist ein gutes Gefühl, nützlich zu sein, und ich achte sehr darauf, alle Informationen genau zu erfassen, während das Küken gewogen, gemessen, beringt und mit einem Satellitensender ausgestattet wird. Es ist ein technischer Balanceakt, ohne chirurgisch-invasives Vorgehen, und anschließend sitzt das Küken ziemlich unbeeindruckt auf dem Boden, als wäre es immer noch im Nest, und wippt mit dem Kopf. Dann beginnt das Ganze noch einmal von vorne: Zwei weitere Habichtjungen werden in der orangefarbenen Tasche heruntergelassen. Gewogen. Gemessen. Beringt. Markiert. Ich finde den Vorgang faszinierend, den sanften Austausch zwischen Menschen und Vögeln. Die Nähe von einer Spezies zur anderen fühlt sich irgendwie nicht richtig an, und dennoch ist sie ganz zauberhaft. Vielleicht auch nur, weil ich nicht daran gewöhnt bin.

Ohne es zu bemerken, beginne ich mit den Leuten um mich herum zu sprechen – Simon, Dave, Eimear und Kendrew. Ich fühle mich wohl. Das ist selten. Sie ärgern mich nicht, verwirren mich nicht. Ich stelle Fragen, die ausführlich und klug beantwortet werden, und ich fühle mich wie in goldenes Licht getaucht. Genau das möchte ich tun. Genau so möchte ich sein, umgeben von Gleichgesinnten nützliche Dinge tun mit Achtsamkeit, Wissen und Klarheit. Bestimmt könnte das mein überaktives Gehirn etwas abkühlen. Bestimmt würde ich so glücklich sein. Mein endloser Faktenbedarf und Informationshunger steigert nicht unbedingt mein Wohlbefinden. Hier ist das anders. Denn hier und jetzt arbeite ich und sehe ich und spüre ich, und das ist mehr als genug.

Nachdem wir mit dem ersten Nest fertig sind, führt man uns an einen anderen Ort, zunächst durch ein Feld mit Weidenröschen, das vor Leben brummt und summt. Admirale und Ackerhummeln lenken mich kurzzeitig ab. Ich atme den köstlichen Duft des späten Nachmittags. Auf unserem weiteren Weg kommen wir in eine andere dichte Schonung, in unwegsameres Gelände, mit höheren, dünneren Bäumen. Es wird klar, das Hinaufklettern zum zweiten Nest wird sehr viel schwieriger. Dave schlägt vor, dass wir uns rund um den Stamm aufstellen, falls die Vögel »springen« sollten. Ich schaue hinauf: Die Bäume wirken wie dürre Hexenfinger, die schwanken, als würden sie gerade zaubern. Plötzlich springen vier Vögel heraus, einer kommt direkt auf mich zu. Mein Herz stockt. Als sie landen, springen wir zur Seite, ich trete etwas zurück, damit Eimear und Kendrew sie fangen und sicher zur Beringstation tragen können, wo die übliche Prozedur losgeht: Spannweite messen mit einem Lineal. Wiegen in einer Tasche, die an einer Waage hängt. Beringen eines Beins mit einem farbigen Band und dem Ring des *British Trust for Ornithology*. Zuletzt binden wir vorsichtig den Satellitensender auf den Habichtrücken. Das klingt vielleicht banal und monoton, aber für mich ist es aufregend und wundervoll.

Beim Betrachten der Küken beginne ich plötzlich zu bibbern. Mir wird bewusst, dass ich seit heute Morgen nichts gegessen habe, und wir hatten weder die Zeit, noch haben wir daran gedacht, uns Essen einzupacken. Da er keine Kalorien verbrennen kann, spürt mein Körper die einschleichende Kälte. Ich schaue weiter zu, höre zu, schreibe auf. Das hilft, den Hunger unter Kontrolle zu halten. Dave bittet mich, einen der Vögel zu halten, und als er so bei mir vor der Brust liegt, durchzieht mich seine leuchtende Körperwärme. Etwas in mir füllt sich mit etwas ganz Tiefem. So bin ich. So könnten wir alle sein. Ich bin nicht wie diese Vögel, aber abgetrennt von ihnen bin ich auch nicht. Vielleicht ist das Liebe oder Sehnsucht. Ich weiß es nicht genau. Es ist ein seltenes Gefühl, eine Empfindung, die sonst in meinem Leben (voll mit Schule und Hausaufgaben) keinen Platz hat. Das Habichtküken windet sich. Ich setze es auf den Boden, schaue ihm noch einmal in die Augen – das Babyblau wird sich mit der Zeit verändern, in leuchtend sattes Bernsteingelb. Ich stelle mir vor, wie es im ausgewachsenen Zustand durch die Bäume gleitet, durch die Luft schneidet, mit eingezogenen Flügeln in halsbrecherischem Tempo einen Schlenker macht oder für seine Jungen ein Nest baut. Werde ich wiederkommen und es wiedersehen? Hoffentlich wird das Küken überleben.

Sobald die Vögel zurück auf den Baum befördert und sorgsam ins Nest zurückgesetzt wurden, streifen wir zurück zu Daves Wagen und fahren aus der Schonung heraus. Auf dem Weg zum Hotel machen wir halt fürs Abendessen: Wir fühlen uns durch die fehlende Nahrung halb verrückt, wie im Delirium, und sind dabei so rotwangig und ausgelassen, dass die Leute an den anderen Tischen im Restaurant wahrscheinlich glauben, wir sind betrunken (mit Ausnahme von mir natürlich).

Es ist das erste Mal in langer Zeit, vermutlich das erste Mal überhaupt, dass mein Kopf nicht wach bleibt, um den Tag noch einmal durchzugehen. Ich falle einfach ins Bett und schlafe. Tief.

**Freitag, 22. Juni**

Ich erwache in dem winzigen Hotelzimmer, Licht schneidet durch die dünnen Vorhänge. Auf dem Dach über mir höre ich das Geklapper von Krähen und das Geschrei von Mauerseglern. Ein guter Soundtrack, um an einem unbekannten Ort wach zu werden. Ich fühle mich ausgeruht und bereit für das, was da kommt. Weitere Habichte markieren.

Mum und ich wohnen in einem anderen Hotel als die anderen, und nach dem Duschen und Frühstücken treffen wir uns mit Kendrew und Eimear, um Vorräte fürs Mittagessen und für zwischendurch anzulegen (wir wollen auf keinen Fall denselben Fehler zweimal machen), dann fahren wir zu Dave. Nach kurzem Plaudern und wildem Spielen mit Daves Hund im Garten brechen wir auf zu einem neuen Abenteuer.

Der Tag ist sehr viel wärmer. Libellen schwirren herum, Grashüpfer zittern im Gras, und überall sind Schwalben. Wir stehen auf einem Feld neben einer anderen Schonung, wo die Bäume auf Ackerland treffen, und Dave packt eine rätselhafte schwarze Kiste aus – wir sind alle verwundert. Eine Drohne, erklärt er, die, richtig eingesetzt, erstaunliche Hilfe beim Aufspüren leistet. Er bringt die Maschine zum Surren, sie steigt leise auf, zieht hinüber zu einer Baumgruppe, fliegt flink, steht dann absolut still in der Luft: Irgendwo zwischen entfernten Zweigen sitzt ein Fischadlerweibchen auf seinem Gelege. Mum und ich sind wie gebannt, sowohl von der Technik als auch von den Bildern des Vogels, die auf dem Bildschirm vor uns losflackern, ein stattliches Habichtweibchen durchbohrt uns mit seinem Blick. Ich frage mich, was es von der Drohne hält, die so still und scheinbar unaufdringlich heranschwebt und nur kurz über dem Nest stehen bleibt. Das Fischadlerweibchen stellt sich auf, enthüllt unter seinem Körper ein Gelege von drei Eiern. Einfach so, eine Enthüllung unter Federn.

Die Drohne hat ihre Arbeit gemacht, hin und her in fünf Minuten, erstaunlich erfolgreich. Allzu rasch für mich packen wir die Ausrüstung ein und lassen das Fischadlerweibchen in den Blättern zurück. Es ist Zeit für uns, weiter durch die Wand aus Sitkafichten zu gehen und nach weiteren Habichten zu suchen. Dave warnt uns davor, dass der Wald ein Sumpf ist, und schlägt vor, dass wir uns unser Regenzeug und die Gummistiefel anziehen. Das Adrenalin pulsiert in meinen Beinen, als wir durch das Gelände stapfen, durch schlammige Pfützen, über Äste und das hellgrüne Torfmoos. Daves Größe bedeutet, er macht einen Schritt, wo wir drei machen, und bei dem Versuch, mit ihm mitzuhalten, eilt Mum vorwärts, vorneweg vor uns anderen. Ich mache mir Sorgen, denn auch wenn sie mit Leichtigkeit Berge hinaufspaziert, ist das hier etwas anderes. Wirklich heimtückisch. Die Schonungen hier sind auf Schlamm gewachsen, der leicht unter unseren Füßen wogt – nur regelmäßige Besucher kennen hier die Fallen und Tücken.

Ich sehe Dave über eine besonders große Schlammpfütze steigen, Mum folgt ihm und setzt zum Sprung an. Ich sehe die Entfernung und denke noch, ihre Beine werden es nicht schaffen, als sie hineintritt und verschwindet, mit der Hüfte voran. Flatsch!

Ich geniere mich für sie und bin gleichzeitig besorgt. Erstaunlicherweise kann sie sich mit dem einen Bein am Ufer selbst aus dem Morast ziehen und verweigert Daves Hand. Ich weiß, wie sie sich beim Herauskommen schämen wird. Immerhin ist der Gummistiefel noch dran, wenn auch voller Moos und Schmutz, aber sie lächelt einfach, schüttet die Schlammbrühe aus dem Stiefel und geht weiter.

Auf einer Lichtung sehen wir in mittlerer Entfernung ein Habichtweibchen, das kreist und ruft. Ich fühle mich unwohl und bin in Sorge, dass unsere Anwesenheit es verärgert. Es landet wieder in seinem Nest, fliegt erneut auf, kreist und ruft. Dave und Simon beschließen, dass wir uns am besten respektvoll zurückziehen. Ich brenne mir alles als geistiges Foto ins Gedächtnis, da ich ahne, das ist wahrscheinlich der letzte Habicht des heutigen Tages – und vielleicht der letzte unserer Reise. Ich trinke alles in mich hinein. Die liegenden Stämme, auf denen wir gesessen haben. Der seltsame Flecken grell orangefarbener Brunnenkresse vor den üppig bemoosten Zweigen. Wie das Licht durch die Bäume pulsiert. Sogar den leichten Güllegeruch vom benachbarten Feld.

Auf dem Weg zurück sehen wir uns einen weiteren Nistplatz an, doch er ist leer, entweder ist die Brut bereits flügge, oder er wurde verlassen, oder Schlimmeres. Wir warten noch eine ganze Weile, aber nichts passiert. Wir geben auf und gehen auf ein Feld, um in der Mittagshitze von unserem Proviant zu essen. Wir setzen uns ins Gras, und Dave schlägt vor, höher hinauf ins Gebirge zu gehen, um die selteneren Vögel zu sehen. »Wollt ihr das?«, fragt er.

Ich kann meine Begierde nicht verbergen, aber das bedeutet, dass wir uns von Simon verabschieden müssen, der in seinem eigenen Wagen davonfährt. Bevor er geht, gebe ich ihm die Hand und fühle große Dankbarkeit – ich habe hier im Gelände so viel von ihm gelernt, es ist so ein anderer Unterricht, als irgendwo in einem Klassenzimmer zu sitzen.

Als wir mit Dave losfahren, starre ich hinaus in die prächtigen Trossachs, dieses schroffe, bewaldete Tal – der Anblick erinnert mich an die Mourne Mountains zu Hause, und meine Gedanken schweifen schnell ab zu unseren Umzugsplänen. Angst brummt los. Anders als sonst kann ich sie aber ausblenden. Ich konzentriere mich einfach auf die schönen Täler, die Hügel, die angrenzenden Wälder mit all ihren Wasserläufen und Tümpeln. Ich wünschte, mein Leben wäre voll von Tagen wie diesem. Vielleicht geht das ja.

Da wir durch Weideland fahren, müssen wir mehrmals Tore öffnen und schließen und winden uns dabei durch viele Kurven weit hinauf bis an einen geheimen Ort. Es ist früher Abend, und als wir aus dem Wagen steigen, begrüßt uns ein Schwarm Gnitzen. Neben Gewöhnlichem Knabenkraut entdecke ich einige Blüten, die Geflecktes Knabenkraut sein könnten, umgeben von Flockenblumen und bedeckt von Schwebfliegen und Bienen. Von überall rauscht Wasser. Das Tal singt, wallt und ruht. Nachdem wir so eng von Schonungswald umgeben waren, ist es, als holten wir nun in der Weite gewaltig Atem, um uns gleich einen Wasserfall hinabzustürzen. Frei fallende Unbesonnenheit.

Es ist eine Erholung, einem Pfad zu folgen – fester Boden. Wir stellen ein Fernrohr auf und schauen damit einen steilen Hügel hinauf, wo eine Ader aus blankem Stein zu einer Felsnische führt. Unsere Anspannung knistert. Dave holt die Drohne aus dem Rucksack und lässt sie wieder steigen, in Richtung Felsnische. Wir sind voller Erwartung. Der Videomonitor bewegt sich zum Horst, die Drohne zieht über den felsigen Grund, steht dann still in der Luft. Da! Das Bild eines Steinadlerjungen im Nest. Was für ein Anblick! Mein Lachen schallt vom Felsen zurück, und wir alle lächeln und schauen verzaubert. In diesem Alter füttern die Eltern ihren Nachwuchs nur alle paar Tage, die Wahrscheinlichkeit, sie zu sehen, ist gering. Aber da vor uns sitzt die nächste Generation am Felsenhang zwischen Leben und Tod. Wir sitzen am Fuß der Wand, atmen den Moment ein, spüren seine Größe. Hinter dem Tal sehe ich die Sonne sich senken, in meiner Brust flattert Glück.

**Samstag, 23. Juni**

Granddad hat mir vom Kreischen der Scréachógs erzählt. Er hatte sie als junger Mann auf dem Land regelmäßig gehört, vor allem nachts auf dem Weg vom Pub nach Hause. Heute sind kreischende Schleiereulen in Nordirland selten, genauso wie anderswo auf den Britischen Inseln, was bedeutet, dass ich die Laute, die Granddad in jungen Jahren hörte, nie kennenlernen werde. Die moderne Landwirtschaft und der Wohnungsbau haben viele Ruhegebiete der Eulen zerstört, der Einsatz von Nagergift hat – da Schleiereulen Ratten, Mäuse und Wühlmäuse fressen – ganze Bestände vergiftet. Sollten Nagergifte nicht vollständig verboten werden, sieht die Zukunft der Eulen schlecht aus.

Als wir am letzten Tag unseres Einsatzes eine Schleiereule durch den Feldstecher sahen, allein und sehr untergewichtig, wussten wir, dass sie vor lauter Hunger ihre eigenen Küken gefressen haben könnte und weiterhin verzweifelt nach Nahrung suchte. Sie trug einen Ring, also werden Dave und sein Team sie weiter beobachten – und wir alle hoffen, dass sie im nächsten Jahr erfolgreich Junge großziehen wird.

Es war ein trauriger, erschütternder Abschluss unseres kurzen Ausflugs. Aber das ist die Realität. Viele Vögel kommen nicht durch. Ich habe große Ehrfurcht vor Dave und allen anderen, die diese wichtige Arbeit machen. Sie sind meine Helden, und ich bin sehr froh, einen ersten Einblick in ihr Tun bekommen zu haben. Das Nachverfolgen ist der aufregende Teil, aber es gibt auch das nervenzehrende Warten, dass die Vögel nisten und brüten, dann die unangenehmen Nachwehen und die Trauer, wenn das Schlimmste passiert. Die Arbeit muss wie der Ritt auf einem Pendel sein, der schnelle Wechsel zwischen Freude, Adrenalin, Kummer und Ärger.

Auf unserer Fahrt zum Fährhafen zähle ich Bussarde und beobachte herabstürzende Tölpel. Wenn ich mit dem Kopf am Autofenster schlafe, träume ich von blauen Habichtsaugen, hellgelben Krallen und dem weichen Gefühl von Daunenfedern. Ich bewahre mir jede Erinnerung. Diese Dinge werden in Zukunft meine schlechten Tage aufhellen. In drei Wochen ziehen wir um – ich muss diese Momente festhalten, sie sorgfältig verwahren, am Leben erhalten.

## Mittwoch, 27. Juni

Der Trockenheit dauert weiter an, die Temperaturen steigen und steigen. Ich überlege, wann es zum letzten Mal geregnet hat – war das im letzten Monat? Ein heißer Tag verschmilzt mit dem nächsten. Offenbar ist es der heißeste Juni seit 1940. Die letzten Schultage ziehen sich. Die anderen können Pausen und Freistunden genießen, aber für mich sind sie die Hölle. Ich träume gerne vor mich hin, lasse meinen Gedanken freien Lauf, damit sie Dinge verarbeiten können, die wegsortiert oder noch mal durchdacht werden müssen. So funktioniere ich. Aber Gequatsche und Gestichel, die irgendwie immer Hand in Hand gehen, machen mich beklommen – wenn es nicht um etwas geht, was mich interessiert. Ich weiß einfach nicht, wo mein Platz dabei ist. Schulen können extrem schlechte Lernorte sein, wenn man autistisch ist. Lärm herauszufiltern ist manchmal unmöglich. Es braucht so viel Kraft, einen Fokus zu finden, sich auf etwas zu konzentrieren. Um fünfzehn Uhr bin ich völlig erschöpft. Aber ich muss noch nach Hause kommen, Hausaufgaben machen, dann meinen Wecker stellen und am nächsten Tag alles noch mal von vorne beginnen. Ich muss mich sehr viel mehr anstrengen als die meisten »Regelschüler*innen«. Aber ich muss da durch, weil ich Wissenschaftler werden will. Ich möchte zur Uni gehen. Also muss ich durch diesen Reifen springen. Offenbar macht uns das besser. Bessere Bürger. Ich bin mir da nicht sicher. Ich denke an all den technischen Fortschritt, den der Mensch in den letzten einhundert Jahren gemacht hat, und doch ist das Was und Wie von Erziehung und Bildung ziemlich gleich geblieben. Körper, die reihenweise an ihren Tischen sitzen. Still sitzen. Die Hand heben, um zu reden, außer bei lehrergeführten Diskussionen, die nach meiner Erfahrung selten sind. Und wir nehmen das hin. Warum? Konformismus. Gehorsam. Pflichtgefühl. Da sich unser Haus mittlerweile mit Kisten füllt, ist das unangenehme Gefühl, das normalerweise verschwindet, wenn ich die Schule verlasse und sobald ich in unser Haus komme, weiterhin da. Das Durcheinander. Das Chaos, das hier herrscht.

Ich fliehe in den Garten, beobachte Vögel: Überall sitzen flügge Vogeljunge neben den erschöpften, ungepflegten Eltern. Eine Krähe hüpft über das heiße Dach, wetzt ihren silbrigen Schnabel an den Giebelpfannen. Hüpfer eins, zwei, drei, stopp. Schnabelwetzen, noch mal von vorn. Hüpfer eins, zwei, drei. In der Ferne gurren wieder die Ringeltauben. Heute klingt es wie das Lied in meinem Kopf: »Ich will nicht umziehen, ich will nicht umziehen.« Wieder und wieder höre ich die Worte, kann nicht anders. »Ich will nicht umziehen.«

Ich lege in meinem Kopf den imaginären Schalter um, damit die Ringeltauben wieder wie Ringeltauben klingen, nicht wie ich. Und ich halte diese Gedanken fern, indem ich aufstehe und herumlaufe, hierhin und dorthin, schaue mir die Kaulquappen an, die mittlerweile Jungfrösche sind. Sie sonnen sich auf den Ziegelsteinen und den Zweigbrücken, die wir für sie gebaut haben (damit sie und andere Wesen nach Belieben hinein- und hinauskommen). Ich hoffe, sie werden den steinbeladenen Eimer als ausgewachsene Frösche verlassen, bevor wir ins County Down umziehen. Ich beuge mich tiefer über den Eimer, lasse versehentlich meinen Schatten auf die Wasseroberfläche fallen; die Jungfrösche sind sofort weg.

Es ist unerträglich heiß, also nehme ich mein Buch mit auf die Schaukel, ziehe den Sonnenschutz herunter, bis übers Gesicht. Es bleibt zu heiß. Ich stehe wieder auf, laufe herum, setze mich wieder. Ruhelos. Mum gießt die Himbeeren neben dem Haus und erklärt mit lauter Stimme, sie seien jetzt reif! So eine Erlösung, es gibt was zu tun. Wir alle stürzen dorthin zur Plünderung (Lorcan ist der Erste) und gehen wieder mit verfärbten Händen und Lippen – was mich die Ruhelosigkeit eine Zeit lang vergessen lässt.

Als Lorcan und Bláthnaid sich ins Haus zurückziehen, lande ich wieder auf der Schaukel, wiege mich sanft. Ich frage mich, warum mich das Leben vor solche Herausforderungen stellt. Will es mir helfen, soll ich daran wachsen und zu einem »normalen« Menschen werden? Vielleicht werde ich mich, wenn das Leben genügend Dinge durcheinanderwirft, ja an den Zustand gewöhnen und sorge mich nicht mehr so viel. Tief in mir weiß ich, in Wirklichkeit wird das nicht passieren. Mag sein, dass ich irgendwann mit Situationen von außen betrachtet »souveräner« umgehen kann, aber die innere Qual wird die gleiche sein.

Nach dem Abendessen beschließen wir, in der Kühle des Abends noch einen Familienspaziergang zu machen. Dad fährt uns nach Bellanaleck, ein kleines Dorf etwa acht Kilometer vor Enniskillen, auf unserer Seite der Stadt. Dort sind immer noch die Spuren der Hitze zu sehen, als die späte Abendsonne hinter den Bäumen versinkt. Ich sehe Schwalben knapp über den Wasserspiegel eines Sees flitzen und dabei Mücken fangen.

Ich werde die Seen hier in Fermanagh vermissen – es gibt in allen Richtungen Wasser. Man kommt nirgendwohin, ohne dass Wasser einen begleitet. Lorcan, Bláthnaid und Dad gehen weiter, während Mum und ich uns ruhig auf den Steg setzen, die Beine baumeln lassen und zusehen, wie die fliegenden Schwalben mit offenen Schnäbeln das Wasser durchfahren. Nach einer Weile steht sie auf und geht nachschauen, ob sie die anderen findet. Ich bleibe auf dem Rücken liegen, sehe hinauf in den Himmel. Libellen stehen als dunkle Kreise über mir, fliegen davon wie sichtbare Teile des leichten Abendwinds. Ich drehe mich auf den Bauch, schaue mir die Wellen einiger Kreiselkäfer an und frage mich, welche Gewässer es wohl bei unserem neuen Zuhause im County Down geben wird. In welche Teiche und Seen werde ich dort hineinstarren?


**Sonntag, 1. Juli**

Premierenauftritt der Heuschrecken bei uns im Garten: Sie hüpfen aus dem Gras hoch auf die Armlehnen der Schaukel, zirpen dort in der Hitze. Ich beobachte eine auf dem grünen Metall und denke darüber nach, wie erstaunlich es ist, Ohren am Hinterleib zu tragen, unter den Flügeln verstaut – die Trommelfellmembran vibriert in Reaktion auf Schallwellen und lässt sie damit das Zirpen anderer Heuschrecken hören. Jede Art zirpt in einem eigenen Rhythmus, damit die Weibchen sich mit der richtigen Spezies paaren. Ich finde es großartig, wie die Evolution so perfekte Systeme und Nischen findet. Noch nie habe ich eine Heuschrecke so lange still sitzen sehen. Ich schenke ihr meine ungeteilte Aufmerksamkeit. Sie beginnt zu stridulieren, reibt ihre Hinterbeine und Flügel aneinander, was aus der Nähe recht laut ist. Ich grinse von einem Ohr zum anderen bei so viel Zauber und versuche, hinter ihr herzukommen, als sie sich wegkatapultiert.

Das Gras in unserem Garten ist strohbraun und knistert, die Blumen leuchten wie ein Regenbogen. Der Gedanke, das alles zurückzulassen, hat mein Leben seit Wochen überschattet. Jeden

Morgen musste ich kämpfen, um das Angsttier unter Kontrolle zu halten, und jetzt kann ich das Ansteigen der wogenden Panik einfach nicht mehr verhindern. Mein Puls ist manisch. Ich kann kaum atmen. Die Hitze ist keine Hilfe. Ich greife nach den Armlehnen des Sitzes und klammere mich fest, mit zusammengekrampften Knöcheln. Um die Schaukel anzuhalten, setze ich beide Füße fest auf den Boden und spüre unter meiner Sohle ein Knirschen. Ich weiß sofort, es ist das Geräusch einer sterbenden Heuschrecke. Widerlich. Ich höre mich selbst nicht schreien, ein roter Nebel senkt sich, doch sehe ich Mum und Dad und Lorcan, wie sie zu mir nach draußen gerannt kommen, fast in Zeitlupe, ich spüre, wie ihre Arme mich umfassen, mich festhalten, während das Bumm, Bumm, Bumm in meinem Kopf sagt: »Immer, wenn du etwas Gutes tun willst, passiert etwas Schlimmes.« Ich muss gegen die heranwalzende Dunkelheit ankämpfen. Ich weiß, ich muss atmen. Ich weiß, ich kann die nächste Hand drücken. Ich kann die Sonne spüren, weiß aber nicht, wann ich die Augen geschlossen habe oder wie lang sie schon zu sind. Die Stimmen um mich herum versuchen, mich zu beruhigen, ich weiß das. Ich weiß es. Aber ich bin gerade überfordert, vollkommen übermannt, und brabble, ich wolle alle Pflanzen im Garten ausgraben. »Ich will sie mitnehmen.« Jemand antwortet: »Wir versuchen unser Bestes«, doch das ist nicht gut genug. Ich öffne die Augen, fühle mich ausgelaugt und friere trotz der Hitze.

Dann stehe ich auf, schlurfe zum Haus, wo mir abrupt bewusst wird: Morgen ist keine Schule. Morgen ist keine Schule, auch nicht am darauffolgenden Tag und dem danach, und ich sehe all die Abende und Tage vor mir liegen, ganz ohne Angst, ohne Sorge.

Eine Welle erfasst mich, und nachdem ich alle Dunkelheit hinausgepustet habe, kann ich wieder frei atmen. Ich bin jetzt zu Hause. Mir ist noch schwindelig, aber ich kann das neue Gefühl fast in der Ferne sehen, wie einen Horizont, und wenn ich an das neue Zuhause denke, fällt mir das sehr viel leichter, weil das bedeutet, es gibt neue Orte zum Auskundschaften, andere Landschaften, Lebensräume und ganz neue Tiere und Pflanzen, die an diesen Orten leben, weshalb es gar nicht nötig ist, alles im Garten auszubuddeln.

Was habe ich mir nur dabei gedacht?

Ich setze mich auf die Stufe an der Hintertür und merke, der Vogelgesang ist nicht mehr so stark und mutig. Ihm fehlt die Dringlichkeit. Die Arbeit des Frühlings und Frühsommers hat ein Ende erreicht. Das passiert jedes Jahr. Ich weiß das. Die Amsel und all die anderen Vögel werden im nächsten Jahr wieder genauso laut singen. Ich weiß das, seit ich als Kleinkind vom Bett meiner Eltern aus Schatten beobachtet habe. Der Gesang endet, kommt aber immer wieder. Diese Erkenntnis liegt nah, ist aber immer noch unerreichbar, zu weit weg, um wahr zu sein. Wenigstens die Mauersegler schreien noch und werden das eine ganze Zeit lang tun. Ich atme den Duft der Abenddämmerung, erkenne in der aufziehenden Dunkelheit flink huschende Gestalten – mehr und mehr Fledermäuse kommen heraus und laben sich an den Mücken. Ein Wohlgefühl durchströmt mich, ich schließe die Augen. Ich bin zufrieden mit mir, wie ich heute durchhalten und den Tag ohne Bitterkeit enden lassen konnte. Ohne mich ganz von ihm fressen zu lassen. Da bin ich also, freue mich am Übergang des Tages in die warme, ruhige Nacht, wo in der immer kühleren Luft Fledermäuse die Mauersegler ablösen.

## Montag, 2. Juli

Bis lange nach Sonnenaufgang und Tagesanbruch schlafe ich mich aus. Das Licht, das schräg durch mein Fenster fällt, lässt vermuten, es ist mindestens neun. Ich setze mich auf und lese ein wenig, genieße den Luxus, an einem Montagmorgen so etwas tun zu können. Doch es dauert nicht lange, bis Frühstücksteller klappern und aufgebackenes Brot und Kaffee duften. Ich verlasse mein Bett und gehe zu Mum, die in der Küche mit einem großen Kaffeebecher in der Hand gleichzeitig liest und sich eine auf dem Küchentisch ausgebreitete Landkarte ansieht. Sie fragt, ob wir heute an irgendeinen neuen, unentdeckten Ort gehen sollen, »weil wir ja bald wegziehen, ist es vielleicht gut, noch einen Geheimort zu finden, weißt du.« Ich erdolche sie mit meinem Blick. Einen neuen Ort erforschen? Damit wir auch ihm dann hinterhertrauern können? Die Wut kocht hoch, aber ich reiße mich zusammen, lenke die Morgengedanken in eine andere Richtung. Eigentlich will ich neue Orte entdecken, erinnere ich mich. Mit neuen Gerüchen, neuen Bäumen zum Klettern, mit Wesen, die ich noch nie gesehen habe.

Die Anstrengung, meine Gedanken ins Positive zu schieben, das genaue Auseinandernehmen der Sache, das ich brauchte, all das Streiten mit mir selbst, muss ziemlich lange gedauert haben, denn als ich schließlich mit den Gedanken wieder in die Küche bin, sitzen Lorcan und Bláthnaid am Tisch. Bláthnaid isst Croissants und hantiert dabei mit einer Schnur. Lorcan klopft einen Takt auf den Tisch und bittet Mum, *Radio 4* auszustellen, weil er von all dem Reden Kopfschmerzen kriegt. Aber Mum möchte weiter zuhören, sie besteht darauf. »Nur noch fünf Minuten.« Würde er für fünf Minuten mit dem Klopfen aufhören, sagt sie ihm halb im Scherz, müsste sie, sobald das Radio aus ist, nicht so schreien. Lorcan hört auf, das Radio brabbelt weiter, wir besprechen den vor uns liegenden Tag.

Es ist der erste richtige Sommertag, aber sollten wir, weil wir alle so fertig sind, vielleicht gar nichts tun? Oder sollten wir den Tag voll durchplanen, weil heute die Ferien anfangen und für Ruhe und Erholung von der Schule noch ganz viel Zeit bleibt? (Ich bin sehr froh, dass ich in Nordirland lebe, wir haben hier den Juli und den August immer frei.) Ich will rausgehen, was erleben, viel unternehmen, also bin ich mit dem Konsens, den wir finden, absolut einverstanden. Dann kommt die unvermeidliche Diskussion darüber, wohin es gehen soll, genau als Dad in der Küche erscheint, in einem Sturm aus Bitten und »Ich will«s, die von Müslipackungen und Einkaufskisten abprallen und wieder in der Mitte des Tischs aufschlagen.

Tief drinnen in mir ist es mir egal. Ich spüre nur ungewöhnliche Schlappheit und möchte rausgehen, egal wohin. Offenbar hat Lorcan beim letzten Mal bestimmt, und dieses Mal bin ich dran, und ich schlage vor, dass wir zum Big Dog gehen. Obwohl ich das immer vorschlage, haben wir diesen Sommer dort noch keine Kornweihe gesehen. Ich lehne mich zurück, warte auf den Protest, da bricht er auch schon los von Lorcan, der lieber wildbaden möchte. Und Bláthnaid stimmt zu, Wildbaden sei heute das Beste, und ich mache mich darauf gefasst, dass die Mehrheit gewinnt. Erstaunlicherweise kommt es anders. Mum steht auf, holt ein Blatt Papier und notiert all die Ausflüge und Dinge, die jede und jeder vor dem Umzug gerne noch machen will. »Lorcan: wildbaden, Killykeegan, Kajak fahren, vom Steg springen; Dara: Big Dog, Kornweihen, Cuilcagh Mountain; Bláthnaid: Teichkeschern, Strand von Rossnowlagh in Donegal, mit Freunden im Park am Freizeitzentrum spielen.« Mum ordnet dann jede Aktivität einem bestimmten Tag zu, damit alle sich gehört fühlen und sich von ihren Lieblingsorten verabschieden können. Und sie sagt, dass Dad und sie das restliche Kistenpacken am Abend erledigen werden, damit wir die ganzen Tage nutzen können. Das alles klingt bei ihr sehr vernünftig, und obwohl kurz noch ungestüm nachverhandelt wird, sind sich alle einig, dass es ein guter Plan ist. Daraufhin kehren wir zurück zur Ausgangslage: Lorcan klopft, Bláthnaid hantiert auf dem ganzen Tisch mit ihrer Schnur herum, Mum atmet tief durch, da sie die *Woman's Hour* im Radio verpasst hat, und macht sich mit Dad daran, die Fahrt zum Big Dog vorzubereiten.

Wir haben ein einfaches System, um Streit über die Musik im Auto zu beenden: Jeder wählt einen Song aus. Und die Reihenfolge geht von der Jüngsten zum Ältesten: von Bláthnaid (»My Little Pony«) über Lorcan (entweder Kygo oder Motörhead) und mich (Punk) zu Mum (Punk) und Dad (noch mehr Punk!), was ich großartig finde, da ich gewissermaßen drei Mal drankomme.

Unsere Fahrten durch Fermanagh dauern normalerweise eine halbe Stunde, was bedeutet, dass jeder zwei Songs auswählt – und je nach Verkehr Bláthnaid manchmal drei. Heute ist einer dieser Tage, und als »My Little Pony« ein weiteres Mal spielt, verdrehen Lorcan und ich die Augen und versuchen, nicht zu sehr über den hochgetunten Müll zu meckern, dass jeder ein Sieger ist und anderer zuckersüßer Quark. Was für eine Erlösung, als wir am Big Dog ankommen! Wir purzeln mit so guter Laune aus dem Auto, dass wir anbieten, etwas zum See zu tragen.

Zu Fuß ist es eine Viertelstunde dorthin, durch die Sitka-Schonung, dann über eine kahl geschlagene Forstfläche mit neu gepflanzten Bäumen darauf. Es stehen immer noch einige tote Stämme, hohe hölzerne Spitzen, als Sitzwarten für Greifvögel. Obwohl hier Wiesenpieper und Schwarzkehlchen herumsausen, -wirbeln und -klappern, mag ich die Gegend manchmal nicht. Vielleicht weil sie sich verödet anfühlt. Gäbe es keine Kornweihen, weiß ich nicht, ob ich sie überhaupt mögen würde. In wenigen Jahren, wenn die kleinen Setzlinge wieder einen monotonen Nutzwald bilden, wird es für sie kein geeigneter Lebensraum mehr sein – Kornweihen leben lieber in Weiden- und Haselnusswäldchen. Und doch ist es großartig, wenn man oben auf dem Hügel ankommt und die beiden glänzenden Seen in der Ferne locken – man muss einfach hinunterrennen, was wir immer tun.

Diesmal bleibe ich aber nach der Hälfte des Hangs auf halber Strecke stehen, weil ich am Rand des Sees vier bedrohliche Gestalten sehe – Menschen! Ich weiß, das klingt albern, aber hier in Fermanagh sehen wir eigentlich nie andere Leute, nicht an »unseren« Orten – und wenn ich mit Unbekannten zu tun habe, bekomme ich immer Panik.

Ich beruhige mich und gehe gemächlich zur Picknickbank. Der Rest der Familie ist immer noch hinter dem Hügel, also setze ich mich hinter eine Weide, verstecke mich, schöpfe Atem. Ich will nicht zu den Fremden hinüberstarren; um mich abzulenken, starre ich also auf den See. Libellen zischen vorbei, nur knapp über der Wasseroberfläche, ihre Flügel treiben sie voran wie diamantbesetzte Rotoren.

Als der Rest meiner Familie eintrifft, verkündet Lorcan, dass er hier wildbaden möchte, jetzt gleich, weil er sieht, wie andere Leute es tun. Mum und Dad besprechen sich. Ich bemerke, dass die vier Gestalten jetzt aus dem Wasser steigen, sich abtrocknen, anziehen, Anstalten machen fortzugehen. Vielleicht fühlen sie sich genauso wie ich. Oder es gibt hier eine ständige Abfolge von Besuchern wie uns, nur dass wir uns normalerweise verpassen und daher annehmen, wir sind die Einzigen, und das immer. Wir nicken der anderen Familie freundlich zu, aber als sie hinter der Kuppe des Hügels verschwunden ist, fangen wir an breit zu grinsen – wir sind endlich allein. Genau wie wir es uns gewünscht haben.

Am Ufer ist es heiß wie in einem Backofen. Während Dad zurück zum Auto läuft, um Handtücher und Neoprenanzüge zu holen (ich bin aus meinem wieder herausgewachsen, werde mich also mit einer Badehose begnügen müssen), gehen wir runter zu dem schmalen Wiesenstreifen rund um den See, breiten unsere Sachen aus, bevor wir die Füße ins Wasser tauchen und einen Happen essen. Ich lege mich rücklings auf die Bank und schaue zu den Reihen von Sitkafichten. Vor zwei Jahren kamen zwei Kornweihenmännchen aus den Bäumen geschossen wie Pfeile, im Schulterschluss und strahlend vor der violetten Heide. Schillernd, steigend, tanzend, taumelnd. Ich frage mich, ob ich sie jemals hier wieder sehen werde. Sie haben sich fast die ganze Saison hindurch nicht blicken lassen, und der Ort wirkt ohne sie leblos. Ein dunkler, kalter Schatten kriecht in mich hinein, bis eine Adonislibelle Ablenkung bringt.

Dad taucht mit den Schwimmsachen wieder auf. Ich lasse mir Zeit, aber Lorcan und Bláthnaid ziehen sich schnell um und stürmen planschend hinein. Vielleicht haben sie freiere Seelen. Sie sind eindeutig abenteuerlustiger als ich, vielleicht sorgloser. Oder es könnte mein Alter sein: Ich bin in meinem Alter jetzt gehemmter, mir meiner selbst bewusster. Ich erinnere mich noch lebhaft, dass ich unbefangener war, wie sie, ständig redete, erklärte, intensive, sprudelnde Aufregung spürte. Der Anfang meiner Teeniezeit ist ruhiger, introvertierter, zurückhaltender, von den Verletzungen durch andere gezeichnet.

Wenn ich Lorcan und Bláthnaid so im Wasser sehe, fühle ich mich plötzlich ermutigt: Ich will dabei sein. Schnell ziehe ich mich aus, springe in die Tiefen. Die Kälte trifft mich wie ein eisiger Schlag, ich japse, meine Haut kribbelt. Ich versuche, mit Bláthnaid und Lorcan zu spielen, aber irgendwie klappt es nicht. Stattdessen lasse ich mich auf dem Rücken treiben, wärme meine Vorderseite, blinzle ins Sonnenlicht. Ich fühle mich verwandelt. Verwandle mich weiter. Ich tunke den Kopf unter, wende mich um, hole tief Atem und tauche mit weit geöffneten Augen ins Wasser. Die Dunkelheit überrascht mich, meine Brust zieht sich zusammen. Der See könnte ohne Boden sein.

Zweifel verfolgen mich so oft im Leben. Wenn es auch nur die kleinste Chance gibt, dass etwas danebengeht, sehe ich das immer als Option, als Möglichkeit. Der Wunsch, ganz einzutauchen, geht Hand in Hand mit der Angst vor der Tiefe. Vielleicht spüren andere das auch so, doch habe ich sie noch nie gefragt.

Ich tauche auf, um zu atmen, klettere ans Ufer, ziehe mich hinaus. Ich lege mich ins warme Gras und fühle mich von Licht und Helligkeit ganz umgeben.

Es sind verstärkt Bremsen unterwegs (die wir im Irischen *cleggs* nennen): Spezialkommandos aus dem Reich der Fliegen. Lautlose Bluträuber. Sie haben es auf mich abgesehen, aber auch auf Mum und Dad. Das ist schade, denn die Zweiflügler sind so schön. Schön, aber fies. Irgendwann halten wir es nicht mehr aus. Wir beschließen, in einem nahe gelegenen Pub zu Abend zu essen, um zusammen gebührlich den Beginn der Sommerferien zu feiern.

Heute hat es wieder keine Kornweihen gegeben, doch auf unserem Rückweg, den Hügel hinab, begleiten uns wenigstens einige Raben, und eine Bergstelze tanzt zwischen den Felsen auf und ab, fast unsichtbar für uns – wäre da nicht die zitronengelbe Brust. Ich bin gut gelaunt, fühle mich leicht. Ich hüpfe, vergesse, dass ich ein Teenager bin. Ich renne und lache und rufe, wir rennen alle zusammen, und da ist sie, die Kindheit, und begleitet uns ein Stück.

**Freitag, 6. Juli**

Wandern wird meine absolute Lieblingsbeschäftigung. Früher habe ich gerne auf dem Boden gelegen und darauf gewartet, dass irgendein Wesen vor mir auftaucht, aber in letzter Zeit war ich viel zu grüblerisch, um still an einer Stelle zu bleiben. Ich muss mich bewegen.

Wenn wir spazieren gehen, ist unsere Familie immer ein wilder Haufen. Wir können unsere Begeisterung nie kontrollieren. Wir sind wunderbar enthemmt, und unser Vorankommen wird ständig unterbrochen durch ein Rascheln im Laub, eine funkelnde Feder, einen dahinzockelnden Mistkäfer. Es ist wundervoll, zusammen zu sein, aber ich schaffe es nicht gut, unser aufgeregtes Geplapper, die wirbelnden Arme, das Herumgerenne und das gellende Lachen langsam wieder runterzufahren. Das Spazierengehen ist wunderschön, und zugleich macht es uns irre.

Heute Morgen geht der Ausflug wie immer in Florence Court los. Lorcan und Bláthnaid hüpfen herum, aber ich komme nicht so recht in Stimmung. Ich schalte einen Gang zurück, senke den

Blick und konzentriere mich auf das Sehen. Mich erstaunt es immer, wie Dad gleichzeitig reden, schauen und Dinge finden kann – ich kann das einfach nicht. Es überfordert mich. Würde ich es versuchen, könnte ich nichts sehen. Lorcan fällt etwas zurück, kommt zu mir, spricht über seine neueste Leidenschaft: Videospiele (vor allem der *Skyrim*-Soundtrack) und Sowjetkommunismus. Heute ist mir das Reden eine willkommene Ablenkung; es ist eine Erholung vom angestrengten Schauen und Beobachten. An allem Glänzenden kann ich immer noch nicht einfach vorbeigehen, aber einfach mal so dahinzuschlendern ist auch ein gutes Gefühl.

Im Schatten von Buche, Birke und Bergahorn finden wir es in den Wäldern sehr schön kühl. Das Streulicht umgibt uns alle mit einem Glanz. Lorcan geht weiter, und ich komme in meinen Schrittrhythmus, fühle meine Arme und Beine mitziehen. Ich erahne die Anfänge eines kleinen Musicals, das sich mit jedem Schritt entwickelt, bis alles Teil des Orchesters wird. Die Rotkehlchen und Amseln sind die Streicher. Kohl-, Tannen- und Blaumeisen sind die Holzbläser, die Rabenvögel das Blech. Das Kreischen eines Bussards ist die Percussion. Zusammengehalten werden alle vom Takt meiner Schritte, mit denen ich aufsteige und mich ausdehne und dann... ein schriller Entdeckungsschrei, aber nicht von mir. Von Bláthnaid. Ich drehe mich um und sehe sie mit einem Rundumgrinsen im Gesicht und der Feder eines Eichelhähers in der Hand. Sie ist ein einziges Strahlen. Als Federkönigin hat sie sehr lange auf diesen Augenblick gewartet. Sie steckt sich ihren Fund ins Haar und hopst vor Freude. Mum macht ein paar Fotos: das Mädchen und die Häherfeder im Licht des späten Nachmittags. Die Familienkarawane zieht weiter, mit der Wärme des Himmels und Bláthnaids Fund in unserem Gepäck – wenn einer von uns etwas Besonderes findet, erfüllt uns das alle. Genauso teilen wir auch Ängste miteinander, wie sich nur wenig später wieder zeigt, als ein Schrei die Luft zerschneidet. »Meine Feder!«

Bláthnaids aufgerissene Augen sind voll Tränen. Die Feder ist weg. In ihrer Freude ist sie unbemerkt abgefallen.

Wir gehen denselben Weg noch mal zurück, lassen uns immer wieder auf Hände und Knie fallen, um den Waldpfad abzusuchen. Aber das Schmuckstück bleibt für uns verloren. Ich versuche, Bláthnaid zu trösten – der Schmerz ist echt und überwältigend. Sie weint. Der Zusammenbruch kommt – ich weiß, wie es sich anfühlt. Ich biete ihr an, sie huckepack nach Hause zu tragen, hebe sie hoch, bevor sie überhaupt etwas sagen kann. Die Sonne verblutet am Himmel, und ich singe ihr Nonsenselieder. Ich spüre ihre Hand auf meiner Schulter, ihr Körper entspannt sich. Wir gehen weiter, laufen uns den Schmerz von der Seele, ewig lange, gemessen am Stechen in meinem Rücken, wir laufen, bis Bláthnaid wieder hüpfen möchte. Sie gleitet davon zu Mum, die sie in den Arm nimmt. »Du kannst meine Häherfeder haben«, bietet Mum ihr an. »Die aus Schottland. Mit dem Foto, das ich gemacht habe, können wir eine Geschichte darüber schreiben.« Bláthnaid nickt zu Mum hinauf und greift nach ihrer Hand.

Obwohl wir wissen, dass die Feder nicht mehr zu finden ist, suchen wir weiter, auf dem Pfad, daneben, im Unterholz, und hoffen, auf ein anderes Schmuckstück zu stoßen, für uns alle zum Ersatz. Und plötzlich hören wir es, ein lautes Surren durchreißt die Stille: eine Feldgrille singt im abnehmenden Licht. Wir alle halten inne und hören zu. Aus der Ferne wirken wir bestimmt wie ein seltsamer Haufen, vornübergebeugt vor einem Brombeerstrauch. Für uns ist der Augenblick allerdings heilig. Ein winziges, einzelnes Wesen hat die Kraft, unsere Stimmung zu heben. Eine menschliche Katastrophe entschärft von einem singenden Insekt.

## Samstag, 7. Juli

Die Bücherregale sind leer. An den Wänden hängen keine Fotos oder Gemälde mehr. Unsere Stimmen hallen in der Küche – überall ist Leere, sogar im größten Gewusel des Tages.

Mein Schlafzimmer in der alten Garage steht voll mit Umzugskisten, damit wir sie nicht im Haus sehen müssen. Es ist nicht mehr mein Zimmer. Meine Poster und Urkunden sind abgehängt, das Periodensystem ist zusammengerollt, und meine Fossilien, Muscheln und Schädel sind alle zusammen mit Flügeln und Federn und Meerglas weggepackt. Der Raum ist noch da, aber ich bin aus ihm verschwunden. Ich will auch nicht mehr darin sein. Ab jetzt muss ich mich daran gewöhnen, ein Zimmer mit Lorcan zu teilen, denn so wird es dann im neuen Haus sein.

Ich versuche, nicht daran zu denken, wie höllisch das sein wird. Ein Zimmer teilen. Ich werde ihm einiges zugestehen müssen, er mir auch. Wir müssen uns überlegen, wie wir am besten Kompromisse finden und wie jeder von uns so viel Ruhe und Frieden bekommt, wie er braucht. Im Moment klappt das allerdings gar nicht so schlecht. Ich genieße, wie sich die Krähen über diesem Zimmer auf dem Dach versammeln und wie mich ihr Trippeln jeden Morgen mit einem anderen Tanz weckt. Es gibt auch ein Rotkehlchen, das direkt draußen vor dem Fenster singt – neue Klangpaletten.

Wir sitzen in der Küche beim Frühstück zusammen und spielen ein Sternbilder-Memory, als Mum plötzlich »Eichhörnchen!« ruft. Wir springen auf, alle Stühle rutschen zeitgleich über den Küchenboden, und hechten zum Fenster. Wir sehen nichts außer einer einzelnen Blaumeise am Futterhäuschen. Dann tritt eine unbekannte Erscheinung aus dem Halbdunkel der Bäume, die kleine Gestalt hüpft vor bis ins Gras, sitzt schaut springt, sitzt schaut springt. Tatsächlich: ein Eichhörnchen. Ich starre ungläubig. Dass es vom Wald bis in unseren Vorstadtgarten kommt. Ich hole meinen Fotoapparat, denn niemand wird uns glauben. Es wagt sich völlig aus der Deckung, hüpft durchs Wildblumenbeet, klettert Bäume hinauf und Äste entlang. Eine scheinbar mühelose Akrobatiknummer, in der sich der rostbraune Körper mit dem üppigen Schweif von Baum zu Baum außer Sichtweite hangelt. Als die anderen schon wieder weg sind, stehe ich immer noch wie angewurzelt da.

Zurück in der hallenden Küche, in der Leere, wandelt sich meine Freude in Melancholie. In weniger als zwei Wochen wird dies nicht mehr mein Zuhause sein. Neue Menschen werden hier einziehen und werden es nicht so lieben wie wir. Werden sie einfach nicht.

Ich gehe hinaus und spüre sofort, wie viel kühler die Luft heute Morgen ist. Umgeben von den schwatzenden Jungvögeln sitze ich da, beobachte die Schwebfliegen und Bienen, die an den Blüten von Katzenminze, Wiesenmargerite und Wiesenkerbel trinken. Ich atme all die Erinnerungen ein, spüre die Gefühle aufgehen. Die Grünfinken sind gerade zurückgekehrt, zusammen mit den Stieglitzen. Die unseren Miniwald zum Leuchten bringen, und unsere Herzen. Mich überkommt ein Schmerz, und ich lege mich ins Gras, beobachte die kreischenden Schwalben. Mein Körper versinkt. Ich will nichts anderes als einfach in der Erde versinken.

### Dienstag, 10. Juli

Niemand von uns kann es im Haus noch aushalten – die Räume brüllen unsere Absicht heraus, bald woanders heimisch zu sein. Es tut uns weh und poltert uns an, wenn wir uns darin bewegen. Die Dringlichkeit, all unsere Lieblingsorte zu besuchen, wird größer. Wir haben die Liste, wir arbeiten sie ab, die Tage laufen uns davon. Heute Morgen fahren wir zum Wald bei Castle Caldwell und haben ein ganzes Bündel von Erinnerungen an unsere vielen Besuche dort dabei, das Wildbaden und die Köcherfliegenlarven, die Jagd nach dem Kuckucksruf, der frisch geschlüpfte Heufalter mit noch zusammengefalteten Flügeln, der sich in der Sonne wärmt und dann rüttelnd durchs hohe Gras davonfliegt.

Es wird ein glühend heißer Tag, aber wir werden auf unserem Weg von den Kronen der Buchen gekühlt. Die nicht heimische Sorte der Castle-Caldwell-Buchen wurde zusammen mit anderen »exotischen« Bäumen ab 1600 bei der *Ulster Plantation* hier eingeführt. Damals hatte das County Fermanagh viele »Castles«, die an strategisch wichtigen Orten rund um Lough Erne standen – die irische Oberschicht fürchtete sich immer mehr vor einer Invasion durch Truppen des zunehmend puritanischen englischen Parlaments und durch schottische Covenanters, ungeachtet der Anzeichen, dass sich die Leute ganz gut eingliederten. Die Castles waren also Wehranlagen, und die in Caldwell wurde ursprünglich *Hassett's Fort* (Hassetts Burg) genannt, nach ihrem Erbauer Francis Blennerhassett aus Norfolk. Obwohl sie bei der Irischen Rebellion von 1641 verschont blieb, anders als viele andere Burgen, die angezündet und deren Bewohner umgebracht wurden, ist sie seitdem zur Ruine verfallen, so wie wir sie heute sehen.

Ohne allzu tief in die Geschichte zu gehen, kann man sagen, dass die Ereignisse des siebzehnten Jahrhunderts zwischen den alteingesessenen Iren und den neuen schottischen und englischen Siedlern zu einer Kettenreaktion ethnischer Gewalt geführt haben, die auch über die Irische See bis nach England übergriff, den Englischen Bürgerkrieg entfachte und zur Hinrichtung von König Karl I. sowie zum Aufstieg von Oliver Cromwell führte – woraufhin Cromwell 1648 nach Irland zur Rückeroberung kam, bei der die irischen Adligen enteignet wurden und ein Drittel der Bevölkerung ums Leben kam. Die Verwerfungslinien dieser Verheerungen liegen immer noch dicht unter der Oberfläche unserer unsteten, ungewissen Welt. Wir wissen nur zu gut, wie wenig es braucht, um in eine Gewaltspirale zu geraten.

Ich stelle mir diese Ruine voller Lachen vor und wie es dann klang, als der Krieg es auslöschte. Jetzt ist sie der Natur in die Hände gefallen: In den tiefen Kellern wohnen Höhlenkreuzspinnen, Wurzeln wachsen, Zweige winden sich und tragen Vogelnester, Eichhörnchen-Kobel und Fledermaus-Schlafplätze. Mit zusammengekniffenen Lidern schaue ich hinauf in die Baumkronen und zurück zu den wachsenden Lichtpfützen auf dem Waldboden. An den Burgmauern brummt es wie ein elektrischer Trafo, es ist das Summen von Bienen, die zwischen den Steinritzen und dem blühenden Efeu an der Ruine hin- und hereilen.

Wir gehen weiter zur Wildblumenwiese, um zu picknicken. Das Mädesüß wächst hier gleißend und üppig. Auch Schlüsselblumen und Hahnenfuß leuchten hier und da zwischen den Gräsern auf wie funkelnde Lichter. Ich setze mich und sauge den honigsüßen Duft ein. In Fermanagh lässt sich der Blocklehm nur schwer trockenlegen und bewirtschaften (zum Glück), weshalb das Mädesüß gut gedeiht. In Dads County Down – das bald auch mein County Down sein wird – ist der Boden so vollständig trockengelegt, dass wir im nächsten Sommer, um Mädesüß zu sehen, wohl woanders hinfahren müssen. Doch jetzt haben wir es direkt vor der Nase, und es füllt die flirrende Hitze mit Süße.

Als ein Heufalter auf meinem T-Shirt landet, schließe ich die Augen, spüre sein Flügelflattern auf meiner Brust. Dazu dringt Musik in meine Ohren: Heuschreckenzirpen, Krähenkrächzen, wirbelloses Gemurmel, das Zittern von Gräsern und Weidenröschen. Über all das erhebt sich ein einzelner Gesang aus drei hochpeitschenden Tönen. Mit großen Augen setze ich mich auf, suche die Bäume mit dem Feldstecher ab. Ein einzelner Zilpzalp ruft vom Wipfel einer Buche – vor lauter Anstrengung schwellt sich seine Brust, und die Federn rascheln. Ich schaue meinen Oberkörper hinunter, aber der Heufalter ist nicht mehr da. Er muss bei meiner plötzlichen Bewegung aufgeflogen sein. Ich schließe die Augen wieder, lege mich erneut hin, spüre den Vibrationen all der Wesen rundum nach. Wie es wohl wäre, stelle ich mir vor, ganz von Heuschrecken, Schmetterlingen, Käfern, Libellen und Schwebfliegen bedeckt zu sein – sie sitzen überall auf Armen, Brust, Gesicht, Haar, und weil mir bei der Vorstellung die Haut anfängt zu kitzeln, lache ich laut los, bis meine Augen sich öffnen und mein Körper hochtaumelt, um plötzlich und entschlossen die kindische Vorstellung abzuschütteln. Und schon geht es wieder los, mein innerer Krieg tobt.

Ich bin eigentlich immer noch ein Kind, aber ein Teil von mir möchte wie ein Erwachsener behandelt werden und sich wie ein Erwachsener verhalten. Dieses »reifende« Ich sorgt sich aus irgendwelchen Gründen jetzt darum, was die anderen denken, lässt die Unbefangenheit bereitwillig zerplatzen und zweifelt an der Reinheit dieser Momente. Doch dafür bin ich heute nicht in der Stimmung. Niemand sieht's, also ist es egal. Niemand hört's, niemand kann mich niedermachen oder mir ins Gesicht treten. Hier unten bei Hahnenfuß und Mädesüß bin ich sicher.

Ich höre Mum rufen. Offenbar ist es über eine Stunde her, seit ich zuletzt bei der Familie war, also gehe ich hinüber zu ihnen. Als ich an den Weidenröschen vorbeikomme, die an den Ecken des Feldes Wacht halten, bleibe ich stehen und suche in den Blättern nach der Raupe des Mittleren Weinschwärmers, beobachte die zahllosen Großen Ochsenaugen, die im Zickzack zwischen den rosa leuchtenden Blüten umherflattern und Nektar trinken. Heute ist in meinem Körper keine Anspannung. Ich bin frei und fließe. Als ich die Hand ausstrecke, landet darauf fast sofort ein Großes Ochsenauge. Mit der heißen Sonne auf meinem Rücken und dem Mädesüß in der Nase verharre ich in diesem Moment. Er soll für immer in mir eingebrannt sein.

## Freitag, 13. Juli

Die Vorstadt kann klaustrophobisch machen. Ich weiß nicht, ob es die Gegend selbst ist, die Häuser und Straßen und Leute, oder der Ausblick aus dem Haus. In Fermanagh haben wir Glück, dass die Landwirtschaft noch nicht so intensiv betrieben wird wie im Osten, doch jenseits der gemähten Straßenränder und Kreisverkehre besteht das weit entfernte Anbauland vollständig aus hellgrünem Gras, Rechteck um Rechteck, mit Drahtzäunen (wo früher die Hecken verliefen), weißen Flüssigdüngertanks, Hochertragsrindern, wovon einiges staatsfinanziert ist. Ganz legal. Ganz normal. Vollkommen zulässig. Die Ausblicke sind gut, aber wenn man darüber nachdenkt, wie viel Natur vor unseren Augen verdrängt wird, dann fühlt sich das, was wir sehen, trostloser an und beginnt uns zu umzingeln. Deshalb gehen wir auf die Suche nach Orten mit mehr Wildnis – keiner richtigen Wildnis, aber nach Orten, die sich für uns nach Wildnis anfühlen.

Heute ist es bewölkt, doch angenehmer, und wir lassen die Landwirtschaftsflächen mit ihrem monotonen Grün hinter uns, um über die Sligo Road nach Südwesten zu fahren, hinunter zur Marlbank Road, die gesäumt ist von Orchideen und Margeriten und einigen Kalksteinformationen, die aus den Weiden ragen. Als wir uns der Zufahrt zum Naturschutzgebiet von Killykeegan nähern, gleitet ein geisterhafter Umriss an den Autofenstern vorbei, und alle McAnulty-Köpfe drehen sich nach links. Es folgt eine Stille, für den Bruchteil einer Sekunde, dann freudiges Jauchzen, sobald wir kapiert haben, dass als unerwarteter Bote soeben eine männliche Kornweihe an uns vorbeigeflogen ist. Ich habe den ganzen Sommer noch keine gesehen, und da ist sie, ein Talisman der Freude, der uns innerlich silbern leuchten lässt.

Das Auto füllt sich mit Frohsinn. Wir grinsen bis hoch an die Brauen und strahlen immer noch, als wir hinauspurzeln und seiner Silhouette nachrennen, die hinab in die Weidenbäume sinkt. Wir bleiben stehen, fallen uns spontan in die Arme – so machen wir McAnultys das. Wir können nicht anders. Wir wollen unsere Liebe und Freude in einem solchen Moment teilen, miteinander und mit dem Ort, an dem wir sind. Mum drückt uns ein bisschen fester, und ich habe fast das Gefühl, alles aus mir wird hervorbrechen, all der Kummer, die Dunkelheit, die mich immer wieder einnimmt. Deswegen ist Killykeegan bei uns auch bekannt als die »McAnulty-Kapelle«. Es ist unser Ort für Frieden und höchste Freude.

Obwohl wir bei der Suche nach weiteren Schätzen in unterschiedliche Richtungen ausschwärmen, sind die unsichtbaren Stränge, die uns verbinden, stark wie Spinnenseide. Sofort sehe ich im Zittergras eine mattgrüngoldene Form. Lautlos bewege ich mich darauf zu, setze mich auf einen nahen Stein. Ich beobachte geäderte Flügel, die sich öffnen und schließen und dabei Ocker und Nachtschwarz offenbaren. Es ist ein Großer Perlmuttfalter, der sich im dunstigen Licht sonnt. Ich sehe zu, wie er sich mühelos erhebt und über die Gräser gleitet. Schnell berühre ich die Stelle, an der er gesessen hat, sammle seine Wärme ein. Ich frage mich, ob es hier auch Skabiosen-Scheckenfalter gibt, also bleibe ich sitzen und warte eine Weile, bis die Rastlosigkeit wiederkommt. Ich muss aufstehen, weiterlaufen.

Im aufhellenden Sonnenschein entdecke ich Jakobs-Greiskraut, bedeckt von Jakobskrautbär-Raupen – das Jakobs-Greiskraut ist eine Wildblume, die von Landwirten wegen ihrer Giftigkeit als Gefahr für Rinder und Pferde verteufelt wird, aber für alle Bestäuberinsekten ist sie ein Segen. Wer sich in den Sommermonaten Greiskraut genauer ansieht, wird sehen, dass die Blüten vor Leben vibrieren, speziell mit den gelb-schwarz gestreiften Raupen des Jakobskrautbären, die sich wie Zeitlupenziehharmonikas die Stängel hinaufschieben.

Darüber wehklagt ein einsamer Bussard, und ich sehe mit an, wie er seine Spannweite ausbreitet und über das nahe gelegene Feld segelt. Den Kalkstein zu meinen Füßen durchziehen

Rinnen und Karren, die Wasser und Zeit geschliffen haben. In den Lücken wächst neben Orchideen und Flockenblumen auch Gewöhnlicher Teufelsabbiss. Der Bussard kreist über einem der leuchtenden Felder, dem eintönigen Grünen Meer, sucht, sucht – stürzt plötzlich herunter und verdeckt seine Beute. Soeben hat das Feld den Bussard gefüttert! Ich verneige mich und lächle: Auch auf diesen Feldern gibt es Leben. Die Natur hat immer Überraschungen parat. Allein durchs Hinschauen können wir unsere Vorurteile hinterfragen, korrigieren und Platz für neue Gedanken machen. Die Sonne bricht aus den Wolken, und ein einzelner Strahl verleiht dem Bussard einen Heiligenschein. Meine Haut glüht und kribbelt, ich mache einen Luftsprung.

## Mittwoch, 25. Juli

Wir sind umgezogen. Es ist passiert. Wir sind in einem neuen County und einem neuen Haus. Jetzt lebe ich in Castlewellan, im County Down, in einer kleinen, modernen Siedlung. Wir haben heimische Bäume im Garten: Eberesche, Esche, Kirsche und Bergahorn. Efeu berankt die Stämme, und der Waldpark ist einfach auf der anderen Straßenseite. Die letzten paar Tage waren ein einziger Taumel, und jetzt ist die Dunkelheit so überwältigend, dass ich keinen Antrieb zum Schreiben hatte. Ich bekomme oft das Wort »Depression« zu hören, doch weiß ich nicht, ob es das ist oder einfach die normale Reaktion auf die Veränderungen in meinem Leben. Der Alltag ist anstrengend, als würde ich durch dicken Sirup waten. Die Ängste haben sich hochgeschraubt, und der Energieverbrauch meiner innerlichen Schlachten war höher als die Mourne Mountains, die jetzt unser Haus umgeben.

Letzte Woche, mitten im Umzug, habe ich eine kurze Filmaufnahme mit Chris Packham für seine UK-weite Kampagne »Bio-

Blitz« gemacht, bei der in fünfzig Naturschutzgebieten die Artenvielfalt erfasst und dokumentiert wird. Ich wurde auf den Dünen oberhalb des Murlough Beach gefilmt, der nur zehn Autominuten von unserem neuen Haus entfernt liegt, und ich war sehr aufgeregt, weil ich einen Ort entdeckte, der mir vertraut werden würde. Es war auch das erste Mal, dass ich bei einem Gruppenprojekt mitgemacht habe. Normalerweise arbeite ich allein, aber nun war ich einer von vielen jungen Menschen, die etwas präsentieren sollten, und es war echt einfach, da ich über etwas sprechen konnte, das ich wirklich mag, für das ich mich begeistere. Die Probleme kamen später, als das Vergleichen losging und all die Kommentare in den sozialen Netzwerken kamen. Da begann mein Körper zu kochen.

Auf so starke Selbstzweifel war ich nicht gefasst. Die Worte, mit denen gelobt und kritisiert wurde, schienen auf dem Bildschirm immer größer zu werden, bis mir plötzlich dämmerte, dass ich Aufmerksamkeit und Bestätigung wollte. Das hatte ich davor von mir nicht gekannt. Viele Jahre lang habe ich nur Dinge getan, die mir gefallen, ohne lange darüber nachzudenken, und das normalerweise allein oder zusammen mit der Familie, ziemlich unsichtbar für die Augen der Welt – ich habe nicht nur in meiner eigenen Blase gelebt, sondern es gab einfach wenige Leute, die mitbekommen haben, was ich mache, oder die sich irgendwie dafür interessierten. Als ich dann aber mit anderen jungen Leuten in Kontakt kam, die sich auch einsetzten und im Naturschutz engagierten, merkte ich plötzlich, dass ich meine Worte und mein Tun, sogar mein Gesicht wie besessen mit anderen vergleichen musste. Das war ziemlich aufreibend.

Wenn mir das so ging, geht es anderen sicher auch so. Und wohin soll das ständige Vergleichen führen? Der Sinn davon ist irgendwann nicht mehr klar, wie unsere Gedanken. Die Notwendigkeit, sich gegen die Zerstörung von Ökosystemen zu stellen und die Natur zu schützen, wird von Unsicherheit und Narzissmus unterlaufen. Dieser ganze Wahnsinn auf Twitter letzte Woche hat mein Herzpochen verschlimmert. Da blieb nur noch, den Schalter umlegen und mich ausklinken. Ich bin immer noch ausgeklinkt. Meine Begeisterung und mein Überschwang haben einen Dämpfer bekommen. Die Worte haben mich verletzt, und jetzt will ich mich aus Scham und Schuldgefühl und Verwirrung selbst verletzen.

Ich bin ein Nichts: Das habe ich oft andere Leute zu mir sagen hören, meistens durch zugehaltene Ohren, während ich mich auf dem Boden zusammenkauerte. Die Worte klangen in mir über Jahre nach, und zum ersten Mal sage ich sie selbst. *Du bist ein Nichts.*

Ich tue, was ich immer tue. Was ich tun muss. Ich kehrte zurück zu den Dünen oberhalb von Murlough Bay, mit Mum, Lorcan und Bláthnaid, verbrachte Zeit bei den Wellen, den Robben, den Schmetterlingen. Ich lief ausgetretene Pfade entlang, lauschte dem Ruf eines Hänflings, dem Gesang von Feldlerchen und den schreienden Möwen. Mit jedem Schritt versuchte ich, das Gleichgewicht in meinem Kopf und mit meiner Umgebung wiederherzustellen. Die Landschaft – Berge, Küste, Meer, Sand, Wald – wird den Rest meiner Teenagerzeit prägen, ich muss sie mir also genau ansehen, meinen Körper Teil von ihr werden lassen.

Durch meinen Autismus bin ich Perfektionist und versuche immer zu zeigen, dass ich eigentlich ein Blender bin, ein Versager. Auf viele andere Menschen da draußen würde so eine Beschreibung eher zutreffen, mit vielen Followern in den sozialen Medien, die das Richtige sagen und den richtigen Look haben, die sich für die Umwelt einsetzen und sich über den Klimawandel aufregen. Ich habe immer geglaubt, ich würde für etwas eintreten, und hatte schon das Gefühl, meine Stimme würde gehört. Auf meine Art dachte ich, ich kämpfe für die Natur, wenn ich auf lokaler Ebene etwas unternahm, in meiner Schule, und zur Wissenschaft beitrug, wenn ich Daten und Zahlen sammelte und an Protesten teilnahm. Es entspricht nicht meinem Typ, irgendwelche Statistiken wiederzukäuen über die Grausamkeiten, die wir der Natur antun, weil sie außerhalb meiner Erfahrung liegen. Sie lösen Verzweiflung in mir aus, und ich will mich nur noch vergraben. Heißt das, ich bin zu schwach? Bin ich zu lasch? Heißt das, es kümmert mich nicht? Wenn ich dabei abschalte, warum sollten andere das nicht genauso tun? Ich passe da einfach nicht rein. Ich bin kein Mensch, der so was kann, meine körperliche und geistige Veranlagung erlaubt mir das einfach nicht. Ich muss meine Grenzen akzeptieren oder vielleicht meine Stärken. Hoffentlich werde ich Lösungen finden, aber im Moment fühle ich mich als Teil des Problems.

Ich bin so froh, dass wir dem Haus und den ungeöffneten Kisten entkommen sind. Auf einem Gewöhnlichen Teufelsabbiss entdecke ich ein Sechsfleck-Widderchen, dessen schwarzrote Flügel auf der lila Blüte eine Kollision zwischen Königsfarbe und Gothik auslösen. Diese kleinen Details in der Wildnis hellen den bedeckten Tag an der Murlough Bay auf, und während ich im Sand liege und den Wellen lausche, gebe ich mir selbst das Versprechen, mich nicht wieder so zu verlieren. Die Selbstmordgedanken müssen aufhören. Ich will mir die Welt nicht ohne mich vorstellen. Ich gelobe, wenn die Traurigkeit kommt, es nie so weit kommen zu lassen, sondern mit meiner Familie zu reden.

Die ganze Filmgeschichte, das Vergleichen und Bestätigung-Wollen – vielleicht deutet das alles auf tiefere Wunden hin. Und war nur der Auslöser. Es ist schwer zu sagen, welche Spuren das jahrelange Mobbing hinterlassen hat. Ich bin von ihm geprägt. Das will ich nicht sein. Ohne zu merken, wann genau es passierte, wurde ich ausgelaugt, runtergezogen. Meine Freude wurde verdorben.

Wie kann ich darüber hinwegkommen?
Wie kann ich wissen, dass sie mich nicht wieder verletzen?

Wenn ich eine Rolle im Kampf für die Natur einnehmen möchte, muss ich zunächst einige Stereotype überwinden. Jeden Tag lasse ich unsichtbaren schwarzen Rauch ab, beruhige und kläre meine Gefühle, versuche mit aller Kraft, wieder ich zu werden. Das kann dauern. Ich brauche Geduld.

**Mittwoch, 1. August**

Ich träume noch immer von Killykeegan, von der »McAnulty-Kapelle« im County Fermanagh. Ich streiche mit den Händen über den blank liegenden Kalk, stapfe über die Erde. Beim Aufwachen rieche ich den Geruch von Fermanagh, aber dort bin nicht.

Stattdessen bin ich in meinem neuen Zimmer, und Lorcan macht Musik auf seinem Laptop, die den entfernten Verkehrslärm übertönt. Ich kämpfe mit den Tränen, die derzeit immer kommen, wenn ich aufwache. Mein Bruder bemerkt, dass ich wach bin, kommt rübergerannt und sagt: »Pinch, punch, first day of the month«, einen nett gemeinten Kinderspruch, mit dem wir in Irland den neuen Monat begrüßen, auf den üblicherweise ein leichtes Kneifen (pinch) und ein zarter Schlag (punch) auf den Arm folgen. Ich knurre ihn an, schlage nach ihm. Er zieht fluchend wieder ab, verwirrt von meiner Reaktion. Ich liege da, mein Inneres explodiert, und schwarzer Nebel zieht herein.

Eine seidige Melodie kommt durchs Fenster geweht, und jeder Ton haucht den Nebel ein wenig zur Seite, pustet ihn weg, bis ich sie deutlich höre, fast überlaut, fremd und doch vertraut. Ich stehe auf, öffne die Vorhänge und sehe ein Amselmännchen herumhüpfen, ins feuchte Gras picken und etwas Köstliches herausziehen, bevor es hinüber zur Hecke springt. Der Jungvogel kommt aus dem Unterholz hervor, der ausgewachsene Vogel füttert ihn. Ich lege mich so, dass ich bequem zusehen kann – der Kleine beginnt mit seinen Eltern einen Tanz aus drei Teilen. Einmal hüpf, einmal pick, einmal happs und von vorn. Der Jungvogel ist unersättlich und zeigt seinen Hunger durch rhythmisches Rufen, das dem seiner Eltern schon sehr ähnelt.

Wir haben unsere Futterhäuschen noch nicht aufgehängt – ich erinnere mich an die Tränenbäche, als wir sie am alten Haus abgenommen haben. Der Regen hatte noch nicht eingesetzt, aber es roch bereits danach. Ich saß im Garten fest, da die Umzugsmänner im Haus waren und ich es in ihrer Nähe nicht aushielt. Ich drückte mich hinter einer niedrigen Mauer in den Schaukelsitz, zupfte dort am Gras und ließ Asseln meine Hände hinauftröpfeln. Ich beobachtete, wie eine Gartenkreuzspinne ihren Seidenfaden spann, bevor sie hinter einen Stein krabbelte. Langsam stand ich auf, schaute zur Hintertür. Ich sah den Griff runtergehen, Mum erschien. Sie kam zu mir, und ich kann ihre Umarmung immer noch spüren. Ich hatte geweint und ließ bei ihr noch ein paar mehr Tränen hinaus. Aber alle konnte ich nicht hinauslassen, es gab einfach zu viele. Stattdessen riss ich mich zusammen. Dann wurde es Zeit aufzubrechen, obwohl das Haus nicht leer war. Die Umzugsfirma hatte den falschen Laster genommen, sodass überall noch Sachen herumstanden. Ich hörte Unterredungen darüber, was als Nächstes passierte, doch eigentlich war es nur Geplapper.

An viel mehr kann ich mich nicht erinnern, jetzt sind wir im County Down, und Fermanagh fühlt sich sehr weit weg an. Ich muss meine Zeit organisieren, muss jeden Tag nehmen, wie er kommt. Ich bin so froh über die Ferien. Stellt euch vor, zum Umzug käme gleichzeitig ein Schulwechsel dazu. All die neuen Menschen, auf die ich mich einstellen müsste. Obwohl etwas Seltsames passiert ist, seit wir hier sind. Nebenan wohnt ein Junge, etwas jünger als ich, aber er interessiert sich für alles Mögliche und spielt gerne Brettspiele. Wir haben zusammen draußen gesessen, weil das Wetter schön war, haben Karten gespielt und geredet. Ich habe ihm sogar eine Ameisenstraße gezeigt, die über die Terrassenplatten verläuft, ein langer Marsch von Tieren, die Krümel und (erstaunlicherweise) einen kleinen Laufkäfer trugen. In diesem Moment kam mein wirkliches Ich zum Vorschein, merkte ich. Ich war so aufgeregt, dass meine Maske fiel. Aber er hat nicht gelacht oder mich seltsam von oben herab angesehen. Stattdessen hockte er sich mit mir hin, und wir schauten gemeinsam zu. Mit jemand anderem, den ich nicht gut kenne, zusammen etwas zu betrachten war eine besondere Erfahrung. Es war etwas oberflächlich, wenn ich ehrlich bin. Dafür aber hatte ich Gesellschaft. Solche Begegnungen ergeben sich für mich sehr selten. Danach spielten wir weiter Karten und redeten über dies und das, und ich spürte einen Funken Leichtigkeit, die immer noch da ist.

Später am Abend nehmen wir Rosie mit auf einen Spaziergang in den Castlewellan Forest Park, der wunderbarerweise kaum dreihundert Schritt von unserer Haustür entfernt ist – sogar noch weniger, wenn man über den hinteren Zaun springt. Rosie ist unsere ständige Begleiterin auf Spaziergängen. Eine starke, stille Hüterin. Sie ist jetzt ziemlich sanftmütig und gehorsam – ein Überbleibsel aus ihrer Zeit als Rennhund, die lang vergessen ist, außer wenn irgendwo ein Schuss knallt oder ein Motor aufheult. Wir nennen sie unsere »autistische« Hündin, weil sie immer denselben Weg gehen möchte. Wenn wir nicht alle da sind oder wenn Mum nicht dabei ist, bleibt Rosie manchmal einfach stehen und weigert sich weiterzugehen. Ich erinnere mich, wie Dad einmal von einem Spaziergang Mum anrief und sie um Hilfe bitten musste, weil Rosie sich nicht mehr vom Fleck rührte. Mum musste mit uns im Schlepptau kommen und sie im wahrsten Sinne des Wortes zum Weitergehen bewegen. Seitdem ist es bei uns ein beliebter Gag, dass Mum das Rudel anführt. Unsere Leitwölfin.

Der Verkehr auf der Straße ist etwas dicht, aber wir entkommen ihm einfach und genießen die gute Abendluft. An unserem früheren Wohnort hätten wir das nicht gekonnt, so viel steht fest. Die stark befahrene Straße war viele Kilometer lang, bis hinein nach Enniskillen, wo sich alles noch mehr drängte.

Der Spaziergang durch den Castlewellan ist einfach, und ich plaudere mit Mum, denn ich habe mir und ihr versprochen, nichts mehr in mich hineinzufressen. Zuerst erzähle ich ihr, wie sehr ich unsere Orte in Fermanagh vermisse und dass alles hier so fremd und anders ist. »Es riecht anders«, erkläre ich. »Nicht schlecht, aber anders. Es klingt auch anders, auf gute Weise. Es gibt hier eindeutig mehr Vögel, mehr Insekten.«

Dann erzähle ich ihr von Jude, meinem neuen Freund von nebenan. Sie muss lächeln, und die Grübchen an ihren Wangen vertiefen sich – das passiert, wenn sie müde ist. Sie hat auch Ringe unter den Augen, und als ich die sehe, verspreche ich, dass ich mich von Mobbing nicht mehr unterkriegen lasse. Das wünsche ich mir für sie. Und das wünsche ich mir für mich. Um mich herum gibt es so viel Liebe. Alles gibt es um mich herum, auch Schönheit, warum sollte es so schwer sein?

Zügig zieht die Dunkelheit auf, und es wird Zeit, wieder nach Hause zu gehen. Beim See machen wir kehrt und gehen den Weg zurück, den wir gekommen sind, den Rundweg um den See. Mum ist es nicht geheuer, im Dunkeln an einem wenig vertrauten Ort spazieren zu gehen, also legen wir einen Zahn zu und beschleunigen, bis zu einem Sprint über die Straße.

Am Haus angekommen, hält Mum meinen Arm fest, und wir bleiben noch kurz in der Dunkelheit stehen, beobachten die Schatten, die von der einen Straßenseite auf die andere fliegen. Fledermäuse. Ihr Flattern überall um uns herum ist besser sichtbar als sonst, da die Straßenlaterne vor unserem Hintereingang kaputt ist. Mum und ich lachen, Begeisterung brodelt hoch. Wir gehen schnell hinein, ich hole den Fledermausdetektor, und wir poltern durch die Küche wieder nach draußen. Im Garten erheben sich noch mehr Schemen von den Bäumen – Origamis, nur eine Nuance heller als die Nacht –, und wie sie so aufsteigen und ihre wendigen Flügel bei der Futterjagd in seltsamen Winkeln ausschlagen, ist der Fledermausdetektor ganz vergessen. Jede Nacht können wir uns glücklich schätzen, dass die Flugsäuger fressen, auch wir haben was davon.

Dann geht Mum zurück ins Haus, aber ich bleibe draußen, beobachte den Nachthimmel. Ich habe ein bislang unbekanntes Gefühl, es ist ein Schwirren in der Luft, ein Pulsieren, das mich hinüber zum Schmetterlingsbaum schauen lässt. Etwas Seltsames ist dort los. Die Zweige zischen vor Leben, und überall darauf und darum ist Bewegung. Als das Licht in der Küche angeht und alle zu mir nach draußen kommen – Lorcan und Bláthnaid zuerst, gefolgt von Mum und Dad –, merke ich, dass ich geschrien haben muss, erinnere mich aber nicht daran.

Wir beobachten in gemeinschaftlichem Erstaunen, wie zahllose Nachtfalter, Gammaeulen, den Nektar aus den lilafarbenen Blüten trinken. Einige ruhen nektartrunken aus, bevor sie wieder zuschlagen, wirbeln und tanzen herum in ständiger Betriebsamkeit; sogar wenn sie still sitzen, beben ihre Flügel wie Blätter bei Sturm. Die silberbetupften, federähnlichen Schuppen mit ihrem Sternenstaubschimmer schützen sie vor dem Gefressenwerden durch unsere anderen nächtlichen Nachbarn. Ich finde es faszinierend, dass Gammaeulen-Schuppen die Echoortung der Fledermäuse durcheinanderbringen und dafür sorgen, dass manche Angreiferin mit ausgerissenen Schuppen im Maul vorliebnehmen muss. Da stehen wir nun, die McAnultys, und bestaunen die winzigen Migranten, vielleicht der zweiten Generation, in feierlicher Andacht. Bald werden die Silbersterne die Reise zu ihrem Geburtsort antreten, den ganzen Weg über Land und Meer bis nach Nordafrika.

Die Nacht knistert, die huschenden Gestalten schwirren davon, und obwohl die Nachtfalter kein Geräusch gemacht haben, scheint die Nacht ohne sie leiser. Wir springen vor Freude in die Luft und umarmen einander, ein Strom gemeinsam angestauter Spannung bricht sich Bahn, fließt, verteilt sich. Wir lassen alles raus, in den Rachen der Nacht und weit fort. Wir reden durcheinander, schauen hinauf in den Himmel, nun frei von Säugern, wo Orion, Siebengestirn und Großer Wagen immer noch funkeln. Das sind wir, so wie wir hier stehen. Von unserer besten Seite, und ein weiterer Moment brennt sich in unser Gedächtnis, der in den kommenden Jahren immer wieder heraufbeschworen werden kann, um in Gesprächen aufzuleben. Erinnert euch an den Abend, als flatternde Sterne einen Sturm in uns besänftigt haben.

Als ich zurück ins warme Haus gehe, bemerke ich zum ersten Mal, dass keine Kartons mehr herumstehen. Alles ist an seinem Platz. Die Regale sind mit Büchern gefüllt, und Gemälde hängen jetzt an den Wänden. Das ist unser Zuhause, und wie unser Zuhause in Fermanagh wird es immer unser Zuhause sein, sogar wenn wir weiterziehen, denn auch wenn wir uns neue Orte suchen, wird uns dieses Gefühl überallhin begleiten.

Ich mache einen meiner kleinen Begeisterungssprünge und wusele zu einem fröhlichen Aufjaulen mit Händen und Fingern herum. Lorcan ruft, das hätte ich seit Monaten nicht mehr getan.

»Bist du wieder froh?«, fragt er.

»Ja«, sage ich. Und ich glaube, es stimmt. Oder?

## Samstag, 4. August

Nein, stellt sich heraus. Am nächsten Morgen beim Aufwachen überkommt mich wieder das Gefühl, eingesperrt zu sein, und es bleibt den ganzen Tag, auch als ich mit Jude Karten spiele und später mit der Familie Gubs und Trivial Pursuit, und auch noch während wir Pizza essen, schmerzt der Versuch, es runterzuschlucken.

Wie versprochen erzähle ich Mum von dem einengenden Stoff, der mich umgibt. Der unsichtbaren Zwangsjacke. Ich kann mich einfach nicht daraus befreien. Gedanken rasen mir durch den Kopf, richtungslos, sinnlos. Ich stolpere von Moment zu Moment, verliere Gleichgewicht und -klang, bin ziel- und planlos. Ein Kampf. Ein ständiger Kampf.

Mum glaubt, einen neuen Ort zu erforschen könnte gegen solche Gefühle wirksam Front machen. Sie sagt mir auch, wie gut es ist, weiterhin dankbar und gnädig zu sein. »Halte daran fest«, sagt sie. »Und denke daran, alles aufzuschreiben, was gut im Leben ist.« Sie hat natürlich recht, aber es verlangt mir eine Riesenanstrengung ab, dem zuzustimmen.

Schließlich wird angekündigt, dass wir alle zusammen rausgehen, ungeachtet Bláthnaids Protest, die in unserer Straße schnell viele neue Freunde gefunden hat und draußen spielen möchte. Zusätzliche Schuld von mir, weil der Anlass des gemeinsamen Ausflugs ja ist, Dara zu helfen. Dennoch baut sich im Auto weiter der Frust auf. Alles ist so unglaublich anders als in Fermanagh, und alle Parkplätze im County Down sind voll. Überall sind Menschen. Erfolglos fahren wir von einem Ort zum nächsten, bis wir beschließen, zurück nach Hause zu fahren, doch auf dem Rückweg entdecken wir einen Platz auf der Bloody Bridge, der »blutigen Brücke« – deren Name auf die schauerliche Hinrichtung von Protestanten verweist, die bei der Rebellion von 1641 auf die Felsen hinabgestoßen wurden, nachdem ein Austausch mit katholischen Gefangenen furchtbar schiefgegangen war.

Trotz ihrer düsteren Geschichte, oder vielleicht wegen ihr, erscheint die Landschaft seltsam schön. Ich spüre einen leichten Seewind, der die küstennahe Hitze lindert, genauso wie das Hämmern in meiner Brust, sobald ich den Rhythmus der Brandungswellen auf der Felsküste höre.

Wir steigen über den steilen Zauntritt und folgen dem schmalen Pfad mit Felsen und Meer auf der einen und trockener Heide auf der anderen Seite. An einer breiten Stelle machen wir Rast und genießen die Aussicht. Drei Männer angeln auf den

Felsen – ich halte das zwangsläufig für ziemlich idiotisch, wohl weil ich im Moment noch mehr Adrenalin so gar nicht brauchen kann.

Ich setze mich auf den silurischen Hornfels – die Härte des Gesteins wird von Flechten abgefedert und von dem Gedanken, dass es über vierhundert Millionen Jahre alt ist, entstanden aus der Kollision von Kontinenten und aus Meereslebewesen, die sich vom Aussterben erholten. Ich starre auf die Granitadern, fahre sie mit dem Finger entlang. Die Kühle des Steins spendet mir Trost. Mehrere Zaunkönig-Küken kommen über die Felsen gehüpft, übertönen einander mit aufmerksamkeitsheischendem Tschilpen. Sie halten inne, mit geöffneten Schnäbeln, eifrige Eltern erwidern ihre Rufe. Ich lächle. Ich kichere. Sie kommen noch näher, keineswegs eingeschüchtert von meiner gebeugten Reglosigkeit, so ein lautes Geräusch für einen kleinen Vogel. So klang auch die Musik unserer Vorfahren, Wellen im einen Ohr, eine Brut Zaunkönige im anderen. Zweispur-Stereo. Der Klang der Natur, die alles Weitere beeinflusst, egal, ob wir das wissen oder nicht.

Ich gehe hinunter zu den Felsbecken, wo Bláthnaid und Lorcan bereits ihre Schuhe ausgezogen haben und wie die Zaunkönige zwischen den weichen silurischen Felsspalten hin und her springen, sich ab und zu hinkauern und schauen. Ich ziehe meine Schuhe aus, um zu ihnen zu gehen, spüre die Kühle des Granits. Wir starren in die Becken, in denen das Leben wimmelt. Einsiedlerkrebse krabbeln zwischen unseren eingetauchten Füßen herum. Ich spüre das Kitzeln einer Grundel und eines Schleimfischs, während Purpurrosen mit ihren scharlachroten Tentakeln winken, an deren Enden im inneren Kranz blaue Randsäckchen sitzen. Ich berühre eines, und eine klebrige Masse bleibt an meiner Haut – sie haben auch Nesselkapseln, Nematozysten genannt, die aber an der menschlichen Haut nichts ausrichten können. Das Tentakel zieht sich zurück, ich mich auch. Aber ich bin wieder ganz und gar zurück in dem Leben, das ich gerne lebe, beim Entdecken, Beobachten, Lernen. Auch ich öffne mich, Tentakel meines Geplappers greifen in Dads Richtung, teilen die Beobachtungen der Lebewesen mit. Es fühlt sich einfach gut an.

Als das Licht abnimmt und es langsam kühler wird, ziehen wir Schuhe und Socken wieder an. Wir fahren zurück nach Hause, damit Bláthnaid noch Zeit zum Spielen mit ihren Freunden hat. Aufgeregt rennt sie voraus, aber wir holen sie bald wieder ein, da sie stehen bleibt und jauchzt. Wieder einmal hat ihr scharfer Blick etwas entdeckt, diesmal den smaragdgrünen Glanz eines Feld-Sandlaufkäfers. Wir stecken ihn in ein Glas, um ihn eine Zeit lang zu beobachten, das funkelnde Juwel, den brutalen Ameisen- und Raupenjäger. Nach dem Begaffen lassen wir ihn wieder frei und sehen zu, wie er davonschießt und seinem Ruf gerecht wird, eines der schnellsten Insekten der Welt zu sein. Ich springe die Stufen hinauf, erfreue mich an meiner Schwerelosigkeit. Wird die morgen noch da sein?

**Dienstag, 7. August**

*Zunächst gingen wir mit leichtem Schritt*
*Barfuß auf der Erde, gewichtslose*
*Reisende, ließen genügend zurück*
*Für weiteres Leben und weiteres Wachsen.*
*Ehrfurcht.*

*Wir rasten durch Jahrtausende,*
*Bekamen immer mehr Gewicht, bleierne*
*Schwere, hinterließen tiefe, bleibende*
*Spuren, erzeugten Stoßwellen.*
*Vernichtung.*

*Grausamkeit, klaffende Gier, keine Grenze,*
*Hände und Füße wurden industriell.*
*Monster, speiende Giftigkeit, die krank macht*
*Taub macht, zurückfliegende Pfeile,*
*Verwundung.*

*Dröhnen jetzt, trampeln wild drauflos.*
*Vernichten einst fruchtbare Pfade.*
*Wir schauen hilflos zu, starr und voller Schmerz,*
*Dumpf und gequält unser Rufen an leeren Orten.*
*Warten.*

*Halt. Ich höre Hoffnung sich stetig nähern.*
*Gestampfe verlangt längst überfälliges Handeln.*
*Große Geister leiten und lenken die Wende,*
*Fordern, unser Gewicht soll sich respektvoll*
*Reduzieren.*

*Wir wollen singende Vögel und viel Geflatter,*
*Gesumme, kein Gift und keine Zerstörung.*
*Wachstum um des Wachstums willen muss enden.*
*Erlebt unsere Generation die rechtmäßige*
*Revolte?*

## Mittwoch, 8. August

Jeden Tag erforschen wir mehr vom Waldpark auf der anderen Straßenseite, erfreuen uns an ihm in kleinen Abschnitten, lernen ihn kennen wie einen Freund. Unter Krähen und Raben haben wir geheime Pfade entdeckt. Wir haben Hänge aus Laubstreu erklommen, sind über entlegene Wege geirrt. Ich merke, wie meine Energie wiederkommt und auch mein Appetit. Ich war mehrere Tage lang nicht besonders hungrig gewesen, aber seitdem die Leere in meinem Kopf mit frischen Bildern und Geräuschen gefüllt ist, braucht die Leere im Bauch wieder eine Befüllung mit Essen.

Die Tage bekommen Strukturen, die wir wahrscheinlich alle herbeigesehnt haben. Das Durcheinander von Umzug und Eingewöhnung geht vorüber. Wir schlagen Wurzeln, drinnen im Haus wie draußen beim Picknick im Wald. An einem dieser Tage, vorgestern war es, setzte sich eine Nebelkrähe vor meine Füße. Es war ein männlicher Jungvogel, und als er mir übers Bein hüpfte, hörte ich die Flackerigkeit seiner Bewegungen. Ich musste dabei an eine Stelle in *Der geheime Garten* denken: »Wir alle können noch viel überraschendere Dinge erleben, wenn wir, sobald sich ein trostloser und trübsinniger Gedanke in unser Herz schleicht, so klug sind und rechtzeitig daran denken, ihn hinauszuwerfen, indem wir einen bejahenden und mutig entschlossenen hereinholen. Denn zwei Dinge können nicht gleichzeitig am selben Ort sein.«

### Samstag, 11. August

Wir fahren in die Glens of Antrim ans Dungonnell Reservoir bei Glenariff zum Jahrestreffen der Kornweihen-Interessierten und -Unterstützer. Wir nutzen das Treffen für einen gemeinsamen Aufschrei gegen die Verfolgung aller Greifvögel und tauschen uns über Erfahrungen beim Beobachten von Kornweihen aus.

Seit Längerem habe ich nur wenige andere Menschen gleichzeitig gesehen, und ich spüre einen riesigen Kloß im Hals. Mit aufgesetztem Lächeln schummle ich mich durch alles hindurch, murmle hier und da ein paar Worte, bis ich auf Dr. Rooney treffe (Habicht-Eimear, wie ich sie gerne nenne). Wir reden über

Fischadler, Rotmilane, Drohnen, Vögel im Allgemeinen, und das Gespräch fließt so einfach, dass meine Stimmung sich aufhellt. Leider kann ich mit ihr nicht den ganzen Tag reden, und andere Leute, die sie begrüßen, bringen uns auseinander.

Bei diesen Treffen, müsst ihr wissen, sagen mir wohlmeinende Menschen immer, ich hätte sie inspiriert. Meine Tweets würden ihnen den Tag verschönern. Mein Bloggen, mein Engagement, meine Gesprächsbeiträge seien »einfach unglaublich«, »fantastisch«, und manche reden von mir sogar als »großartigem Vorbild für junge Menschen«. Ich hasse das alles. Ich komme mir, ehrlich gesagt, wie ein Blender vor. Ich habe kein besonderes Lob verdient. Das ist mir echt unangenehm, denn warum helfen sie nicht einfach ihren Kindern, Enkeln, Nichten und Neffen, auch mitzumachen? Dasselbe zu machen. Den Fokus von mir wegzunehmen.

Ich lächle, schüttle Hände. Das Übliche.

Ich habe ein schrecklich schlechtes Gewissen, ihre Komplimente nicht zu würdigen und einfach von allen weggehen zu müssen, den grasbewachsenen Hang hinunter zum Reservoir, wo der Boden versengt ist – Wildblumen hängen an einem verschlissenen Faden. Libellen – Mosaikjungfern – schweben auf der Stelle und schießen über die morastigen Tümpel, schnappen im Flug ihre Beute. Es gibt massenweise Pfauenaugen – ich komme beim Zählen auf mindestens zwölf, die das braungrüne Gras mit flatternden Farben und zahlreichen Augen übersäen.

Zurück beim Treffen beruhigt sich die Lage. Dieses Jahr gibt es keine Reden, wofür ich dankbar bin – meine übliche Begeisterung darüber, zu Gruppen zu sprechen, ist völlig verschwunden. Vielleicht kommt sie irgendwann wieder, vielleicht nicht. Der restliche Nachmittag verläuft ohne große Katastrophe, und auf dem Nachhauseweg sichten wir fünf Bussarde. Kornweihen waren aber keine am Reservoir. Auch auf dem Nachhauseweg nicht, und ich frage mich, ob ich dieses Jahr überhaupt eine sehen werde.

Zu Hause von einem Empfangskomitee aus Bláthnaids Freunden begrüßt zu werden ist momentan Normalität. Ich bummle noch ein bisschen draußen herum, dann überkommt mich plötzlich der Drang, mit den Jüngeren in der Natur Entdeckungen zu machen. Gegenüber von unserem Haus stehen einige von der Gemeinde angepflanzte Gebüsche, die ich umrunde und mit den Augen darin nach einer Feder oder nach Ruprechtskraut suche, zur Anschauung. Meine eigenen Fundstücke möchte ich dafür nicht aus dem Haus holen, da sie aus den kleinen Fingern fallen oder auf Wanderschaft gehen könnten. Auf der anderen Seite der Gebüsche entdecke ich eine blutige, gefiederte Masse am Boden. Perfekt!

Ich renne los, um mir Handschuhe zu holen, und untersuche die Beute: den Flügel eines Stieglitz. Ich säubere ihn ein wenig, glätte schnell die Federn. Dann zeige ich ihn den Kindern, und sie mustern mich mit einer Mischung aus Abscheu und Neugierde. Ich lege ihn vor ihnen hin, damit sie ihn betrachten können: prächtig und golden und schwarz, mit silbrig glänzenden Flecken Flaum. Ich sage ihnen, sie sollen einmal darüberstreichen, um zu spüren, wie weich er ist. Sie scheuen sich nicht. Ihre Augen leuchten. Ich erzähle ein paar Details dazu, und weil einige der Kinder Irisch sprechen, sage ich, dass Stieglitze *Lasair choille* heißen, »Flamme des Waldes«, und frage, ob sie wissen, dass ein Schwarm von Stieglitzen einen besonderen Namen hat, nämlich *charm*. Sie stellen ihrerseits Fragen, ich hole mein Buch und zeige ihnen Bilder von Gartenvögeln. Wer hätte gedacht, dass der Blick in ein Gebüsch neben einer Wohnsiedlung zu solchen Momenten führen würde? Ich glühe in der Abenddämmerung. Die Straßenlaternen flackern, und ein Rotkehlchen singt dazu. Ich sitze auf der Treppenstufe, Straßen und Wege sind jetzt leer. Ich frage mich, ob mein Glühen immer noch anhält und ob man es sehen kann.

## Montag, 13. August

Die Terrassentüren der Küche stehen in der Hitze sperrangelweit offen. Ich sitze auf der Treppenstufe und spiele Karten mit Jude, als sich über das Rauschen des Verkehrs der Gesang eines Vogels erhebt. Wir plaudern herum, über Mythologie und Tiere – dies und das. Als Gesprächspartner war ich noch nie gut. Von der Kunst des Unterhaltens kenne ich die Regeln nicht. Entweder ich quatsche drauflos, verbreite Wissen, ohne der anderen Person auch zuzuhören, oder ich glotze stumm in die Gegend und habe keinen Plan, wie ich am Gespräch teilhaben könnte. So ist es schon immer gewesen. Mit Jude allerdings fühlt es sich leicht an. Es gibt keine sonstigen Zuhörer, kein Gemecker, keine Gruppe, kein Mobbing. Dennoch bin ich vorsichtig. Als würde ich erwarten, dass jemandem etwas Verächtliches rausrutscht, vielleicht sogar aus Versehen. Die Lage wird dadurch erschwert, dass Mum in der Küche sitzt und für nächste Woche einen Besuch an der neuen Schule plant, was mich in gleicher Weise mit Grauen und Vorfreude erfüllt. Die Chance eines Neubeginns wird von dem Gedanken begleitet, dass ich niemanden kennen werde und außer Jude auch noch niemanden in der Nähe unseres Hauses getroffen habe. Und ehrlich gesagt, habe ich auch niemanden treffen wollen.

Als er zum Mittagessen zurück zu sich nach Hause geht, setzt ein leichter Wind ein und bläst mir augenbesetzte Flügel vor die Füße: ein taumelndes Pfauenauge. Schnell hole ich etwas Zuckerwasser aus dem Haus, aber er will nichts davon nehmen. Ich halte ihn auf meinem Finger hoch in die Luft – er fängt ein wenig an zu flattern. Dann setze ich ihn auf eine Blüte des Schmetterlingsbaums, dort trinkt er ein wenig. Ich warte ab, beobachte ihn, aber er fällt zu Boden. Ende eines Lebens.

Ich muss zurückdenken an letzten August, als Bláthnaid ein hauchdünnes, staubiges Pfauenauge auf der Straße fand, dessen Flügel noch immer schlugen. Sie trug es an ihrer Brust nach

Hause wie eine lebende Brosche, und dort blieb es auch den ganzen Tag über, während sie ihm freundliche Dinge zuflüsterte und Essen und Wasser anbot. Als das Ende kam, setzte sie es in ihre »Kiste für Sachen«, eine Gedenkkiste für die einstmals Lebendigen. Obwohl alles in der Kiste tot ist, sind die Wesen in Bláthnaids Erinnerung lebendig. Sie liebt sie alle.

Während ich auf der Terrassentreppe sitze und an Bláthnaids Kiste denke, läuft mir eine Träne über die Wange. Aus Bláthnaids Sicht gibt es keine Rangordnung des Lebens, und deswegen gibt es eigentlich auch keine Rangordnung des Lebens in der Welt. Die kleinsten Geschöpfe haben denselben Stellenwert und verlangen genauso viel Aufmerksamkeit und Achtung wie jene, die durch die Savanne ziehen, durch die Lüfte fliegen oder sich von Baum zu Baum schwingen. Für Bláthnaid wie für mich sind alle gleich.

**Dienstag, 14. August**

Das Kreischen spielender Kinder wirbelt von Haus zu Haus. Durch das hintere Fenster kommt das unregelmäßige Rauschen von Autos und Lastern – doch ist es gar nicht so schrecklich, da die Bäume unseres Gartens uns von der Fahrbahn abschirmen. Zum ersten Mal lebe ich in einem Haus mit ausgewachsenen heimischen Bäumen. Die efeuumrankten Stämme vibrieren vor Leben.

Vor dem Frühstück verlasse ich üblicherweise die Geräuscheblase, die Lorcan durch das Klimpern auf seinem MIDI-Keyboard in unserem Schlafzimmer produziert, und gehe nachschauen, was am hinteren Ende des Gartens los ist. Dort passieren viele wunderbare Dinge. Und seit Dad zwischen Kirschbaum und Eberesche eine Hängematte aufgehängt hat, ist es Teil meiner Morgenroutine geworden, darin noch etwas zu schaukeln, solange der Berufsverkehr nicht zu dicht ist. Von hier aus sehe ich eine Kohlmeise, die ihre Jungen füttert und immer wieder losfliegt, um Raupen und Spinnen als Futter zu suchen. Die Jungen haben sich aufgeplustert und wirken genauso matt wie ihre erschöpften Eltern. Ihre Federn zeigen ein zartes, feines Fischgrätmuster und einen Hauch von Grün. Ihr Ruf (vier schrille Piepser) wird schnell beantwortet. Sie scheinen mit der Jungvogelzeit spät dran zu sein. Eigentlich brüten Kohlmeisen zweimal im Jahr, aber da wir unsere Jungvögel in Fermanagh schon vor einiger Zeit zurückgelassen haben, bin ich mir unsicher, ob die Vögel im County Down bei der ersten oder der zweiten Brutrunde sind. Ich muss erst reinkommen. Das braucht noch Zeit, aber bald werden die Jahreszeiten alles erzählen, was ich wissen muss. Der Jahreslauf wird sein Geheimnis offenbaren.

Ich schließe die Augen und lausche genau auf die vierteiligen Hungerrufe, bis ein Rotkehlchen, das die feuchte Luft mit ausgefeilteren Kaskaden erfüllt, sie übertönt. Ein Rascheln im Laub macht mich auf ein Rotkehlchenjunges aufmerksam, das ganz anders aussieht als Rotkehlchen im ausgewachsenen Zustand – keine rote Brust, tweedartiges Gefieder in zehn verschiedenen Braunstufen und eine gesprenkelte Haube. Rechts von mir hopst es immer wieder aus dem Gebüsch heraus und hinein. Beim genaueren Betrachten sehe ich, dass es die weißen Schnabelränder der Frischgeschlüpften nicht mehr hat, seine Federn sind glänzender und haben schon erste Anzeichen einer Rotfärbung. Es hüpft entschlossen los und fliegt hinauf zum Futterhäuschen. Unser erster Besucher! Die Häuschen hängen seit einer Woche, doch bisher ist nichts passiert. Ein ausgewachsenes Rotkehlchen braust mit Macht heran, der Jungvogel huscht hinüber in die Zypressenhecke und ist weg. Der Ausgewachsene plustert die Brust, wirft sich in Pose und ruft herausfordernd in den schönsten Tönen – ein Akt der Auflehnung.

Wir alle haben unseren Platz auf der Welt, unser Eckchen. Das müssen wir erkennen, müssen uns großzügig und gefühlvoll darum kümmern. Vielleicht kann das hier mein Eckchen sein, hier im County Down, wo ich Gedanken denken, Vögel beobachten und sanft in einer Hängematte schaukeln kann. Aber reicht das aus? Ist die Fahne hochhalten schon ein Akt des Widerstands, eine Rebellion? Ich weiß es nicht, lächle aber trotzdem, denn jeden Tag fühle ich mich etwas leichter.

**Donnerstag, 16. August**

Heute sirrt unser Garten von Vögeln: Kohl-, Blau- und Tannenmeise, Amsel, Drossel, Elster, Dohle, Saatkrähe, sie alle weiden auf dem Rasen, picken in den Vogelhäuschen. Ich könnte ihnen den ganzen Tag mit Freude zusehen, aber im Osten zieht Regen auf, also beschließen wir, an die Küste bei Murlough zu fahren, um in der Sonne zu bleiben. Eigentlich bin ich ungern in der Sonne. Ihr Licht ist mir zu hell, ihre Hitze zu heiß, am liebsten würde ich mich vor ihr verstecken – aber wo? Durch den aufziehenden Regen fühle ich mich auf den Dünen von Murlough von Seewind und Wärme umarmt.

Das Dünensystem hier ist sechstausend Jahre alt, empfindlich und ein spektakulärer Anblick. Die ungewöhnlich hohen Dünen bildeten sich im späten dreizehnten und im vierzehnten Jahrhundert durch gewaltige Stürme und wurden von den Menschen im Mittelalter als Gehege für Kaninchen genutzt, die sie wegen ihres Fleischs und ihrer Felle hielten.

Grasende Kaninchen förderten die Entstehung gräserreicher Heide, doch als hier, wie in anderen Teilen Irlands und Großbritanniens, in den 1950ern erstmals die Kaninchenpest ausbrach, wurde der Bestand so gut wie ausgelöscht. Durch die wenigen Kaninchen konnten Sanddorn und Bergahorn wachsen, und aus der Heide wurde Buschland. Heute steuert der National Trust die Landschaftsentwicklung in Murlough, bewirtschaftet die

Fläche, sodass sie wieder zu Heide wird – und gemessen an den Köttelmengen, die hier herumliegen, gedeihen die Kaninchen wieder prächtig.

Der Tag strahlt, der Wind schüttelt und schiebt die Wolken. Lorcan und Bláthnaid wollen schwimmen gehen, also spaziere ich mit meinem Fernglas den Strand entlang. Draußen über dem Meer einige Schemen, ich halte inne: eine Dreifaltigkeit dahinzischender Tölpel-Torpedos. Die Vögel stoßen herab, kreisen, gehen in den senkrechten Fall, trudeln bis zum Schluss um die eigene Achse, schießen als Pfeile ins Wasser. Schwalben sind in der Luft – ich kann ihre schwerelosen, stets bewegten kleinen Körper deutlich sehen. Innerlich steige ich mit ihnen auf.

Meine dunklen, verknoteten Gedanken bleiben mir fürs Erste fern, wie es scheint. Ich fühle mich frei wie die Tölpel und Schwalben. Wenn sie ihr Leben leben können, kann ich das doch auch! Kann ich etwa nicht atmen und leben und auch kämpfen? Die Natur – auch wir gehören dazu – steht vor riesigen Herausforderungen, die einen leicht überwältigen und depressiv machen können. Aber wir müssen sie in den Griff bekommen, und wenn ich nicht mehr hier bin, lebendig, kann ich nicht Teil der Lösung sein. Was hält mich eigentlich zurück? Angst? Depression? Autismus? Das sind die Fesseln. Sicher kann ich sie abschütteln. Oder sie wenigstens als Teil von mir akzeptieren. Ich habe keine Antworten, aber die Leichtigkeit dieser Gedanken und dieser Tage verbindet meinen Körper und Geist mit allem um mich herum. Richtig verwoben bin ich nur mit einem: der Natur, wie wir alle.

Lorcan und Bláthnaid kommen zu mir gerannt, ich renne zu ihnen, jubelnd rennen wir zusammen weiter. Gemeinsam werden wir langsamer, spüren alle die Anziehung der großen, seltsamen, am Strand verstreuten Kalkgehäuse. Wir heben je eines auf, halten sie weit von uns in der Hand, wie feines Porzellan. Sie sehen aus wie weißliche, von symmetrischen Linien überzogene, pockennarbige Planeten. Ich schüttle meines, höre das

Flüstern von Sand und Vergangenheit. Es sind die Skelette von Herzigeln, einer Seeigelart, die im Meeresgrund vergraben lebt, mit Pocken, die früher einmal Stacheln hielten, und einer ausgeblichenen Kalziumkarbonat-Schale, die sehr schnell zerbricht, zu Lande wie zu Wasser. Jeder Herzigel ist ein Wunder. So viele zeitgleich angespülte Wunder.

Wir lesen einige auf, und Lorcan versieht die drei schönsten mit Namen: »Sandy, Sam und Sandra.« Er unterhält sich mit ihnen, den drei Herzigeln, und wir müssen so sehr lachen, dass Tränen aufsteigen und fast fließen, und wir lachen immer noch, als ein warmer Regen einsetzt. Bei diesem dunklen Himmel bin ich frei von allen Zweifeln, dass ich unserem Planeten helfen kann. Stattdessen bin ich bereit und voller Energie. Tropfnass und frierend und mit klappernden Zähnen, immer noch irre kichernd, spüre ich, dass sich Hoffnung in den Regen mischt. Ich selbst sein reicht.


**Sonntag, 19. August**

Heute liegt die Luft süß auf der Zunge. Tagelang habe ich alles gesehen wie Dorothy in Oz. Ich bin mir nicht ganz sicher, was passiert ist. Vielleicht hat der Serotoninwert in meinem Gehirn auf wundersame Weise einen Gleichgewichtszustand erreicht. Vielleicht hat auch geholfen, dass ich mit Mum rede und alles aufschreibe. Ich weiß es nicht. Der Nebel hat sich verzogen, und ich sehe alle Feinheiten.

Heute Morgen fährt Dad uns alle zum Tollymore Forest Park, dem ersten, 1955 eröffneten staatlichen Waldpark Nordirlands. Der Regen hat aufgehört, die Affenhitze der vorherigen Wochen ist vorbei. Bevor ich ins Auto steige, spüre ich ein sonderbares Kribbeln: Auf meiner Schulter sitzt ein kleines Lebewesen. Ich brauche einige Sekunden, bis ich verstehe, dass es ein Gemeiner Rückenschwimmer ist – außerhalb des Wassers ist er nicht wiederzuerkennen und nackt. Ich frage Dad, ob er das Wesen identifizieren kann, und wir alle bestaunen das Prachtstück. Die ruderförmigen Beine sind noch ausgestreckt, hängen auf meiner hellblauen Fleecejacke, als wäre sie die Oberfläche eines Teichs. Hätte ich ihn nicht gespürt, wäre uns ein magischer Moment vorenthalten worden – dabei ist es das Augenmerk auf diese winzigen Funde, das uns alle miteinander verbindet. Die Wunder der Natur. Der Gemeine Rückenschwimmer setzt seine Flügel in Bewegung und fliegt davon, verschwindet aus unserem Blickfeld, hinterlässt uns aber als Geschenk ein Gesprächsthema, das uns bis zum Tollymore Forest Park beschäftigt.

Bei unserer Ankunft gibt es auf dem Parkplatz einen überwältigenden Menschenauflauf und Lärm, der uns daran erinnert, warum wir bisher noch nicht hier gewesen sind. Dieser Angriff auf meine Sinne erschreckt mich. Ich versuche, die Gedanken zur Seite zu schieben, lenke mich selbst mit den großen Straßenkarten ab. Wir beschließen, den zweitlängsten Pfad entlangzuwandern, den »roten«, der hoffentlich nicht zu anstrengend und doch nicht ganz so voll ist. Beim Eintreten in den Wald werden die Massen weniger, und der Vogelgesang übertönt das Menschengeplapper.

Normalerweise wandert unsere Familie sehr langsam, aber heute marschieren wir zielgerichtet den Shimna River entlang, queren die Parnell's Bridge und lassen den Trubel hinter uns. Ein goldener Fleck fällt mir ins Auge: ein Klebriges Schönhorn aus der Familie der Tränenpilzverwandten, dessen Ranken sich aus dem Boden hinaufschlängeln. Es ist schwammartig anzufassen, etwas glitschig. Schön in seinem Glanz, eine Sonnenlampe auf dem Waldboden. Ich stochere herum und finde, bedeckt von Laubstreu und umgeben von leuchtendem Moos, das Stück Holz, von dem aus es wächst. Sein lateinischer Name, *Calocera viscosa*, bedeutet »schön und wächsern« *(Calocera)* und »zähflüssig/klebrig« *(viscosa)*, obwohl es sich momentan überhaupt nicht klebrig anfühlt, da der Regen kürzlich nur kurz fiel und es seitdem die ganze Zeit trocken ist.

Der Tollymore Waldpark wurde 1752 als Arboretum angepflanzt, mit einer Mischung aus heimischen Bäumen und Exoten wie Eukalyptus und Andentanne. Die Eichen aus Tollymore wurden zur Innenverkleidung der Schiffe der White Star Line genutzt, unter anderem der *Titanic*. Wir eilen durch ihn hindurch, laufen zu einer Hochebene hinauf, wo ich stehen bleibe, einem Bussard lausche und ihn sogar kurz sehe, wie er hinter den Bäumen niederfährt. Kurz darauf beuge ich mich hinunter, um meine Schnürsenkel zuzumachen, da sehe ich vor mir – nicht mehr in Gebrauch, aber ungeheuer schön – ein Nest. Vorsichtig hebe ich es auf und wende es in meinen Händen, erfreue mich, wie kompliziert es aus Zweigen, Wurzeln und Moos geflochten ist und innen auch noch mit Haaren und Federn ausgepolstert wurde. In meinem Kopf durchlaufe ich die Möglichkeiten, warum das Nest am Boden lag: Wurde es ausgeräubert? Hat der Wind es heruntergeblasen? Wurde es vom Baum gestoßen, nachdem die letzte Brut flügge war?

Ich nehme das Nest auf meinem Gang mit, in Hochachtung vor der Komplexität, der Handwerkskunst. Eine krabbelnde Gestalt kommt daraus hervor: eine Spinne, eine Gartenkreuzspinne, mit einem Kreuz und weißen Punkten am Hinterleib. Ich liebe Spinnen, vor allem die Gartenkreuzspinne, aber auch andere Echte Radnetzspinnen. Sie sind so faszinierend anzusehen – es schmerzt mich, wenn ich denke, dass manche Menschen sie einfach töten oder sie als ekelhaft bezeichnen. Als die Gartenkreuzspinne zurück in ihr Versteck flitzt, lege ich das Nest zurück auf den Waldboden, obwohl ich es eigentlich gerne behalten hätte. Es wird zwar nicht mehr von Vögeln benutzt, doch dient es jetzt einer Spinne als Unterschlupf und vielleicht auch als Nahrung. Ein Habitat im Taschenformat, das ich nicht stören möchte.

Ich bin ziemlich weit hinter die anderen zurückgefallen, also beeile ich mich, um sie einzuholen, hüpfe dabei sogar ein bisschen, weil ich so froh mit meiner Familie bin. Als wir Hore's Bridge und das Plätschern des Spinkwee River erreichen, sind wir an einer recht hohen Stelle und können die Dohlen- und Krähenversammlungen in den Bäumen unter uns beobachten, eine Parlamentssitzung, in der es womöglich um Interessanteres geht als in unseren Menschenregierungen.

Je mehr ich über Politik lese oder höre, beschäftige ich mich als Reaktion darauf noch intensiver mit der Tier- und Pflanzenwelt. Allein der Gedanke an unsere Situation hier in Nordirland macht mich sehr wütend und frustriert – die beiden großen Parteien bleiben beide dies- und jenseits einer alten Grenze. Muss ich erst nach Stormont in die Regierung kommen, damit das anders wird? Entscheidet sich alles in Westminster oder bei den Vereinten Nationen? Kann ich auch von außen etwas verändern?

Ich lausche wieder den Krähen, lasse ihre Rufe tief in mich hinein, bis zum Verwahrungsort für Erinnerungen. Auch den Bussard höre ich kreischen, kann ihn aber nicht sehen. Ich schließe die Augen, um ein bisschen auszuruhen, und so bekomme ich das leichte Flussrauschen zu hören. Eine Amsel singt – vielleicht ist es das letzte Lied des Sommers.

Ich laufe weiter, renne den Hang hinab bis zur Altavaddy Bridge, wo Spinkwee River und Shimna zusammenfließen. Das Wasser schießt über Steine. Aus den Uferhängen ragen feuchte Baumwurzeln, die fast bis in den Fluss reichen. Lorcan und Bláthnaid haben schon ihre Schuhe und Socken ausgezogen und waten durchs Wasser. Ich sitze am Rand des Ufers, wo mir ein Mistkäfer behäbig aufs Hosenbein klettert – ich bemerke den bläulichen Schimmer seiner Beine und den Glanz seiner kohlschwarzen Deckflügel. Ich hebe ihn auf meine Handfläche, drehe ihn mit dem Daumen um. Diese leuchtenden Wesen sind außergewöhnliche Putzkräfte für unsere Landschaft, da sie jeden Tag ihr Eigengewicht in Kot verzehren. Sie zeigen auch ein erstaunliches Paarungsverhalten: Nach Sonnenuntergang sucht sich das

Paar einen geeigneten Kuhfladen, in den sich das Weibchen hineingräbt und Hohlkammern bildet; das Männchen folgt, räumt auf und legt in jeder Kammer ein weiteres Kotpaket ab, bevor das Weibchen dann ein Ei hineinlegt – und wenn der Nachwuchs schlüpft, steht gleich Essen bereit. Kreisläufe wie dieser machen mich sehr froh! Ihre Schönheit und Logik.

Ich bin immer noch in das Paarungsverhalten des Mistkäfers vertieft, als Bláthnaid aufschreit: Sie ist auf einem Stein ausgerutscht und klatschnass geworden. Auch Lorcans Kleider triefen – er hatte offensichtlich Lust auf Klamottenbaden. Auf so was nicht vorbereitet, gibt Mum den beiden ihren Pullover, und sie patschen zusammen zurück zum Parkplatz.

## Mittwoch, 29. August

Wenn rund um unser Haus Seamus Heaneys Worte erklingen, weiß man, es ist Brombeerzeit:

*Wie eingedickter Wein: Das Blut des Sommers war darin*
*Machte Flecken auf der Zunge und Lust aufs*
*Pflücken*[1]

Wir haben den Morgen damit verbracht, an den Wegrändern und im Wald zu sammeln. Die erste Brombeere schickt immer einen glühenden Funken tief nach innen. Ein süßes Feuer. Der Saft tropft mir vom Kinn, und ich spüre die Freiheit wieder, und der elektrisch aufgeladene Gedanke schießt mir durch den Kopf,

---

1 Seamus Heaney, Ausgewählte Gedichte. Selected Poems 1965–1975. Zweisprachige Ausgabe, übertragen und mit einem Nachwort versehen von Henriette Beese, Klett-Cotta, 1984.

dass alles, Gutes wie Schlechtes, ein Ende hat. Und nachdem ich eine Handvoll gegessen habe, fühle ich mich sogar etwas besser bei der Erinnerung, wie ich gestern bei unserem Besuch der neuen Schule den Direktor nur sprachlos angestarrt habe.

Als er mein Undertones-T-Shirt sah, fing er an, davon zu erzählen, dass er in den 1970ern ein Punk war. Ich hätte außer mir vor Freude sein sollen, mit ihm etwas gemein zu haben. Aber mein Gehirn machte einfach nicht mit. Mein Kopf pochte. Augen und Ohren konnten nichts verarbeiten. Mein Magen drehte sich um, und ich bekam einen schlechten Geschmack im Mund. Doch glücklicherweise legte sich das beim Rundgang durch die Schule langsam wieder. Wahrscheinlich entspannte ich mich, weil die stellvertretende Schulleiterin offenbar einen sechsten Sinn hatte – sie gab Lorcan und mir sehr viel Zeit, uns umzusehen. Aber der Stress, einen Neuanfang machen zu müssen, saß tief. Vielleicht war es umso verwirrender, weil die Schule das exakte Spiegelbild meiner alten Schule ist: Beide sind in den 1990ern nach vermutlich identischen Bauplänen entstanden. Keine Verstandesleistung kann mir dabei helfen, die Gefühlswellen zu überwinden. Meine Sinne, mein Körper, mein System lässt es einfach nicht zu.

Zurück aus dem Wald gehe ich zu Hause gleich an meinen Lieblingsort: die Hängematte. Die Luft ist jetzt kühler, der Garten ruhiger (einmal abgesehen vom Verkehr). Schatten strecken sich über die Berge, in denen wir hoch oben in der Thermik Rotmilane haben kreisen sehen. Die Flügel unserer Vogelnachbarn schlagen immer noch, auch die Schwalben sind immer noch da und werden jeden Tag zahlreicher, wenn sie zusammen fressen und sich vor dem anstehenden Langstreckenflug übersprudelnd austauschen. Manche Schwalbenpaare werden im Spätsommer noch eine dritte Brut haben, und sogar diese Jungvögel werden in der Lage sein, zusammen mit den ausgewachsenen die heimtückische Strecke nach Südafrika zurückzulegen, über Frankreich, den Osten Spaniens, Marokko und dann entweder über die Sahara hinweg oder die Westküste Afrikas entlang beziehungsweise im Osten durch das Niltal. Dieser unglaubliche Vogelzug wird mich immer beeindrucken und beflügeln – dass die kleinen Kraftpakete sechs Wochen lang Tag für Tag über dreihundert Kilometer fliegen können, im Wettlauf gegen Hunger und Erschöpfung. Wenn mir die Sorgen über die Schule und all die Neuheit – der Menschen, der Klassenzimmer – über den Kopf zu wachsen drohen, denke ich einfach an die Ausdauer und Entschlossenheit der Schwalben.

# HERBST

FAST NICHTS IST SCHÖNER *als die langsame Neigung des Lichts, die feurige Färbung der Landschaft. Obwohl das Leben in ein Stadium langsamen Welkens kommt und leise ein Wiegenlied erklingt, birst etwas aus dem Boden, verbindet sich unter unseren Füßen, Myzelstränge verweben sich und bringen aus dem Dunkel Früchte hervor. Pilze. Früchte des Waldes. Jeden Tag gehen wir über diese unsichtbaren Gebilde, ohne zu wissen, wie unverzichtbar sie für das Leben auf der Erde sind. Ein verstecktes Verbindungsnetz voller Wunder.*

*Der Erdboden riecht im Herbst anders, berauschend. Ein riesiges Ausatmen von Gemischen, die meine Sinne in Schwung bringen. Und während das Land ausatmet, atme ich kräftig ein, überdecke damit die wachsende Angst vor der anstehenden Neuheit. Neue Schule, neue Menschen, neues Orientieren. Der Kummer, wenn auch nicht mehr akut, nagt weiter.*

*Die letzten Monate waren turbulent, und ich darf gar nicht an die Verluste denken, die verlorenen Tage. Stattdessen konzentriere ich mich auf Protest und Erhebung. Auch ich erhebe mich aus der Dunkelheit, spüre das Licht und die Wärme des Bodens, während ich unter einer gewaltigen Birke auf dem Waldboden liege.*

*Um mich herum stehen fünf, sechs Fliegenpilze. Genau wie sie habe ich mich geöffnet und entfaltet. Ich fühle mich widerstandsfähiger, kräftiger. Die Jahre von bösen Hänseleien, Schlägen, von Ausschluss, Isolation, Hilflosigkeit: Alles Verletzungspotenzial wurde abgelöst von Sinn und Zweck. Mein jetziges Leben dreht sich allein darum. Ich kann die Natur nicht nur lieben. Ich muss meine Stimme weiter erheben, um ihr zu helfen. Es ist meine Aufgabe, unser aller Aufgabe, sie zu unterstützen und zu schützen. Wir sind mit ihr verwoben, hängen von ihr ab, sie ist unser Lebenserhaltungssystem, Lebenspartner, Lebensspender.*

*Aber ist schreiben genug? Ich merke, dass es nicht genug ist. Bei Weitem nicht genug. Ich muss überlegen, wie ich mich sonst noch erheben kann.*

*Die Birkenblätter streuen das Licht. Die Fliegenpilze sind mit weißen Flocken bestreute rote Juwelen, die hell auflodern und vergangene Momente in mir wachrufen: Ich bin wieder vier, zusammengekauert, vor einem Mann mit langen weißen Haaren und einer Brille – auch ich habe gerade meine erste Brille bekommen. Er hat eine Holzkiste voll mit Früchten des Waldes; jeder Pilz fasziniert, verlockt, hypnotisiert mich. Ich fühle eine Verbindung. Schon damals also hörte ich genau zu und löcherte den Mann mit Fragen. An seine Freundlichkeit erinnere ich mich nicht genau, aber mir hat sich ein Eindruck von Freundlichkeit eingeprägt, und der Funke war übergesprungen. Ein Lernbedürfnis brannte in mir.*

*Mehr von diesem Tag weiß ich nicht mehr, wie gern würde ich mich erinnern. Wie roch es? Welche Geräusche hörte ich? Was waren genau meine Worte? Mum und Dad haben Fotos von mir: winzig und ernst und bebrillt und offensichtlich so angefixt, dass ich meine Sparbüchse leerte und in Erwachsenenbegleitung zu Waterstones ging, wo ich die Münzen für mein erstes Bestimmungsbuch auf den Tresen legte: einen Pilzführer von Roger Phillips* (Mushrooms and Other Fungi of Britain and Europe). *Mum kaufte mir auch einige Bilderbücher, von denen mir Simon Frazers* The Mushroom Hunt *(Die Pilzjagd) mit seinen klugen Worten und den großartigen Illustrationen das liebste war. Der Pilzführer und das*

*Bilderbuch sind heute beide zerlesen und haben Eselsohren, doch werden sie weiterhin geliebt.*

*Mein Körper fühlt sich leicht, als ich mich auf den Bauch rolle und die Fliegenpilze anstarre, bis sie verschwimmen. Schamanen hielten sie für heilig, man schenkte sie sich zur Wintersonnenwende, vielleicht wegen ihrer halluzinogenen Wirkung (diese würde ich nie testen wollen, obwohl der spezielle Wulstling bisher nicht viele Menschenleben gefordert hat). Er ist so schön. Der Inbegriff des »Krötenstuhls« im Märchen. Manche sind klein und rund, fangen gerade erst an zu erröten. Andere sehen eher aus wie »Zwergenteller«. Ich berühre die schwammartige, etwas feucht-klebrige Oberfläche. Ich rieche daran: nur ein schwacher Geruch von Süße. Dann rolle ich zurück auf den Rücken, denke an die kommende Jahreszeit. Neuanfänge in der Schule – eine Schule, die hinten und an der Seite von schützenden Bergen umgeben ist, vorne vom Meer. Ein neuer Horizont. Ich habe versprochen, den Kopf oben zu behalten. Ich habe eine Aufgabe. Eine Reise liegt vor mir, sicherlich mit Hindernissen, aber sie werden mich nicht aufhalten, ebenso wenig, wie das Wachstum von Früchten an Baum und Boden sich verhindern lässt. Ich kann leise kämpfen und laut, beides mit Demut. Ich habe meine Wurzeln, aus Ideen, Plänen, Hoffnung. Ich kann wachsen. Das Stadium als Spross geht zu Ende, es wird Zeit, dickere Äste zu bekommen, zu reifen.*

**Sonntag, 2. September**

Ich habe es mir zur Angewohnheit gemacht, fast jeden Morgen im Waldpark spazieren zu gehen. Es gibt dort eine Stelle gleich hinter dem Heckenlabyrinth, auf einem Wiesenstück abseits vom Hauptweg, wo ich ungesehen sitzen und das schäumende Weidenröschen betrachten kann, dessen gefiederte Samen der Wind fortbläst. Von hier aus blicke ich zu den Bergen am Horizont oder beobachte, wie Kaninchen in ihre Höhlen hineinrennen und wieder heraus – manchmal kommen sie ganz nah an mein stilles Verharren, ungefähr zwanzig, alle mit zuckenden Nasen und huschenden Konturen.

Beim Blick aus unserem alten Haus im County Fermanagh war Cuilcagh Mountain der Horizont, flach und einladend wie eine ausgestreckte Hand. Eine schützende Hochfläche. Nun teilen wir den Raum mit den Mourne Mountains, die in reliefreichen Wogen aufragen, mit Tälern und Spitzen, unser Narnia. Ich sehne mich danach, in die Felsspalten zu rennen, die zerklüfteten Ränder entlang. Mit der Zeit werden die Mournes und ich ineinander leben.

Hier summt der Verkehr nicht so laut wie in unserem Garten. Ich lege mich rücklings hin und beobachte die Dohlen, während die Temperatur des Tages langsam steigt. Die Vögel hüpfen spielerisch herum, der Waldboden verstärkt ihre »Space Invader«-Sounds. Ich spüre wie so oft, dass sich der Erdboden bewegt. Ich spüre alle Bewegungen dort unten, all das Leben. Und in mir ist es auch. Als ich auf dem Rückweg nach Hause an einer Stelle voller Weidenröschen stehen bleibe, höre ich noch die Heuschrecken singen.

Im Haus herrscht Betriebsamkeit. Die Schule wird am nächsten Dienstag beginnen, und für Lorcan und mich hängen Uniformen an der Küchentür, die mich höhnisch anschauen. Die leeren, schlaff herabhängenden Kleider warten darauf, dass ich sie ausfülle; und wer weiß, ob sie vielleicht schon bald von anderen zerrissen werden. Ich bewege mich eilig an ihnen vorbei, möglichst ohne ihnen nahe zu kommen, hin zur Menschenansammlung in der Küche. Die Landkarte liegt auf dem Tisch, und es riecht nach Kaffee. Bláthnaid presst Löwenzahnblüten in einem Notizbuch, Lorcan liest in einem Geschichtsband der Usborne Encyclopedia. Er ist immer noch fasziniert von Kommunismus und Kaltem Krieg – um ihn herum überall Zeichnungen von Hammer und Sichel.

Wenn wir (mit »wir« meine ich Autisten) uns für etwas interessieren, würden die meisten Menschen von einer Obsession sprechen. Faktisch ist es aber keine Obsession. Es ist nicht gefährlich, ganz im Gegenteil. Sich mit einem Thema ganz genau zu beschäftigen ist befreiend und wichtig für die Funktionsweise meines Gehirns. Es beruhigt und entspannt: Informationen sammeln, Muster erkennen, Dinge ordnen und in eine Reihenfolge bringen ist ein Muskel, den ich trainieren muss. Ich nenne das lieber Leidenschaft. Ja! Und es ist für uns wirklich wichtig, dass wir unseren Leidenschaften nachgehen können.

Die ganze Familie scharrt mit den Füßen, brennt darauf, hinauszugehen in den Tag. Die Wärme lockt, also fahren wir zum Wald von Crocknafeola, um dort eine Wandertour zu machen – nicht den ganzen Berg hinauf, da wir später noch Dinge erledigen müssen, und Berge hebeln die Zeit aus; man braucht Stunden. Die hoch aufragenden Wächter sind überall, und doch fühle ich, wenn ich den vor uns liegenden Pfad entlangschaue, den dreigipfligen Slieve Muck auf meinem Rücken sitzen wie einen einsamen Riesen, der irgendwie anders ist als die anderen. Wir machen Rast auf dem Parkplatz und decken uns reichlich mit Brombeeren ein, schlagen uns zwischen nach Kokos duftenden Ginstersträuchern die Bäuche voll. Dann folgen wir einem kleinen Pfad und dem Ruf eines Schwarzkehlchens weiter den

Hang hinauf, stetig am Rand des Waldes entlang. Größtenteils besteht er aus Nutzholz, doch gibt es auch Bereiche, in denen sich Weide und Haselnuss durchsetzen.

Als wir uns aus dem Blickfeld auf Slieve Muck herausbewegen, werden meine Füße spürbar leichter, und mein Puls beruhigt sich – meine Angst vor der Schule fließt ab in den Boden. Dann meldet sich in mir die knisternde Vorahnung, dass mich etwas erwartet, und als ich nach unten schaue, flattert es dort in Orange, ein vages, über bernsteinfarbene Flügel gesprenkeltes Licht: kleine Feuerfalter, ungefähr zehn, mit- und beieinander. Einige sind ganz zerfranst, andere unversehrt. Sie wandern und setzen sich aufeinander, die mit zerschlissenen und die mit noch samtigen, strahlenden Flügeln, beginnende und endende Lebenswege, alle beisammen.

Nur zögerlich lasse ich den Glanz der Schmetterlinge hinter mir, als wir rund um den Wald weiter nach oben wandern, wo im kalten Hauch der Bäume Mückenwolken die Sonnenstrahlen umtanzen. Die Wanderung wird monoton, aber das Licht bleibt außergewöhnlich, färbt zu beiden Seiten des Schonungsdunkels die Pfade golden. Libellen surren über uns hinweg. Das Knarren von Eichelhähern zieht uns in seinen Bann. Ich fühle mich immer noch leichtfüßig, bis wir an eine Stelle kommen, an der der Weg überschwemmt ist – entweder müssen wir diesen Bereich umgehen, den Hang hinauf, durch Brombeeren und Ginster, oder wir müssen hindurchwaten. Lorcan und Bláthnaid ziehen bereits aufgeregt ihre Schuhe und Socken aus, fast hysterisch lachend. Dad merkt, dass er wohl dasselbe tun muss. Rosie kommt mit der Überschwemmung nicht klar – Windhunde, vor allem solche, die im Renngeschäft einen harten Start hatten, können sehr schnell altern. Voller Anmut und Abscheu schüttelt sie ihre Pfoten, wenn sie nass werden – vielleicht haben wir sie in den letzten fünf Jahren zu sehr verhätschelt, sie ist wirklich kein wagemutiger Hund. Mum fragt, ob wir Hilfe brauchen, bekommt daraufhin alle Schuhe und Socken gereicht, lehnt dann aber die Option, hinüberzuwaten, für sich selbst ab und geht durch das dichte Gestrüpp am Hang entlang. Wasser und Schlamm würden der Haut eines jungen Naturforschers wunderbare Sinneseindrücke liefern, aber diese Freuden muss ich noch zu schätzen lernen – keine Ahnung, warum schmatzender Matsch für mich so widerwärtig ist. Auch ich wähle die Option über festen Boden, obwohl Kratzer und Schnitte unvermeidlich sind.

Ich bin schnell abgelenkt und entdecke einen Blaubeerbusch mit fünf sich sonnenden Siebenpunkt-Marienkäfern: Einer hebt die Deckflügel und fliegt mit Gesumm die kurze Strecke auf meinen ausgestreckten Finger. Dort bleibt er einige Sekunden sitzen, spaziert dann hinunter zu meinem Handgelenk, wo ich das Kitzeln seiner Beine spüre. Als ein direkter Sonnenstrahl ihn trifft, fliegt er davon. Ich stehe still, beobachte die verbleibenden Käfer, wie die Schatten aufsteigen und herabsinken, wie die Strahlkraft des Rots je nach Wolkenstand variiert.

Unser Pfad ist über eine längere Strecke stellenweise überflutet – kürzlich wurden hier viele Bäume gefällt, sodass ich mich frage, ob das irgendwie zusammenhängt. Die Pfützen sind torfig, auf manchen schwimmt eine bunt schillernde Schicht. Bláthnaid, der das Wasser bis an die Waden geht, führt den Tross an, ihren Papageientaucher aus Plüsch von Rathlin Island fest an die Brust gedrückt. Dann folgen Dad und Lorcan mit der weiterhin widerwilligen Rosie. Lorcan ist der offizielle Rosie-Flüsterer. Ihre Verbindung ist die stärkste. Meistens kann er sie gut zum Durchqueren von Pfützen überreden. Aber heute schüttelt Rosie am Ende des Weges, obwohl die Menschen in bester Laune sind, angewidert die Pfoten und wirkt von alldem wenig begeistert. Dad hat auch nasse Knie, weil er sich hinkauern musste, um einen quirligen Gelbrandkäfer zu beobachten. Ich erinnere mich, wie einer mal in unsere Vogeltränke hineingeflogen war und wie wir diesen Abenteurer mit seiner Luftblase auf dem Rücken bewunderten, der überall, wo er hingeht, seinen

Sauerstoffvorrat mit hinnimmt, ein Räuber auf Beutezug, der alles und jeden frisst. Wir folgen einer Biegung und kommen aus dem Wald heraus, mit Blick auf den Slieve Muck, genau dort, wo wir losgegangen sind. Bevor wir den kurzen Weg hinunter zum Auto gehen, wischen wir unsere Füße so gut wie möglich ab. Es ist sehr heiß, die Sonne hat ihren Höchststand erreicht, und vom Tag ist noch viel übrig.

Auf dem Heimweg von Crocknafeola machen wir einen Halt an der Brücke über den Whitewater, kurz vor Kilkeel, an einem besonders schönen, schnell fließenden Abschnitt, mit einem Steinwehr, dessen oberste, vom Spritzwasser befeuchtete Steine mit Moos bedeckt sind. Die Lachse springen hier zuckend über das Wehr, bevor sie sich etwas weiter aufwärts in den Flussbecken erholen und dann weiter nach Norden ziehen. Weißdornbüsche und Erlen ragen über den Fluss, lindgrüne Blätter berühren beinahe das Wasser.

Wir machen als Familie oft und gerne Ausflüge an Orte, die nah an Gewässern sind. Seit unserem Umzug ins County Down hat Dad unten im Süden alle Flüsse der Mourne-Gegend fotografiert – in Fermanagh hatte er das auch gemacht, hat sich auf die Suche nach ihrer Quelle begeben, nach ihrer Geschichte, hat geforscht, wie sie in den Orten, durch die sie fließen, Kultur und Sprache geprägt haben. Ich starre in das Wehr, wo etwas auf- und abhüpft, eine Wasseramsel – Stromschwimmerin und Senkrechtläuferin, der Heilige Gral für Flussbeobachter. Sie hüpft von Stein zu Stein und verschwindet, und das alles, während Dad bei seiner Kamera auf den Auslöser drückt.

**Samstag, 15. September**

Das erste herabfallende Laub trudelt mir vor die Füße, fliegt wieder auf, taumelt, wird fortgerissen, fällt wieder. Der Herbst beginnt, und der Wind wird kälter. Ich stehe auf den Ausläufern des Slieve Donard. Die Mutter der Mournes überragt alle anderen, wie Kinder um sie gescharten Gipfel, die auch gern wissen wollen, wie sie so groß wurde. Der Glen River rauscht und überdröhnt das lautstarke Baumklettern von Lorcan und Bláthnaid. Ich sitze da und bestaune die weiße Gischt mit einem Stich von erdigem Braun. In diesem weitläufigen Wald im Schatten der Berge fühle ich mich wie ein Staubkorn. Knoten knorriger Eichenwurzeln breiten sich in alle Richtungen aus, bilden eine Treppe, hoch hinauf zu einem unsichtbaren Gipfel, ausgetreten von Wanderern, so vielen Wanderern. Ich mache es mir außer Sichtweite unter einer Erle gemütlich, suche ein wenig Halbdunkel gegen die Helligkeit und den Lärm des Tages. Das Zischen des Gebirgsflusses ist nicht ganz unähnlich dem Lärm, den ich die ganze Woche über im Hirn hatte.

Was für eine Woche! In den frühen Morgenstunden des Montags wachte ich schweißgebadet auf. Mein Herz raste, und meine Brust war so eng, dass ich dachte, ich ersticke. Als die Zeit kam, das Haus zu verlassen, und ich die ersten eigenständigen Schritte von der Haustür wegging, versteifte sich mein ganzer Körper. Dann, als wir uns auf dem Parkplatz verabschiedeten, gab ich Dad vorgefertigte Antworten, damit er sich keine Sorgen machte. »Danke. Ja. Wird super. Geht mir gut.«

Die Angst schnürte absolut alles ein, als ich mit Lorcan vom Auto zum Schultor ging und das Teeniegekreische und -gequatsche in meinem Kopf auf Stadionlautstärke anschwollen. Ich blieb kurz stehen, schaute über das Fußballfeld hinüber zu den etwa zwanzig Austernfischern, die friedlich vor sich hin watschelten und Würmer suchend im Boden bohrten. Ich fühlte alte Wunden sich öffnen. Lorcan zog mich am Ärmel der Schuluniform, damit ich weiterging, aber ich schüttelte ihn ab, um noch einen Moment länger zu schauen. Ich musste mich am Schwarz-Weiß der Gefieder weiden, daran, wie orangefarbene Schnabelspeere in den Boden stachen. Die Austernfischer begannen zu piepsen, zu pfeifen, zu trällern – niemand schenkte ihnen Beachtung, was aber auch hieß, es flogen keine Steine, und man ließ die Vögel in Ruhe. Die Geräusche wurden lauter und lauter, und ohne besondere Stimulation oder Störung erhoben sie sich, flogen davon, über die Bäume und Häuser in Richtung Newcastle Beach. Ich schaute ihnen hinterher, in den blauen Himmel, drehte meinen Kopf für einen Blick zum Gipfel des Slieve Donard und empfand die Vorstellung, dass meine Schule am Fuße des höchsten Berges von Nordirland stand, einem der zwölf Stammesführer-Berge auf der irischen Insel, als ein Wunder. Ich fühlte mich von der Bergmasse umarmt. Slieve Donard würde jeden Tag in meiner Nähe sein. Wärme durchzog meinen Körper, löste viele kleine Knoten in mir.

Lorcan und ich wurden von Karen, der stellvertretenden Schulleiterin, zur Sporthalle geführt. Einige Schüler\*innen trugen Hoodies und Sportoberteile mit dem Schulwappen darauf, andere hatten wie wir die Jacken der Schuluniform an. Aufgeregtheit lag überall in der Luft, und keiner von uns wusste, was auf uns zukommen würde, welche Regeln und Regularien uns erwarteten.

Lorcan wurde von seinem »Paten« abgeholt, und ich wurde meinem vorgestellt: Felix. Und obwohl es zu Anfang seltsam und unangenehm für mich war, als wir anfingen, miteinander zu reden, gab es viel, was wir gemeinsam hatten, zum Beispiel die Vorliebe für Mathe und Naturwissenschaften. Und während der Tag voller neuer Gesichter vorbeirauschte, spürte ich bereits einen kleinen Funken Freundschaftlichkeit. Es gab Schüler\*innen aus Kanada und von der Isle of Man, was bedeutete, dass Lorcan und ich nicht die einzigen Neulinge hier waren. Jemanden zu finden, der einem ähnlich ist und sich bereit zeigt, seinen Verstand etwas auszudehnen, ist unvergleichlich. In meiner vorigen Schule hatten wir einen Club für Brett- und Kartenspiele, und obwohl nicht viel geredet wurde (wir hatten alle mehr oder weniger autistische Züge), herrschte eine Verbundenheit, die in einem so schwierigen Umfeld ein Rettungsring war. Viele von uns trauten sich nicht, nach draußen zu gehen. Wenn wir es taten, wurden wir sofort zur Zielscheibe für alles Mögliche. So als würden wir neonfarbene Signalschilder herumtragen, auf denen steht: Los, hau mir eine rein, weil ich anders bin.

Würde es hier auch so sein?

Dass ich mit Felix ein Sprachrohr (und eine menschliche Landkarte) hatte, half mir, durch die restliche Woche zu steuern: Entspannt zog ich von Raum zu Raum, hatte Freude am Unterricht und verbrachte die Hof- und Essenspausen mit gemeinsamen Spaziergängen über das Schulgelände – in angeregter Diskussion. Noch nie habe ich in der Schule so viel geredet. In dieser einen Woche muss ich Tausende Worte mehr gesprochen haben als bislang in meiner gesamten Schulzeit. Wir sprachen über Naturwissenschaften, die Natur, *Star Wars*, Mathe, Philosophie, Geschichte. Alles. Ich fragte mich sogar, ob sich so vielleicht Normalsein anfühlte, musste mich aber bremsen, denn normal wollte ich bestimmt nicht sein. Es fühlte sich seltsam an, ungewohnt. Aber was für eine Erleichterung.

Durch das Rauschen des dahinschießenden River Glen höre ich Menschen meinen Namen rufen. Ich hatte mich unter dieser Erle versteckt, außer Sicht, und der Strom besorgter Stimmen von Mum und Lorcan signalisiert mir, dass ich hier schon länger sitze. Ich stehe auf, um zu ihnen zu gehen, trete in ein Becken aus Sonnenlicht, in dem ausgiebig Baumkletterei betrieben wird. Ich schaue gerade zum Fluss zurück, als sich dort eine Bergstelze zu den Steinen hinunterbeugt und im Dickicht verschwindet wie eine Flussnymphe.

**Mittwoch, 19. September**

Heute Morgen, als Lorcan und ich zur Bushaltestelle gingen, sahen wir die Sturmschäden der vergangenen Nacht: umgestürzte Bäume, abgeknickte Äste. Manche waren ihrer Gefangenschaft in dekorativen Beton- oder Tontöpfen entkommen. Ein Baum, eine Eiche, die unter dem Gehweg wuchs, war umgefallen, sodass ihr Wurzelballen zum Vorschein kam, ein derart dicht verwobenes Gebilde, dass unmöglich noch anderes Leben darin Platz hatte. Nicht der Wind hatte die Eiche kippen lassen. Das Eingesperrtsein unter Asphalt und Gehwegplatten war der eigentliche Grund. Wir sahen im Vorbeigehen auf dem Schulweg, wie rund um sie herum Verkehrshütchen standen, aber ich ging dennoch zu ihr hin und weiß nicht, ob jemand mich sah, wie ich ihre Borke berührte. »Entschuldige«, sagte ich.

Die vom Menschen zerfurchten, aufgerissenen, zerstörten Flächen sagten deutlich: Erst kommt der Mensch, zuletzt die Natur. Ich kniete mich neben den Stamm und streichelte die Rinde, wobei mir völlig egal war, ob all die Vorbeifahrenden mich dabei sahen oder nicht. Ich zupfte einige der noch grünen Blätter von ihren Zweigen: Sie waren völlig intakt. Ich sammelte eine Handvoll Eicheln von den Zweigen und steckte sie alle in die Tasche, wie kleine Dosen Hoffnung. Trübsinnig ging ich weiter, wusste aber, meine Jacke barg etwas Gutes.

Am Nachmittag, nachdem wir aus der Schule wieder zu Hause waren, pflanzten wir sie alle ein. Vielleicht schaffen sie es, vielleicht auch nicht, aber eine fünfzigprozentige Chance reicht schon aus, und wir sollten es immer versuchen. Als ich am Abend alles aufschreibe, lege ich auch die Eichenblätter zum Pressen in mein Tagebuch, wo sie in guter Gesellschaft mit Federn und Schöllkraut, Enzian und Ehrenpreis sind.

Es ist ein ungewohnter Rhythmus, sanft und doch wild. Ich habe zwei Wochen lang keine Schikanen erlebt. Zwei Wochen. Das ist für mich Rekordzeit ohne Sticheleien oder Verhöhnungen oder fliegende Fäuste. Seltsam fühlt sich das an, fast unheimlich. Ich hatte mich auf das Schlimmste vorbereitet, denn so waren meine Erwartungen. Eine Liste mit Bekräftigungen hatte ich bereit, um mir gut zuzureden, und einen Schatz von Erinnerungen an Rathlin Island und meinen Garten in Fermanagh. Ich hatte mir Strategien zurechtgelegt, was ich in Bedrängnis tun konnte. Sogar Gesprächseröffnungen hatte ich aufgeschrieben, um sie meiner Mum zu geben, falls es düster würde. Stattdessen mache ich jeden Morgen einen Spaziergang, setze mich kurz zu Kaninchen und Krähen, gehe zur Schule, arbeite mit vollem Einsatz, unterhalte mich angeregt mit meinem Freund Felix, während wir zuschauen, wie Möwen und Austernfischer streiten, auffliegen und ruhen. Dann komme ich nach Hause, sogar mit noch etwas Energie, weil ich sie nicht komplett aufgebraucht habe, um meine Angst zu zügeln. Ich mache meine Hausaufgaben. Schreibe mehr und mehr Tagebuch. Beobachte Vögel. Spiele Computerspiele. Es ist verrückt, sich normal zu fühlen. Jeder Windhauch war meistens ein Sturm. Jetzt weht ein sanfter Wind, und wenn er doch mal um mich herumwirbelt, lache ich. Ja, einerseits bin ich froh, andererseits fühle ich mich zynischer und abgebrühter.

Mit den Jahren ist eine Mauer aus Steinen und schönem Efeu um mich herumgewachsen, durch die nur meine Familie und die Natur hereindürfen. Obwohl schon einige Lichtstrahlen hindurchkommen, bin ich auch misstrauisch und erwische mich bei der Überlegung, wie lang das alles wohl so bleibt. Diese Zweifel kommen mir, wenn Mauer und Efeu im Schatten sind. Langsam komme ich zu der Erkenntnis, dass ich wahrscheinlich beides brauche, Licht und Schatten. Sie gehören zu mir, und daran kann ich nichts ändern.

**Freitag, 21. September**

Auf meinen Accounts in den sozialen Netzwerken ging es in den letzten Wochen zu wie in einem Bienenstock: Der Naturforscher und Fernsehmoderator Chris Packham organisiert in London den People's Walk For Wildlife, einen Protestmarsch, bei dem mehr Natur- und Artenschutz gefordert wird, und bat mich »Anthropocene« vorzutragen. Ich nenne es Gedicht, ohne aber ganz sicher zu sein. Die Vorstellung, es laut vor einer Menge vorzutragen, fühlt sich richtig an. Bisher habe ich nur wenige »Gedichte« geschrieben, und keines war wirklich denkwürdig, aber bei diesem sprudelten die Worte förmlich aus mir heraus, und ich habe es dann »performed«, habe es aufgenommen und auf Twitter geteilt. *Zunächst gingen wir mit leichtem Schritt / Barfuß auf der Erde, gewichtslose Reisende… Erlebt unsere Generation die rechtmäßige / Revolte?* Viele Menschen mochten es, auch Chris. Es überrascht mich immer, dass Menschen mögen, was ich sage und wie ich es rüberbringe.

In den letzten Wochen habe ich geholfen, mit vielen Videoclips und Tweets auf den Protestmarsch in London aufmerksam zu machen. Es ist eine aufregende Aussicht: Hunderte, wenn nicht Tausende Menschen demonstrieren zusammen für die Natur. Vor denen zu sprechen schreckt mich nicht. Tatsächlich fällt es mir leichter, wenn es viele Menschen sind, weil ich keinen Blickkontakt herstellen muss, sie verschwimmen einfach zu einer Masse. Aber vor kleinen Gruppen sprechen, das ist mörderisch. Man merkt die Hitze ihrer Blicke, jedes Zucken, jeden Seufzer. Nein, vor vielen Menschen zu sprechen ist nichts, wovor man Angst haben muss: Es gibt genügend Raum, der mich verschlingt.

Ich steige also, zusammen mit Mum, in ein frühes Flugzeug nach London. Das Fliegen macht mir ein schlechtes Gewissen, uns beiden, wir wissen, wie schädlich die Emissionen für unsere Welt sind. Aber wir sind keine Kerosinjunkies. Wir sind keine Jetsetter und waren es auch nie. Nur einmal haben wir am europäischen Festland Urlaub gemacht, in Italien, vor mittlerweile sechs Jahren – ich erinnere mich, wie ich die Büsche vor unserem Wohnwagen durchsuchte und mich runter zu den Eidechsen auf den staubigen Boden kniete, an die Hitze, die alles bisher Erlebte übertraf, und wie ich einen Stock auf den Weg legte, um zu beobachten, wie Ameisen, eine nach der anderen, darüberkrabbeln. Obwohl ich nicht ungern neue Orte entdecke, sind mir vertraute lieber. Meine Eltern sind auch nie viel geflogen, also vermute ich, wir haben nicht viel $CO_2$ auf unserem Familienkonto. Im besten Fall würden wir eine Fähre nehmen und mit dem Auto nach London fahren oder den Zug nehmen, aber finanziell ist das im Moment nicht machbar, und ich kann auch nicht länger in der Schule fehlen, ohne in Schwierigkeiten zu kommen. Der Protestmarsch scheint mir wichtig, deshalb sollten wir dabei sein.

Ich habe das Gedicht schon fest im Kopf eingeschlossen, *Zunächst gingen wir mit leichtem Schritt*. Ich kenne es auswendig. *Wir wollen singende Vögel und viel Geflatter, Gesumme, kein Gift und keine Zerstörung*. Ich bin aufgeregt. Vielleicht ist es für mich *der* Moment. Morgen wird heftig.

**Samstag, 22. September**

Ich sitze mit Mum in unserem Londoner Hotelzimmer, und wir hängen unsere Kleider und den Inhalt unserer Rucksäcke zum Trocknen auf. Jetzt, als mein Adrenalinwert und die Anspannung langsam abfallen, kriecht mir die Kälte in die Knochen. Was für ein Tag. Ich werde eine Zeit lang brauchen, um das alles zu verdauen. Mein Hirn und Körper sind erschöpft.

Wir kamen heute Morgen sehr früh im Hyde Park an, direkt vom Flughafen. Tausende Menschen waren schon da, und obwohl immer dunklere Wolken aufzogen, kamen Tausende hinzu: Der Tag strahlte vor menschlicher Empathie und Verbundenheit. Ich sah die jungen Aktivist*innen und viele andere, die ich bisher nur auf Twitter »kennengelernt« hatte, und von all dem Leutetreffen und Händeschütteln bin ich noch ganz durch den Wind. Die Platinen in meinem Gehirn sind überlastet.

Ich wurde nass bis auf die Haut, mit triefend nassen Haaren, wie alle anderen, die im strömenden Regen standen. Unruhe machte sich breit. Als ich dann vor ihnen stand, schien Stille über die Menge zu kommen, eine Gespanntheit. Doch beim Sprechen auf der Bühne fühlte ich mich stark. Meine Worte waren entschlossen, voller Feuer, und ich hoffe, die anderen haben auch Feuer gefangen.

Am Ende habe ich noch einiges improvisiert und weiß nicht mehr genau, was es war. All der Frust, der mich so oft hilflos fühlen ließ, strömte aus mir heraus. Über all die Gespräche mit Leuten, die nicht zuhörten oder denen es egal war. Über all die Blockademauern und zugeschlagenen Türen. Ich ließ meinen Gefühlen freien Lauf, leitete sie weiter. Wer weiß, ob meine Worte helfen werden.

Die darauf folgenden Reden waren großartig. Generationenübergreifend. Hatten Gewicht und Ideen. Danach, als wir vom Hyde Park zur Whitehall gingen, ließen wir heimischen Vogelgesang von unseren Telefonen erklingen, in einer Prozession aus Trauer und Hoffnung, in der über zwanzigtausend Füße sich lautstark stampfend für Naturschutz und Artenvielfalt einsetzten, für alles, was wir verloren haben, und alles, was wir tun müssen. Auf der Whitehall gab es dann weitere Reden von Naturschützern und weitere Fotos. Die Menge war gigantisch, erstreckte sich, so weit das Auge reichte.

Vor der Downing Street Nr. 10 rann Wasser von unseren Mänteln und Haaren, wir überreichten ein Manifest zum Schutz der Wildtiere, das Chris und viele andere verfasst hatten, voller Ideen für eine wildere Zukunft. Es war ein weiterer Streckenabschnitt einer Reise, die ich als kleines Kind begonnen hatte – Naturschutz war bei uns wichtiges Thema am Abendbrottisch, auf Spaziergängen, beim Zubettbringen. Immer. Er ist Teil meines Wesens.

Irgendwann ging es noch weiter an einen anderen Ort, und ich saß schließlich irgendwo an der Whitehall in einem großen, geschäftigen Raum mit nur fünf anderen jungen Aktivisten, Chris und dem Berater des Premierministers zu Umweltfragen. Wir hatten bereits eine Ewigkeit auf Zugang zu dem Besprechungsraum gewartet, den man uns zugewiesen hatte, doch nach einem schnellen Gang durch den Sicherheitscheck ließ man uns mitteilen, der Raum sei nun doch nicht mehr verfügbar. Also setzten wir uns an Tische in der offenen, öffentlichen Vorhalle. Der Lärm darin war genauso groß wie das Getöse draußen, was mich ganz aus dem Takt brachte. Es kostete mich viel Anstrengung, mich zu konzentrieren. Hier war meine Chance, von einem Regierungsvertreter gehört zu werden. Also musste ich mich im wahrsten Sinne zusammenreißen, musste Hirn und Körper in Form bringen, die Angst ausschalten, mich selbst wegsperren, bevor ich mich später wieder gehen lassen konnte. Ich musste es tun, ich war entschlossen. Ansonsten wäre es völlig umsonst gewesen, in nassen Kleidern dort herumzusitzen.

Der Berater schien ziemlich nett, aber im Gespräch wurde bald sehr deutlich, dass wir, obwohl er und ich beide Vögel und Natur lieben, politisch aus sehr unterschiedlichen Ecken kamen. Doch das schreckte mich nicht ab, und ich ergriff meine Chance, ließ mich aus über die fehlende Umweltbildung, den dringenden Handlungsbedarf der Regierung, die Notwendigkeit eines Umdenkens der Bevölkerung, die Notwendigkeit für radikalen Wandel, für Mut und Unerschrockenheit. Das waren nicht nur meine Worte. Es war das, was viele von uns fühlen, Junge wie Alte. Alle, denen es nicht egal ist. Wir spüren es, täglich, stündlich. Es ist aufreibend und herzerschütternd, doch ist es absolut notwendig, nicht aufzugeben und zu tun, was das Herz uns sagt.

Beim Schreiben diffundiert langsam wieder Wärme durch meine feuchte Haut. Wir waren Teil von etwas Großem. Der gesamte Tag war fast wie eine Fahrt mit der Untergrundbahn: zu schnell, um wirklich alles nachzuvollziehen. Doch weiß ich, dass ich helfen kann. Wir alle können das. Mitmachen ist wichtig. Das habe ich gemerkt. Egal ob unsere Ideen und Bitten in den Wind geschossen werden, wir müssen weiter für Veränderungen kämpfen.

Ich hole einen Hühnergott aus dem Rucksack und bin erleichtert, dass er noch da ist – der Schriftsteller Robert Macfarlane hat ihn mir gegeben, zusammen mit einem Buch von John Steinbeck, das vom großen Regenguss feucht geworden ist. Ein Geschenk von einer Generation an die nächste. Vom etablierten Schriftsteller an den Anfänger. Ich wende den Stein in der Hand, spüre das Gewicht seiner geschmeidigen Verwitterung – wenn ich ihn in einem bestimmten Winkel halte, kann ich direkt durch ihn hindurchsehen, ein von der Zeit gemeißelter Tunnel.

Mum, die mich beobachtet hat, erzählt mir, dass Hühnergötter auch »Odinsteine« genannt werden und eine Schutzwirkung haben. Sie sagt, wenn ich durch das Loch hindurchschaue, könnte ich eine Fee sehen oder auch zwei. Ich lache und lege den Stein auf den Nachttisch, als Schreibgefährten.

**Mittwoch, 26. September**

Obwohl es mir auf meiner neuen Schule sozial viel besser geht, scheint sie dem gleichen pädagogischen und institutionellen Plan zu folgen. Manchmal, wenn ich im Klassenraum sitze, fühle ich mich furchtbar teilnahmslos. Fast schon komatös. Die Räume sind immer so stickig, dazu der intensive Teenagerduft. Es kommt mir vor wie in Professor Trelawneys Turmzimmer bei *Harry Potter*, ein Ort, der einem alle Energie raubt. Ich will gar nicht aufpassen. Eigentlich doch, also das Gehirn will es, aber der Körper stellt sich dagegen. Meine Augenlider werden schwer, ich sinke in den Stuhl. Überdruss. Die Lehrer klingen manchmal, als würden sie unter Wasser flüstern, und ich ertrinke in Langeweile. Ich mache die Schotten dicht, ich durchlaufe einen Trancezustand, bis ich mich schließlich verloren fühle. Was soll ich hier lernen? Gott sei Dank gibt es Lehrbücher und Arbeitsblätter.

Im für mich idealen Klassenraum gäbe es keine hellen Farben und viel natürliches Tageslicht. Es gäbe eine einzige symmetrische Fensterreihe, zwei Meter über dem Boden, durch die Himmel und Vögel zu sehen wären. Der Raum selbst wäre gemütlich, und die Tische wären in Hufeisenform angeordnet, nicht im Kreis. Ich würde in der Mitte der Tischreihe sitzen, am untersten Punkt der Biegung, sodass ich alle sehen könnte, sie aber nicht direkt anschauen müsste. Hinter mir wäre niemand – ich muss wissen, was um mich herum passiert. An den Wänden stünden viele Zitate und Fakten, die verblüffen oder inspirieren. Der Geschichtsklassenraum kommt übrigens ziemlich nah an mein Ideal heran, und ich kann darin wunderbar lernen. Ich werde lebendig. Interagiere. Sprudle vor Aufregung. Was auch hilft, ist, dass der Geschichtslehrer einer meiner Lieblingslehrer ist.

Die Räume für die Naturwissenschaften sollten Oasen der Neugierde und Begeisterung sein. Stellt euch vor, ihr wolltet euer ganzes junges Leben lang Wissenschaftler werden und findet heraus, dass Naturwissenschaften in der Oberschule in einem Labor unterrichtet werden. Allein schon das Wort klingt sehr vielversprechend. Man stellt sich einen Raum vor, mit Wänden voller Chemikalien, alle säuberlich beschriftet und aufgestellt. Probengläser. Interessante Gerätschaften, alle gut zu sehen und in Reichweite. Ein Raum voller Möglichkeiten, Erfindungen, Wunder. Aber nein, die Räume für die Naturwissenschaften haben mich enttäuscht. Alle Chemikalien sind in einer separaten Kammer, unter Verschluss. Alle Gerätschaften sind wild durcheinander in unbeschrifteten Schränken verstaut, und es gibt keine Kuriositäten zu sehen, außer im Physikraum, wo unterschiedlichste Gegenstände rings um die Bänke herum verstreut sind: organisiertes Chaos. Damit komme ich gut zurecht.

**Freitag, 28. September**

Heute Nachmittag haben wir alte Fotos durchgeschaut – auf unzähligen sieht man mich Schnecken hochhalten, noch ohne Brille, stark schielend, lange vor der erfolglosen Operation, die den beidseitigen Strabismus hätte beheben sollen. Sie glückte an einem Auge, was wahrscheinlich besser ist als nichts. Das verbleibende Schielen gleicht die Brille aus, zumindest glaube ich das, weil mich noch niemand gezielt wegen meines Schielens gehänselt hat – es standen ja so viele andere »Fehler« zur Auswahl.

Nun habe ich schon einen ganzen Monat Schule ohne Mobbing hinter mir. Die neue Realität sickert mir erst langsam ins Bewusstsein. Wahrscheinlich klingt es lächerlich, wenn ich immer wieder darauf hinweise, aber der Unterschied ist riesig. Keine Angst herumzutragen. Normalerweise wird die Verzweiflung körperlich spürbar, als Masse.

Im Wald sind Grüntöne noch die vorherrschenden Farben, doch werden sie schon schwächer. Die Blätter an den Zweigen der Buchen werden jeden Tag etwas goldener, spröder. Die Möwen, Krähen und Dohlen werden lauter, während die Welt um sie herum zurückweicht. In dieser Woche war neben der Schule viel anderes los. Ich habe das »Manifest zum Schutz der Wildtiere« meinem Abgeordneten geschickt und ein Treffen mit ihm organisiert, um zu diskutieren, wie wir auf lokaler Ebene etwas erreichen können. Und vor einigen Tagen waren wir in Belfast im Ulster Museum bei der »Dippy on Tour«-Ausstellung – Dinosaurier gehörten mit zu meinen ersten Leidenschaften. Die Ausstellung war auch voll mit Objekten zur Naturgeschichte, der Reise aus dem Mesozoikum bis heute. Zu meiner Verwirrung war in einem der Schaukästen ein Foto von mir. Offensichtlich war ich ein »Forscher und Experte«. Ich hatte vollkommen vergessen, dass ich vor einigen Monaten einen Text für das Museum geschrieben hatte, der nun zwischen zwei *wirklichen* Experten ausgestellt war: dem bekannten Naturforscher Roy Anderson und Donna Dainey, einer Wildblumen- und Bestäubungs-Expertin, eine Heldin in meinen Augen (wir haben uns über Twitter kennengelernt).

Ich finde es großartig, wenn verschiedene Welten auf diese Weise zusammenkommen: Die sozialen Netzwerke stehen für viel Schlechtes, sind Quelle für Angst, Stress und Hass. Aber sie bringen auch Menschen zusammen und verbinden Dinge, die uns lieb sind. Für mich ist das ein Segen. Denn obwohl ich mich draußen in der »echten« Welt nicht sehr gewandt unterhalten konnte, erlauben mir Plattformen wie Twitter, ich selbst zu sein, mit einer Klarheit zu sagen, was mein Herz und Hirn bewegt, die sonst nicht möglich wäre. Dafür bin ich dankbar. Und so treffen wir nun alle im Museum aufeinander: Roy mit seinem Schmetterlingsnetz, Donna mit ihrer Lupe und Dara mit seinem Feldstecher.

**Sonntag, 30. September**

Silberstreifige Wolken, starke, kalte Sonne. Der Strand hat heute eine belebende Wirkung. Seit einigen Tagen habe ich mich nicht mehr ordentlich bewegt, und das Gehen beruhigt, nimmt Gewicht von den Schultern. Mit jedem Tag, der vergeht, kriecht etwas mehr Freude ins Leben – gibt es eine Obergrenze, einen Höchststand an Freude, den man empfinden darf? In der Vergangenheit waren Momente und Betrachtungen dieser Art überschattet, wenn nicht sofort, dann wenig später.

Unbelastet atme ich die salzige Luft ein. Die Flussseeschwalben sind noch da, bereiten sich auf die Reise zur Südhalbkugel vor – Afrika, Asien und Südamerika, eine Rundreise von über dreißigtausend Kilometern. Echt heftig. Ich sehe sie schweben, herabstürzen. Laut schnatternd. Silberne Federn glänzen und schillern, ein roter Schnabel durchbricht die Oberfläche. Eine Seeschwalbe fängt einen kleinen Fisch, den ich mit meinem mistigen Feldstecher nicht erkenne, fliegt dann außerhalb meiner Sichtweite, und vier weitere wiederholen die Übung.

Am Fuß einer Düne lehne ich mich zurück, spüre das Licht und den Wind und die Kälte im Gesicht. Etwas in meiner Umgebung verändert sich. Ich setze mich auf, fahre herum. Keine zwei Meter von mir schnellt ein Turmfalke über die Dünenspitze. Mein Blick folgt ihm, ich sehe ihn rütteln, für mindestens eine Minute. Ich schicke ihm eine Bewunderungswelle hinauf, er antwortet mit einem kurzen Weiterrütteln, bevor er elegant hinter den Strandhafer rauscht. Ich springe geduckt auf, mache stille Schritte, aber er ist weg. Atemlos und taumelig falle ich zurück in den Sand. Ein guter Tag. Ein sehr guter Tag.

**Samstag, 6. Oktober**

»Wie froh bin ich, in einer Welt zu leben, in der es den Oktober gibt.« Jedes Jahr zitiert Mum denselben Satz aus *Anne auf Green Gables,* und natürlich stimmt er. Draußen besteht die Welt aus tausend Schattierungen Gold und funkelt. Anne aus dem Buch möchte die Ahornblätter ins Haus holen und ihr Zimmer damit dekorieren, aber Marilla Cuthbert (Annes Adoptivmutter) nennt sie »dreckige Dinger«. Da haben wir's: Diese Haltung zur Natur ist nicht neu. Ich frage mich, wann das losging und warum? Als wir das Wilde nach drinnen holten? Ich glaube, es geht uns allen besser, wenn wir Natur mit nach drinnen bringen und uns selbst nach draußen, und warum sollten wir uns nicht mit Laub umgeben, es uns nahebringen, zum Schlafen und Träumen unsere Betten damit bedecken.

Allerlei Vasen voll gesammelter Blätter zieren jeden Herbst unser Haus. Der Efeu im hinteren Garten blüht ausgiebig, und noch immer sammeln sich Bienen, um daran zu trinken, obwohl die Temperatur schon fällt. An den meisten Tagen sitze ich nach der Schule in der Hängematte, in eine Decke eingehüllt, und beobachte vor den Hausaufgaben das ganze Efeu-Treiben. So viele Menschen glauben, dass Efeu, weil es rund um Bäume wächst, diese irgendwie abwürgt, in ihrem Wachstum hemmt. Immer wieder sehe ich, dass jemand diese Blättergirlanden von Bäumen abreißt, die für Vögel und Insekten jedoch als Nahrungsquelle und Schutzort so wichtig sind, speziell in dieser Jahreszeit.

Ich habe ein paar kleine Löcher im Efeu bemerkt, die vom Kommen und Gehen unserer Vogelnachbarn stammen, die sich jetzt (hoffentlich) in unserem Garten angesiedelt haben. Auch mindestens fünf Schwebfliegenarten habe ich bislang gezählt, von denen die Eristalis am häufigsten vertreten ist: die Hainschwebfliege und die Gemeine Sumpfschwebfliege. Schwebfliegen sind faszinierend anzusehen, auch wenn sie bekanntlich schwer bestimmbar sind, weshalb ich bis auf wenige Ausnahmen Hilfe dabei brauche.

Im Moment treibe ich wirklich in träumerischer Leichtigkeit durch die Tage. Jeden Morgen erwache ich mit Energie und Entdeckerfreude. Anders als zuvor habe ich jetzt einen tollen, absolut beeindruckenden Mathelehrer, und zum ersten Mal fühle ich mich angemessen gefordert. Das Arbeitspensum wird außerdem mehr, da ich nächsten Monat meinen Physiktest für den Double Award Science machen werde.

**Freitag, 12. Oktober**

Ein kleiner, etwa sechsjähriger Junge spielt im Wald, erfreut sich am Knirschen der rotgelben Blätter unter seinen Füßen. Ein leichter Wind weht, und während er herumstöbert, findet er eine Rosskastanie.

Der Junge drückt sie aus ihrer stacheligen Schale, hält sie hoch, und die Kastanie glänzt. Eine kleine Kugel aus rötlich getöntem Licht. Die Mutter des Jungen bemerkt dies, schaut von ihrem Telefon auf, greift nun ein und entreißt ihm die Kastanie. »Pfui«, sagt sie und schleudert sie weg.

Der Junge ist niedergeschlagen, etwas erlischt.

Bei dieser Szene steigt Ärger in mir auf. Ich denke an all die kleinen Übeltaten, überall und zu jeder Jahreszeit, die winzigen Verbrechen. Dinge, die Erwachsene tun, ohne nachzudenken. Die Botschaft, die sie wütend in die Welt vermitteln. Die Folgen fliegen als Querschläger durch die Zeit, wandeln sich, wachsen, ändern ihre Gestalt. Was ist schlecht an einer Kastanie?

Ich atme tief durch und verlasse die Bank, auf der ich Drosseln in den Bäumen beobachtet habe. Ich gehe zu dem Laubhaufen, fange selbst an zu stöbern und brauche nicht lange, bis auch ich fündig geworden bin: rund, prall, einfach perfekt. Die Mutter ist wieder mit ihrem Telefon beschäftigt, vertieft in den milchweißen Schein des Displays. Als ich die Kastanie hoch ins Licht halte, kommt der Junge zu mir, und seine Augen wagen, ein wenig zu leuchten. Ich reiche ihm die Frucht.

»Steck sie in die Tasche«, sage ich. »Das ist eine Rosskastanie. Sie ist der Samen von dem Rosskastanienbaum da.«

Gerade noch rechtzeitig hat der Junge die Kastanie in die Manteltasche gesteckt, bevor die Mutter herüberruft, es sei nun Zeit zu gehen. Ich hoffe, er kann sie behalten, wenn auch nicht in seiner Tasche, dann in seinem Gedächtnis. Ich kann ehrlich nicht verstehen, wo diese Angst herkommt, diese Entfremdung. Es ist so eine schöne Welt, zu der wir gehören, doch wird sie missachtet. Ich denke zurück an meine Treffen mit Lokalpolitikern, an die leeren Worte und das Lob. Ich will kein Lob mehr, ich will Taten.

Auf Twitter habe ich Greta Thunberg kennengelernt (wir folgen uns schon eine ganze Weile), genau, die Greta, die sich statt in den Unterricht vor das schwedische Parlament gesetzt hat, um für mehr Klimaschutz zu streiken. Sie ist etwas älter als ich und bekam einen riesigen Platz in den Medien. Das ist großartig, aufregend und gibt Kraft. Es fühlt sich toll an, macht aber Angst. Ich habe immer geglaubt, Bildung sei für mich die einzige Möglichkeit, etwas für die Zukunft zu bewegen, für meine eigene und für die des Planeten. Meine Eltern sind nicht reich, haben keine Verbindungen, kennen keine Tricks, und ich habe keinen Schimmer, wie ich sonst etwas bewirken könnte – außer auf die Art und Weise, wie ich es bereits tue. Vielleicht ist das nicht genug. Vielleicht geht es auch anders. Irgendwie.

## Samstag, 13. Oktober

Der Himmel verdunkelt sich ein wenig und schimmert, schwarze Schatten jagen zu ihren Wohnstätten in den Wipfeln, Dohlen und Krähen schnattern: ein wirbelnder, wallender, sitzender Hexensabbat. Eben noch schnattern sie fast wie im Spiel im Geäst, schon fliegen sie wieder auf in die Lüfte. Ich sehe eine weitere schwarze Wolke nahen, und die Bäume beben vom Windstoß der Flügel. Weitere Dohlen, größtenteils, mit einigen Staren am Rand. Der Lärm macht glückselig und taub. Solche Fülle. Solches Leben. So sieht also Fülle aus? Wie war das, als alles noch besser im Gleichgewicht war? Wahrscheinlich sah man Brachvogel und Wiesenralle jeden Tag, und Rohrdommeln stiegen aus den Flussauen. Denkt einfach an die Kraniche auf irischem Boden – im Mittelalter waren sie mal ein beliebtes Haustier auf der Insel, bevor sie zu Beginn des sechzehnten Jahrhunderts ausgerottet wurden. Die Rohrdommeln folgten ihnen, Mitte des neunzehnten Jahrhunderts, als die Feuchtgebiete für den Landbau trockengelegt wurden, was dann auch Brachvogel und Wiesenralle verschwinden ließ. Werde ich jemals richtigen Vogelreichtum erleben? Täuschen wir uns, wenn wir annehmen, dass unsere Vorfahren eine engere Verbindung zur Natur hatten? Sie waren abhängiger von ihren Feldern, das ist sicher. Es gab keine Supermärkte. Aber wenn wir in der Vergangenheit so naturverbunden waren, was lief dann falsch? Warum ließen unsere Vorfahren das zu? Waren es die Supermärkte? Die großen Konzerne? Die verborgenen Motive und die Kapitalinteressen? Ich habe das Bedürfnis, Mut zu zeigen, bin mir aber unsicher, auf welche Weise. Die Welt ist meistens so verwirrend. Der Lärm, die Bilder, die Anweisungen. Befehle, Forderungen. Alle fordern etwas, fordern ständig. Das zu übertönen scheint unmöglich. Sollten wir uns damit zufriedengeben, ein kleines Eckchen unserer Welt zu verändern? Einem Kind eine Kastanie zu zeigen, wird am Wirtschaftssystem wenig ändern oder an der fossilen Brennstoffindustrie oder an der Verschwendung natürlicher Ressourcen. Mein innerer Aufruhr muss aber irgendwohin führen.

**Samstag, 20. Oktober**

Die Blätter fallen. Die Tage werden viel kälter, und das Licht scheint den ganzen Tag bernsteinfarben. Mum und Dad haben versucht, neue Gebiete zum Entdecken für uns zu finden, und heute haben wir den Wald bei Dundrum Castle besucht. Die Burgreste sind immer noch beeindruckend, sogar nach siebenhundert Jahren. Im dreizehnten Jahrhundert wurde der Ort eine Wehranlage und Aussichtspunkt für John de Courcy, nachdem er in Ulster einmarschiert war und die Familie entthront hatte, von der ich offenbar abstamme. Der Blick raus in die Bucht von Dundrum ist an diesem Nachmittag atemberaubend: Wälder aus Buche, Ahorn, Esche, einige Eichen und Bergulmen umfassen die Bucht von beiden Seiten.

Wir gehen eine Reihe steiler, von Herbstfarben bedeckter Stufen hinunter. Abgesehen von dem kurzen Schauer heute Morgen hat es in jüngster Zeit wenig geregnet – unter unseren Schritten knirschen die Blätter und warnen alle Wesen der Umgebung, dass Menschen unterwegs sind. Der Geruch ist berauschend. Der Zerfall, das Modern. Einige Blätter an Buche und Eiche sind noch grün, halten durch. An den roten Blüten von Spornblume und Beinwell hängt etwas morgendlicher Tau. Ich erinnere mich, dass ich selbst einmal Beinwelljauche zum Düngen hergestellt habe: Ich stopfte Beinwellblätter in einen alten Topf im Garten, gab Regenwasser dazu, während Bláthnaid ihren ganz eigenen Sud aus jungen Nesseln und allen möglichen anderen Pflanzen braute. Dann standen die Gemische zwei Jahre versteckt unter der Schwere einer Zypresse. Als Mum unsere Gläser entdeckte, ächzte und würgte sie. Bláthnaid hat immer noch einige Mixturen, die neben der hinteren Tür an der Hauswand aufgereiht stehen, manche mit weißem Schaum obendrauf. Mum und Dad lassen sie gewähren und wissen, dass eine tiefere Kraft solche Zaubertränke braut. Sie sind keine Experten, aber sie waren auch Kinder, und wir alle wissen, wie es ist, wenn Eltern oder Lehrer oder andere Kinder unsere Gefühle mit Füßen treten.

Ein kleiner Windstoß löst Blätter von einer Buche. Das Laub fällt direkt vor uns herab, als wollte es auf diesen letzten Atemzug von Schönheit und Verlust hinweisen. Wir öffnen die Hände, fangen einige Blätter auf, damit wir uns etwas wünschen dürfen und viele Erinnerungen haben, die uns warm durch den Winter bringen. Wir setzen uns eine Weile hin, zwischen den hoch aufragenden Baumtürmen, in Stille und gesprenkeltem Licht. Der plötzliche Schrei eines Bussards lässt uns alle aufschrecken und die Hälse verrenken, um zu sehen, wo er ist. Als er hinter den Bäumen verschwindet, schließe ich, anders als bei der sonstigen Suche, einfach die Augen, dafür lausche ich, von Himmel zu Baum zu Ohr zu Herz, und spüre die Kälte meiner Hände.

Als ich die Augen wieder öffne, klettern die anderen eine Böschung hinauf, auf Erkundungstour durchs Brombeergestrüpp. Ich folge ihnen nicht. Stattdessen hänge ich meinen Gedanken nach und entdecke am Stamm einer alten Buche einige Baumpilze, deren Fruchtkörper wie Regalbretter aussehen. Ich schaue mir die Pilze genauer an, ihre wellenförmig verlaufenden, ganz symmetrischen Farblinien, die sich zum Stamm hin von Braun zu Rot zu Grün verfärben. Porlinge, Gesandte des Verfalls, Nährstoffoszillatoren des Waldes. Beim Blick in die entgegengesetzte Richtung sehe ich einen Marienkäfer, hell leuchtend auf einer Gelbflechte, die sonnengleich von einem Ast strahlt. Seine Reglosigkeit fleht darum, nicht berührt zu werden, und ich bewundere aus nächster Nähe die kontrastierenden Farben, die gelborangen Rüschen der Flechte und den kleinen schlafenden roten Punkt in der Mitte. Ich schaue nach oben und kneife die Augen zusammen, um die ungefähren Umrisse dessen zu sehen, was oben in den Bäumen ein Bussardnest sein könnte – vielleicht ist dank verspritzten Vogelkots die Flechte hier gewachsen.

Der Vogel hat nun aufgehört zu schreien, und der Wald ist größtenteils ruhig, abgesehen von einem einzelnen, weiterhin singenden Rotkehlchen. Es singt und singt. Ich sehe, dass Dad einige Steinpilze gefunden hat, fürs Abendessen später. Ich mache noch ein paar Fotos vom Baumpilz, und wir ziehen wieder los, zurück zur Festungsanlage, wo wir Ritter, Könige und Königinnen spielen, weil ich noch Kind bin und eine Schlacht brauche, um Energie loszuwerden. Die größte Schlacht ist, die Natur zu lieben und zu schützen. Doch jetzt erst mal breche ich in Kriegsgeschrei aus und stürze mich in einen Spaßkampf mit Lorcan.

**Samstag, 27. Oktober**

Die meisten Orte in Mournes scheinen am Wochenende recht voll, aber heute waren nur wenige Wanderer unterwegs. Es war ungewöhnlich warm, mit fast kristallklarem Himmel. Eine einzige Quellwolke drängte vom Gipfel des Ott Mountain direkt ins darunterliegende Tal. Ich fühlte mich dort oben geborgen wie in einer Wiege, weil die umliegenden Berge so nah zusammenstehen. Der Aufstieg war recht einfach, aber wir brauchten einen kleinen Schubs, um auf den Gipfel zu kommen, und jetzt, wieder zu Hause, beim Aufschreiben der Ereignisse des Tages, ist mir, als wären da immer noch die durch mich hindurchfliegenden Partikel, die Klangwellen und das Berglicht. Meine Hand berührt Moos, hinterlässt einen Abdruck. Ich fühle mich wie dort oben geblieben, mit dem Quäntchen Selbsterfahrung auf meiner Haut.

Am Shimna River, der aus dem Ott Mountain kommt, sehen wir ein Wesen, das nur ein Otter sein kann, über die Wiese hüpfen. Die Luft ist so klar und still, dass ich mich rücklings hinlegen, die Augen schließen und die Sonne spüren muss. Raben, drei kreisende. Drei Gottheiten. Ich fühle mich verwandelt, während ich mich zurück auf den Berg schreibe, und immer wieder spüre ich Leben und Schönheit der Natur. In mir wächst eine Stärke, stetig und wissend. Ich liege also da und öffne die Augen gerade im richtigen Moment, sehe mit dem Feldstecher einen Vogel, der zum Meelbeg Mountain hinüberschießt. Dann verschwimmt das Bild. Ein Wanderfalke, ganz sicher, so wie er die Flügel anlegt, herunterfährt, mein Sichtfeld verlässt. Der Fotoapparat in meinem Gedächtnis klickt, wird das Bild bewahren, mit all den anderen Momenten. Katalogisiert. Gestochen scharf. Geliebt wie alles andere, das nicht klar zu fassen oder zuzuordnen ist, von dem nur das Gefühl verbleibt.

## Mittwoch, 31. Oktober

Es sind Halbjahresferien. Den ersten Teil des Schuljahres habe ich überlebt. Ehrlich gesagt, geht es mir fantastisch. Vielleicht führen mich meine Füße deshalb entschlossen in die Natur. Wir überqueren alle zusammen die Straße und machen einen Spaziergang im Wald. Für heute haben wir beschlossen, den Slievenaslat hinaufzugehen, zur höchsten Stelle hier im Park (zweihundertsiebzig Meter über dem Meeresspiegel), was uns bestimmt fordern und auf Trab bringen wird. Genau, was wir brauchen.

Heute ist Samhain für uns, nicht Halloween. Der Tag, an dem wir das irisch-keltische Neujahrsfest feiern – das »andere« Silvester, an dem auch Lorcan Geburtstag hat. Das Licht am frühen Nachmittag ist zwar nicht blendend hell, aber auch nicht grau. Rosie bleibt im Haus – für den Fall, dass es später Feuerwerk gibt. Sie reagiert nicht stark auf Knaller und Raketen, wenn sie sich drinnen sicher fühlt, doch draußen verkrampft sich ihr Körper, der Kiefer beginnt zu zittern, und sie ist noch schwerer vom Fleck zu bewegen als sonst schon. Also decken wir sie in ihrem lila Hundebett gut zu, schließen die Vorhänge und ziehen los.

In den vorherigen Jahren haben wir Samhain mit einer Campingnacht im Freien gefeiert, unter Sternen, die meist aber von schlechtem Wetter verdeckt waren. Es gab auch verrückte Partys mit unseren Nachbarn, vor allem in dem Jahr, bevor wir nach Fermanagh gezogen sind, in dem es besonders irre wurde und für mich mit einem Besuch in der Notaufnahme endete. (Ich habe immer noch die Narbe im Zahnfleisch.) Ich habe nie verstanden, wie es funktioniert, mit anderen Kindern etwas zu spielen. Ihre Spielregeln sind mir ein Rätsel. Und sie verstehen ganz bestimmt meine Regeln nicht, die normalerweise komplex und kompliziert sind. Entweder ich reagiere über oder unter; starre entweder stumpf vor mich hin oder bin total reizbar. Eine goldene Mitte gibt es nicht.

Der Weg zum Slievenaslat beginnt in einem Mischwald mit Laubgehölz und aufgeforsteten Nadelhölzern, doch dann drängt sich eine Sitkafichten-Schonung dazwischen, mit einigen Leerstellen im Unterholz, wegen des Mangels an Licht. Eine einzelne Buche aber konnte sich durchsetzen und hat einen Umfang von drei Baumumarmungen (ich weiß nicht, ob Umarmungen bei Buchen genauso zählen wie bei Eichen, was dann hieße, dass sie einhundertfünfzig Jahre alt ist – oder jünger, weil Buchen ja schneller wachsen). Vom unteren Ende des Stamms wächst Moos an ihr hinauf, und an einigen Stellen ist die Borke beschädigt. Später sehe ich seltsame Eichenblätter auf dem Weg, die schmaler und tiefer gelappt sind als die der heimischen Traubeneiche. Sie stammen von einer Zerreiche, einem Zierbaum, der ab dem achtzehnten Jahrhundert in irischen Gärten und Parks eingeführt wurde.

Um uns herum schnattern überall Eichelhäher. Ob diese neben den Tausenden Traubeneichen, die sie jeden Herbst pflanzen, auch Zerreichen in den Boden bringen? Überall wachsen Zerreichen-Schösslinge. Ihre Eicheln enthalten mehr Tannin als die Früchte der Traubeneichen, was dazu führt, dass Insekten und Pflanzenfresser sie verschmähen; das könnte erklären, warum es mehr Schösslinge von der Zerreiche gibt als von der Traubeneiche. Hier lebt viel Rotwild, und eigentlich fressen sie die Schösslinge weg, was zu einem ernsthaften Problem für die Walderneuerung werden kann. Ich frage mich, ob Rotwild die Zerreichen-Schösslinge gerne frisst?

Der Schotterpfad vor uns ist mit ledrigen Buchenblättern bedeckt, und es schmatzt oder knirscht, je nachdem, wo das Wasser vom Sitka-Hang herunterfließt. Das Laub auf dem Boden wechselt plötzlich zu den Blättern der Esskastanie. Ich berühre die zerfurchte Rinde eines Baums, lege meine Finger in die Rillen. Wir machen Rast an einem Teich, der glatt wie Glas liegt, bis ein Fisch unter der Oberfläche kleine Kräuselwellen macht. Das Wasser ist erdbraun und umgeben von weit auseinanderstehenden Nadelbäumen und einigen Hängesalweiden mit tiefen, annähernd waagerechten Ästen, die fast das Wasser berühren. Plötzlich regnet es Zapfen. Wir bleiben stehen und schauen hoch, entdecken eine kastanienbraune Gestalt, die die Äste einer Sitkafichte zerzaust. Wir recken die Hälse, bis die Kälte hereinzieht. Die Bewegung bricht ab, und das Eichhörnchen hat sich wie in Luft aufgelöst.

Im Weitergehen grinsen wir hocherfreut. Der Schotterpfad endet, und wir kommen in erdiges, felsiges Terrain, mit Wurzeln und Steinen. Es wird auch etwas wilder, mit Weiden, Haselnussbüschen, Stechginster und Blaubeeren, die ihre quellerartigen Strunke zeigen (wir müssen im Spätsommer wieder herkommen, um ihre Früchte zu ernten). Das Licht wird grell, da wir auf höheres Gelände kommen und schnell zu großartigen Aussichtspunkten über die Mournes und die Bucht von Dundrum aufsteigen. Wir sehen immer noch ein Meer aus gedüngten Weiden, hell leuchtendes Grün im starken Kontrast zu den zerklüfteten Bergen, zum Wald und dem Flickenteppich aus Birkenblättern in Holländisch Orange und Rauschgelb. (Ich habe Patrick Symes Buch *Werners Nomenklatur der Farben* gelesen, und diese beiden Orangetöne wurden benutzt, um die Samenhülse eines Pfaffenhütchens und den Bauch eines Kammmolchs zu beschreiben. Bei solchen Beschreibungen lacht mir das Herz!)

Wir sitzen auf dem Gipfel des Slievenaslat, eine Familie allein mit der schwindenden Sonne. Schon wegen der Haselsträucher, die uns zeigen, wer sie wirklich sind – das Liebste am Spätherbst ist mir, dass er die Strukturen der Bäume enthüllt. Verwinkelte Landkarten, ausgebreitete Verletzlichkeit. So sehen sie wirklich aus, blattlos, nackt bis auf die Zweige.

Stare sammeln sich in der Ferne, und in Spiralen ziehen sie uns an der anderen Bergseite wieder nach unten, wobei wir uns aneinander und an allem erfreuen, was uns umgibt. Am Fuß der Anhöhe finde ich einige angenagte Zapfen auf dem Weg, Hinterlassenschaften eines Eichhörnchens. Mit einem Mal verschwinden die Nadelhölzer, ein erstaunliches Birkenwäldchen taucht auf, mit einem dicken kupferroten Teppich am Boden. Wir untersuchen eine Zeit lang die Stämme, berühren die schokoladenfarbene, glatte Rinde. Wirbeln einige Blätter auf.

Wie immer haben wir so viel Zeit draußen verbracht, dass wir eilig zum Pub flitzen, um noch spät zu Abend zu essen, dann geht es nach Hause, wo wir uns entspannt ins Wohnzimmer setzen, umgeben von flackernden Kerzen zum Gedenken an die, die diese Welt verlassen haben. Das keltische Neujahrsfest ist eine Eröffnung der dunklen Jahreszeit, erhellt von Feuern, gewärmt vom Erwachen der Sinne, und hoffentlich etwas Raum, um mit den kahlen Ästen des Winters zu denken. Dad spielt Gitarre. Wir singen und erzählen Geschichten. Wir feiern zunächst auf unsere Weise, bevor Bláthnaid für etwas »Süßes oder Saures« hinausgeht und die leuchtenden Kürbisse andere einladen, an unsere Tür zu klopfen.

## Dienstag, 13. November

Der Morgen beginnt in einem Hotel am Fluss, mit Kormoranen auf schwarzen Bäumen und Reihern, die mit Blesshühnern und Teichrallen durchs Wasser staksen. Räuberische Lachmöwen bringen alle in Bewegung. Dann verschwimmt der Tag, Schnellvorlauf nach Kew Gardens in London, wo ich in einem schönen Wintergarten stehe, ganz aufgeregt, aber auch leicht verstimmt, weil ich mir gerne die Pflanzensammlungen und die Vögel ansehen würde (alle bis auf die Halsbandsittiche). Stattdessen muss ich meine Pflichten als Botschafter erfüllen. Ich muss Hände schütteln. Nicken, lächeln. Höflich sein. Ich bekomme eine vom Premierminister unterschriebene Auszeichnung überreicht, und erstaunlicherweise finde ich das sogar gut, weil ich mich stärker fühle und langsam denke, mein Engagement führt zu etwas. Ich posiere für Fotos, lächle. Klick! Noch ein Klick. Und ich will zu meiner Rede ansetzen. Vor lauter Anstrengung versteift sich mein Körper. Plötzlich finde ich Menschen echt schwer zu verstehen. Ich höre ihre Stimmen und weiß, was sie sagen, aber ich brauche irre viel Energie, um die Laute in Sinngehalt zu übersetzen. Ich frage mich langsam, ob ich vom Mobbing traumatisiert bin. Habe ich deshalb ständig das Gefühl, dass etwas schrecklich schiefläuft?

Heute wie auch an anderen Tagen sind die Zweifel völlig unbegründet, und alles gelingt ohne Pannen, wird zu etwas feierlich Schönem, pulsierender Freude. Natürlich ist es auch anstrengend, das ist es immer. Jetzt sitze ich im Flugzeug nach Hause und spüre die heranrollende Welle, und ich habe keine andere Wahl, als sie zuzulassen, ihr mit glasigen Augen und rasendem Herzen nachzugeben. Aber bevor der Schlaf mich übermannt, muss ich noch alles aufschreiben.

Zurück zum Anfang... Mum und ich sind gestern Abend angekommen; ich war zusammen mit vielen anderen Menschen nach London eingeladen worden, um Botschafter für eine Vereinigung zu werden, die junge Menschen bei ihren Leidenschaften unterstützt und sie ermutigt, sich sozial zu engagieren, vor allem auf lokaler Ebene. Was ich darüber gelesen hatte, klang nach einer guten Idee, sodass Mum und ich beschlossen, bei der Eröffnung des »Year of Green Action« (dem Jahr des Öko-Aktivismus) in Kew dabei zu sein.

Dieses Jahr habe ich zahllose E-Mails mit ähnlichen Anfragen erhalten, um Kampagnen zu unterstützen, auf ein Thema hinzuweisen, einen Artikel über dies und das zu schreiben oder meine Erfahrungen zu einem bestimmten Projekt oder einer Kampagne kundzutun. Das alles wird immer mehr zu einem Vollzeitjob für Mum. Sie muss sich für mich darum kümmern – und ich weiß, dass sie manches von meinen Augen und Ohren fernhält, weil sie weiß, dass es mich nur aufregt. Ich bin vielleicht noch ein Kind, aber ich bin nicht leichtgläubig, und während ich einige großartige Kampagnen und Leute gerne unterstütze, habe ich bei anderen das Gefühl, die Leute wollen mich benutzen oder zumindest das Bild dessen, wofür ich stehe. Dara ausleihen, damit er bei irgendeinem Endspiel präsent ist. Ich bin doch kein Bauer beim Schach. Ich sehe mich selbst lieber als Turm: als Außenseiter, der am Rand steht und hereinschaut.

Mein Bedürfnis, unabhängig zu sein, mich von Menschen und Gruppen fernzuhalten, hat mich schon an vielem gehindert. Aber vielleicht auch vor vielem bewahrt. In meinem Herzen bin ich ein junger Punk, und die Vorstellung, mich allzu fest mit irgendeiner Organisation einzulassen, widerspricht dem, was ich bin. In letzter Zeit ist der Drang in mir stärker geworden, mich mehr für die Natur einzusetzen, und ich habe immer mehr das Gefühl verdrängt, ich wäre zu jung oder könnte nicht genug ausrichten. Immer öfter merke ich, es ist der richtige Moment. Dennoch ist es abwegig, dass ich vor lauter Leidenschaft und Selbstversunkenheit sage, ich will die »Natur retten« – noch muss ich herausfinden, was ich, Dara McAnulty, tun kann, um wirklich etwas zu bewirken.

Der Kampagnenstart in Kew ist da anders. Ihr Arbeitsfokus ist es, jungen Leuten zu helfen, nicht andersherum. Als wir am Hotel ankamen, um mit den Botschaftern Pizza zu essen, packte mich die Angst. Ich wollte wegrennen, und Panik setzte bei mir ein. Und wenn das passiert, kompensiere ich über. Die Worte purzeln einfach raus. Ich sage zu viel, zu schnell. Meine Brust wird eng, es pocht, und Worte rattern los, in derselben Frequenz wie mein Pulsschlag. Von außen wirke ich vielleicht etwas übereifrig oder redegewandt, weil der Strom aus Fakten, Geschichten, Anekdoten nicht abreißt. Aber auch der Schweiß strömt, tropft mir vom Kopf bis in die Schuhe, während ich zu einer Lache voller Chaos zerschmelze.

Ich sagte die falschen Sachen, aß zu viel. Mein innerer Redakteur kam nicht hinterher, die Gedanken zu korrigieren, konnte mich von meinem Verkehrsunfall im Restaurant nicht weglenken. Mum bemerkte meine geballten Fäuste auf dem Tisch, meine scharrenden Füße; sie weiß, was es heißt, wenn mein Kiefer mahlt und meine Atmung sich beschleunigt. Sie weiß, wie sie in diese stillen Kriege eingreifen kann – manchmal braucht es nur einen Blick oder Gesichtsausdruck oder das Halten meiner Hand. Unbemerkt von allen anderen am Tisch, die plauderten, Pizza aßen – hörte die Panik plötzlich auf.

Der Rückzug in unser Hotelzimmer war eine riesige Erleichterung. Mit schmerzendem Kopf und Herzen schloss ich mich ins Bad ein und nahm sitzend meinen Kopf zwischen die Beine, um den Druck abzubauen. Ich ging in eine Art Gebetshocke, die bequem für mich ist und mir beim Atmen hilft. Diese Technik habe ich einmal zufällig in der Schule entdeckt, nachdem mich jemand auf dem Schulhof rumgeschubst hatte. Sie haben es damals immer weiter getrieben, als ich nicht »Ball spielen« wollte, sie überhäuften mich mit Beleidigungen, lauter und lauter, weil ich sie ignorierte, wegschaute, wegging, in dem Wissen, sie würden mich nicht verfolgen, da unser Lehrer aus dem Klassencontainer gekommen war. In dem Moment, in Sicherheit, ging ich in einen leeren Vorratsraum, hockte mich dort außer Sicht von allen hin. Ich atmete tief durch, und die Bilder und Worte rückten etwas von mir ab, sodass mein Körper sich entspannen konnte, der Schmerz etwas nachließ. Ein Heilmittel war es damals nicht und ist es heute nicht. Aber es verschafft mir Zeit, die Scherben aufzusammeln, zurück aufs Schlachtfeld zu gehen und es noch mal zu probieren.

Als es mir langsam wieder besser ging, in meiner Hockstellung im Bad des Hotelzimmers, bildeten sich in meinem Kopf mit einem Mal Worte. *Es winkt ein leuchtender Pfad... ich wandere ihn entlang, und das Strahlen bewegt sich hinauf und herum... das Aufwachsen und Auseinanderwachsen...* Plötzlich der gefürchte Ruf eines Amselmanns. Ich sollte eine Rede in Kew halten, über junge Menschen, über Natur, und obwohl ich bereits etwas geschrieben hatte, blieben diese Worte bei mir hängen und ergaben Sinn. *Pfade, Vorfahren. Schmerz. Ich inmitten von alldem. Heilung.* Es ging mir besser. Diese Worte hervorzubringen beruhigte mein Gehirn. Ich war mir nicht sicher, ob das die Worte waren, die man erwartete, aber es waren meine Worte, deshalb würden sie schon gehen.

## Samstag, 17. November

Wir treffen uns vor dem Dead Zoo (»Toten Zoo«) in Dublin. Es gibt Reihen und Kästen voll mit toten und ausgestorbenen Tieren, Trophäen von der Jagd. Gesammelt. Angehäuft. Gehortet. Glasäugig. Leblos. Naturhistorische Museen faszinieren mich normalerweise, aber hier ist mir schlecht, und ich fühle mich verbittert. Viele Menschen sind da, ein Meer aus Gesichtern mit Schildern und Bannern und Trommeln. Es gibt Rufe, Gesänge, anschwellende Wellen der Solidarität. Viele sprechen vor mir: Politiker, Rechtsanwälte, Akademiker, eine Aktivistin, jung wie ich, die Flossie heißt (und echt cool ist). Dieser Ausbruch von Menschlichkeit, diese Zusammenkunft, ist eine *Extinction Rebellion,* ein Aufstand gegen das Aussterben. Selbst wenn ich Punkmusik mag und engstirnigen Konformismus hasse, habe ich mich selbst noch nie als Rebell gesehen, doch vielleicht bin ich das. Als ich schließlich auf der Holzkiste stehe, hält mir die Organisatorin ein Mikro hin, und ich lese meine Rede vor. Ich fühle mich angestachelt, rede Klartext. Mir ist, als würde ich die vielen Dinge, die mich aufregen, zum ersten Mal laut aussprechen – das gibt Energie, reibt aber auch an wunden Stellen. Ich lasse den Blick über die Versammelten schweifen, erhebe die Stimme, erkläre unmissverständlich meine wachsende Wut.

Bedrohungen kommen auf uns zu. Krisen, mit denen die Verwundbarsten im globalen Süden bereits zu kämpfen haben. Und doch tun die Mächtigen nichts. Das Big Business macht weiterhin obszöne Mengen Geld. Wir werden vom Materialismus regiert. Schwärme von Brachvögeln und Kiebitzen waren ein ganz gewöhnlicher Anblick, als die Zerstörer noch Kinder waren wie ich. Aber anders als ich sehen sie die Welt nicht so wie ich. Ausgebeutet. Damals konnten sie es nicht wissen. Heute aber verschließen sie die Augen vor der Wahrheit. Würden sie das nicht, wie könnten sie dann so weitermachen? Felder und Wiesen werden still und leer, und obwohl ich Krähenvögel mag, möchte ich doch Artenvielfalt. Ein gesundes, ausgewogenes Ökosystem. Sogar von meinen geliebten Singschwänen gibt es nicht mehr so viele. Ich versuche, mir den Krach, die Melodik, den orchestralen Klang ihres Gesangs vorzustellen. Das kann ich nicht, es gibt ihn nicht. Ich sehne mich danach. Die Welt rast immer noch zu schnell, meine Generation wird Schlimmes erleben: ansteigende Wasserspiegel; sauerstoffarme Ozeane voller Plastik, weil das Phytoplankton im erhöhten Säuregehalt des warmen Wassers abstirbt; Artenverlust durch Aussterben in einer seit Menschengedenken ungekannten Geschwindigkeit; eine so hohe Pestizidbelastung des Erdbodens, unserer Basis für alles Leben an Land, dass sie für Insekten tödlich ist.

Mein Gehirn scheint mir außer Kontrolle. Diese Wut hat auf unserer Reise nach Dublin in mir geschwelt. Jetzt, bei meiner Rede auf dem ersten irischen Treffen von *Extinction Rebellion*, brodelt sie, und ich bin immer noch nervös, weil es ungemütlich werden oder weil die Polizei aufkreuzen könnte wie bei den Protesten in London. Am Ende meiner Rede trete ich einen Schritt vom Mikro weg, um durchzuatmen. Diese Last und Schwere. Es ist wunderbar, auf der Straße zu sein und laut zu protestieren. Doch was wird es bringen? Ich habe Kopfschmerzen. Fühle mich wie das Kind, das ich bin, unbeholfen und machtlos. Dabei sollte ich solche Gefühle nicht haben. Das ganze Gewicht wurde mir unfairerweise auf die Brust gekippt. Wut kocht wieder hoch, was nie gut ist. Oder vielleicht doch.

**Dienstag, 20. November**

Den ganzen Tag konnte ich mich kaum konzentrieren. Alles lief gerade so gut. Das Leben hier an der Schule machte mir langsam richtig Freude, warum ging ich dann freiwillig so weit aus der Deckung? Dumm. Doch habe ich selbst das Ganze gar nicht angeleiert. Einer unserer Geschichtslehrer hatte von meiner »Arbeit« für den Naturschutz gehört und war auf eine Idee gekommen, hatte sie in den Raum gestellt. Sie ging nicht wieder weg, also wagte ich einen weiteren Versuch.

Ich versuchte es viele Male, an vielen Schulen, immer ohne Erfolg. Nie machte jemand mit, außer dem seltsamen wohlmeinenden Lehrer, dessen Interesse irgendwann auch nachließ, »Ist nicht ganz meine Sache«. Als ich nach einem dieser enttäuschenden Tage schon recht früh darauf wartete, wieder abgeholt zu werden, fingen ein paar Schüler*innen an, mich zu verspotten und zu bedrängen. Sie schubsten und stießen mich, und ich landete mit dem Gesicht im Schotter, im Mund einen schwefeligen Geschmack. Ich hab mich schnell sauber gewischt und meiner Mum eine einfache Erklärung geliefert – ich hatte mir auf die Lippe gebissen, war gegen etwas gelaufen, hatte ungeschickterweise eine Stufe übersehen. Und jetzt wollte ich es wieder tun. Ich muss mit meiner Wut langsam mal etwas Sinnvolles anfangen.

Nach der letzten Stunde gingen Lorcan und ich zum angegebenen Unterrichtsraum. Ich weiß nicht mehr, was zuerst passierte, aber irgendwann stand ich da und sprach, und meine Stimme dröhnte in meinen Ohren. Schüler*innen verschiedener Jahrgänge waren dabei, jüngere, ältere, fünfzehn insgesamt (mit Lorcan und mir siebzehn). Sie hörten zu, während ich erklärte, warum die Natur mir so viel bedeutete, dass ich sogar kleinste Dinge behalte und sie bei Bedarf im Alltag abrufen kann, weshalb ich für die Natur aufstehen und laut herausrufen will, welche großartigen Dinge ich gesehen und kennengelernt habe, all die Magie, die wir sehen können, wenn wir nur stehen bleiben und hinschauen. Dann hielt ich inne, starrte geradeaus, fing an zu atmen und sagte, wir sollten nach draußen gehen, was wir dann taten, hinein ins schwindende Licht nach Schulschluss.

Sie folgten mir vom Parkplatz weg, quer über die feuchten Sportfelder, runter vom Schulgelände, hin zu den Baumgruppen und in die Gegenwart des Slieve Donard, wo ich ihnen Flechten an der Borke zeigte, erklärte, dass sie Indikator für saubere Luft seien, und von ihnen wissen wollte, ob sie sich glücklich schätzten, dass wir den Wald gleich vor der Tür hatten. Die Berge als Wächter. Außerdem das Meer direkt vor der Nase. Lebensräume von größter Bedeutung. Als wir Pilze entdeckten, wollte ich erklären, wie großartig sie für alles Leben sind, aber das Summen in meinen Ohren war wieder da und wurde lauter.

Mein Kopf raste. Ich spürte tatsächlich, wie mein Gehirn sich ausklinkte, als ich zu ambitioniert all ihre Fragen abarbeiten wollte. Wie sollte ich ihre Art und Weise, mich anzusehen, jetzt deuten? Respektieren sie meine Antworten und erfreuen sich an ihnen? Die Düfte der Abendluft und das Rascheln in den Bäumen begannen zu tosen. Die Anstrengung, fokussiert zu bleiben und mich auf sie zu konzentrieren, war gewaltig. Aber das war es mir wert. Keines der fünfzehn Kinder grinste spöttisch. Niemand machte unangenehme Zwischenrufe. Sie sahen mich an, hörten zu. Sie stellten noch mehr Fragen, und bevor wir die Veranstaltung beendeten und unserer Wege gingen, entwarfen wir Pläne, sprachen über ein nächstes Treffen, nannten uns »Ökogruppe« und machten uns Gedanken darüber, was unsere Ziele sein sollten. Als alle gegangen waren, sah ich meinen Atem in der kalten Luft und spürte die Konturen eines Glühens um mich herum. Die Silbermöwen und Dohlen saßen alle oben auf ihren Schlafbäumen. Austernfischer piepsten ihre letzten Noten ins Dunkel hinein.

**Samstag, 24. November**

Jedes Mal, wenn Bláthnaid zum Ballett geht, gehen wir anderen, nachdem wir sie abgesetzt haben, am Newcastle Beach zwischen den Steinwällen spazieren, die zum Küstenschutz gehören. Sogar wenn ich hinaus auf die Wildheit des Wassers schaue, der Wind von den Steinen abprallt und mich zum offenen Meer drängt, spüre ich sie im Rücken: Die Steinwälle hier sind genauso unnatürlich wie die Spielhallen und das Erlebnisbad. Obwohl es drum herum so viel Schönheit gibt. Die Berge dahinter und das Meer davor. Um den Streifen dazwischen, das vom Menschen gestaltete Stück für die ganzen Touristen und für diejenigen, die vom Tourismus leben, ist es wirklich schade. Immerhin gibt es dort eine Bibliothek, die sehr schön ist, weil ich von den Regalen der Kinderbuchabteilung noch den Slieve Donard sehen kann.

Der Tag ist bedeckt. Der Himmel wie in Tinte getaucht, stählern. Ich gehe von der Promenade hinunter zum Strand, in Richtung der Wellen. Hier gibt es jetzt Kies, aber keinen Sand – die Steinwälle haben dafür gesorgt, und durch die Küstenverschiebung wurde der Sand zum prächtigen Murlough Beach hinaufgespült, den ich weiter oben sehen kann. Man überlegt, regelmäßig Sand zu importieren, was vor dem Hintergrund, dass die Küstenschutzwälle und die Promenade den Sandbewegungen diese Dynamik gegeben haben, ziemlich aberwitzig ist. Alles wird von den Wellen ständig fortgetragen werden. Wir können die Natur nicht immer kontrollieren, und hier ist es so gut wie unmöglich.

Ich sitze auf einem Buhnenholz, schwarz verfärbt und abgesplittert, das aber ein guter Sitzplatz ist. Ich sehe Bewegungen an der Strandlinie, ein Geschwirr, fast ein mechanisches Stottern. Ich greife zum Feldstecher und sehe sie: Sanderlinge, etwa dreißig, die ziellos umhergehen, doch mit wunderbarem Zweck. Unscharfe schwarze Beine. Ein Schnabelblitz fährt in den Sand. Sandpflüger. Sie wirbeln in den Wellen herum, unablässig. Hasten. Eilen. Jede Bewegung ist für mich zu schnell, um das Augenmerk darauf zu richten. Die Wichtigtuer des Strandes.

Das Sanderling-Gefieder ist schneeweiß und zinnschwarz, die Haube mit länglicher Schwarz-Weiß-Marmorierung versehen. Sie kommen aus der Hocharktis zum Überwintern nach Irland, reisen über fünftausend Kilometer ohne Unterbrechung. Ihre Bewegungen sind absolut hypnotisch, vor allem, wenn ich einen einzelnen Vogel ins Visier nehme und beobachte, wie er unermüdlich zwischen den Wellen und dem Strand hin- und herrennt, dabei den Sand durchpickert, und beim Rückzug der Welle dasselbe noch einmal, wieder und wieder, wieder und wieder. Wirklich hartnäckig. Ich bin nicht sicher, wie ertragreich das Ganze ist, da sie keine Sekunde stehen bleiben und jeder Sprint von der Welle zur Strandlinie viel Energie rauben wird. Die watschelnden Austernfischer machen im Vergleich dazu ständig kleine Pausen, als würden sie die Landschaft bewundern oder kurz über das Leben nachdenken. Das ist natürlich Quatsch. Jede Spezies hat sich an ihre jeweilige Umgebung angepasst, aber ich finde all die Unterschiede bemerkenswert und aufregend zu beobachten.

Der Zauber wird zerstört durch einen schwarzen Spaniel, der quer über die Steine rast, ohne Leine, und sich verhält wie gerade aus dem Käfig entlassen. Er sprengt die Zusammenkunft der Sanderlinge, lässt sie aufsteigen und nach einem ungestörten Ort suchen. Ich hoffe, dass sie fündig werden.

## Sonntag, 25. November

Dunkelheit zieht auf, Licht wird rar. Wenn die Nacht den Tag stiehlt, bringt sie Dringlichkeit mit sich. Als Erstes greift sie sich die Gesänge des Gartens, zeigt uns aber auch Orte, die unter der Fülle des Sommers versteckt gewesen sind. Ich kann diese neuen

Orte erkunden, mich im schwindenden Licht zwischen ihnen verstecken. Auf den Feldern ist allerdings immer noch Musik zu hören, also beschließen wir eine Ausfahrt zum River Quoile in Downpatrick und lauschen.

Dort führt ein Pfad vom Parkplatz weg, über dem sich die Lachmöwen eindringlich in Scharen sammeln, sich wie Derwische drehen, kreischen, mit ihren Bewegungen Stockenten-Federn vom Asphalt aufwirbeln. Das ist einerseits verstörend, andererseits kann ich nicht anders, als zuzusehen, wie sie auf Mülleimern landen und hektisch und gierig unter Picknicktischen suchen. Alles wird zur Raserei, als ein Auto anhält und die Fahrerin mit einem Eimer voller Brot auftaucht. Jede Möwe kommt angeschossen, so scheint es mir, und frisst, als würde ihr Leben davon abhängen. Eine Lebensmittel-Tafel für Möwen. Mum fährt mich zu dem Pfad hin, weit weg von allem, doch mein Herz hämmert weiter, obwohl wir wandern und der Krawall schon außer Hörweite liegt.

Ich sitze auf einer Bank am Fluss und schöpfe Atem. Mum geht mit Bláthnaid Stöcke sammeln, Lorcan sitzt neben mir. Auch er hat ihn gespürt. Den Möwenhunger. Wir reden darüber, bis ein schrilles »Tschii« uns ablenkt, aufblicken und Ausschau halten lässt nach dem leuchtenden Streif eines Wintergoldhähnchens, und fast im gleichen Moment sehen wir eines durch die blattlosen Erlen huschen. Es setzt sich, pickt am moosbedeckten Stamm, eilt weiter, rüttelt, sucht Ast um Ast nach Spinnen und Insekten ab.

Als ich mich umdrehe, ist Lorcan gegangen – er hat unweit von uns ein anderes Geräusch gehört, das vielstimmige Zwitschern von Schwanzmeisen, einer ganzen Gruppe. Ich geselle mich zu ihm, und wir schauen zu, wie eine wässrige Sonne aus einer Wolke hervorbricht und sich mit ihrer Wärme über uns ergießt. Die Vögel schwirren manisch hin und her, balancieren wackelig ihren rundlichen Körper und einen unverhältnismäßig langen Schwanz. Lorcan und ich schauen uns an, lächeln – beobachten die Schwanzmeisen, unsere Zufriedenheit braucht keine äußeren Anzeichen. Wir halten sie in uns, ein Silberfaden verbindet uns.

Als wir weitergehen, treffen wir auf Bláthnaid, die ausgestreckt auf einem Erlenast über dem Fluss hängt. Wir folgen ihrem Beispiel auf eigenen Ästen, balancieren auf Luft und beobachten eine Gruppe vorübertreibender Reiherenten. Der Himmel wird bernsteinfarben, und es erhebt sich ein knisternder Wind, den ich auf meine Brust, meine Lippen, meine Finger niederfahren lasse. An einer der Enten ist etwas anders, und als ich mit dem Feldstecher genauer hinschaue, erkenne ich ein goldenes Auge und einen weißen Fleck direkt darunter. Sie taucht, und ich folge ihr, bis sie wieder emporkommt, ein seidenschwarzer Kopf mit glänzendem Grün. Eine Schellente. Schellenten sind so schön. Vielleicht ist sie hier den Winter über allein, weil es kein Weibchen in der Umgebung gibt. Wir denken selten an die ganzen Anstrengungen, die unter Wasser gemacht werden, an die surrende Schwimmfuß-Schiffsschraube, dank der die Vögel mit solcher Anmut und Leichtigkeit über den Fluss gleiten. Autistisch sein ist so ähnlich. An der Oberfläche merkt niemand, wie viel Energie es kostet und Arbeit es braucht, sich anzupassen und so zu sein wie alle anderen.

Ich sage Lorcan und Bláthnaid Bescheid, lasse meinen Feldstecher kreisen. Jeder von uns staunt. Mum ruft herüber, sagt, wenn wir nicht bald gingen, würden wir nicht in den Vogelbeobachtungsturm kommen, bevor es völlig dunkel ist. Wir lassen uns von unserem Ausguck rutschen, zögernd, wir drei als Dreifaltigkeit. Als wir den Turm am Ufer erreichen, ist das Licht nur noch sehr schwach. Dennoch ist der Ort magisch – und wir sind allein, sodass jeder ein Aussichtsfenster für sich hat. Wir öffnen sie, um die Kühle hereinzulassen, und mit ihr kommen aus dem Schilf die Rufe von Krickenten, Blesshühner bellen und bedrängen die Stockenten. Die Bewegungen am anderen Flussufer stammen von einem Schwarm Kiebitze, die mit aufgefächerten Federhauben entlang des angrenzenden Feldes fressen. Eine unsichtbare Störung, und alle fliegen auf, ein Ausbruch von Geflacker vor bronzenen Wolken. Der letzte Sonnenrest wirft Schatten auf den winzigen Formationsflug. *Kiebitz, kiebitz. Kiebitz, kiebitz.* Mit sprinkelnden, pulsierenden Flügeln fliegen sie noch zusammen einen Bogen, bevor sie wieder landen.

Die Sonne versinkt, und die Zeit, die sonst allerorten davonfließt, hier bleibt sie stehen, und ich spüre die Kiebitze, als wären sie direkt neben mir. Die Welt bewegt sich zu schnell, mit zu wenig Umsicht und zu viel Grausamkeit. Hier ist immer noch alles mit den Klängen der schlagenden Flügel gefüllt, den Vogelrufen, gelegentlichem Erstaunen und Gekicher. Trotz des sich verdunkelnden Himmels um uns herum war der Tag ganz golden, ganz hell.

WINTERDUNKEL, DAS GESPENST, *das eiskalte Windböen bläst. Schneetage sind zauberhaft, aber was ist mit dem restlichen Winter? Die blutarme Zeit, in Grau und Braun getaucht, ein verlaufendes Aquarell. Fehlende Fülle bringt Formen und Konturen der Landschaft hervor. Strukturen, Spitzen nackter Blöße. Heiße das Halbdunkel willkommen, umarme die tagfressende Nacht. Spüre den Himmel so nah wie noch nie, wie er herabdrückt, manchmal leicht, häufiger stark. Die Schönheit all dessen. Zerbrechlichkeit der Luft und Bestreben des Dunkels, das ganze Jahr zu überschatten. Winter fühlt sich für mich nun an wie eine Zeit des Wachsens, des Betrachtens, der Verbindung zu unseren Vorfahren und den Verstorbenen. Ihren Geschichten, Nachrichten, Artefakten. Mehr Dunkelheit heißt mehr Ruhe an den Abenden, wenn allein Rotkehlchen, Saatkrähe, Dohle, Rabe oder Nebelkrähe zu hören sind, das entfernte Kreischen der Möwen. Ich kann so viel mehr dazwischen hören.*

*Im Dunkeln aufzustehen ist für mich die größte Herausforderung, aber seit den sehr frühen Kindheitsmorgen mit Mum wurde es viel angenehmer – mit unter Decken geschmuggelten Geschichten, dem Schachspielen vor Sonnenaufgang, egal zu welcher Jahreszeit. Als es hell wurde, hatte ich das Gefühl, schon sehr viel getan zu haben. Oft stand ich allein auf, um vor Tagesanbruch die Geräusche zu sondieren, das Ticken der Uhr, das Brummen des Ölofens, das Knacken der Heizkörper, sobald heißes Wasser hineinfließt. Zahnräder, die den Tag in Bewegung setzten, bevor der Himmel langsam lichter wurde und die Dohlen auf dem Dach des Anbaus tanzen. Dann ein singendes Rotkehlchen. Das Ausschütten einer*

*Lego-Kiste. Das Klackern von Holz auf Holz, während ich Dads altes Schachspiel aufbaute, auf dessen schon wackeligem Messingverschluss in schwungvoller gälischer Schrift sein Name stand. Sich in der Stille des Dunkels bereit machen ist die beste Vorbereitung auf den Tag, vor Sonnenaufgang beginnen, Spuren hinterlassen, den Vorhang der Zeit aufschieben, bevor sich der Tag offenbart. Im Winter ist so viel mehr zu sehen, das Zittern von Ästen, wenn der Wind hindurchfährt, auch mehr kauernde Konturen, und so viel Enthüllung steht noch an.*

*Ich erinnere mich lebhaft an den Dezembertag, an dem alles den Lagan-Leinpfad entlang und in der Umgebung rundum so weiß erleuchtet war. Ich erinnere mich an den Mantel, den ich trug, einen beigefarbenen Dufflecoat, den ich geliebt habe. Blaue Gummistiefel. Meine Locken sind lang gewachsen, und Lorcan rennt jetzt. Sind das seine ersten Schritte? Wie alt war ich? Drei? Ich frage mich, ob andere Menschen sich so weit zurückerinnern können. Für mich sind das die hellsten Erinnerungen, glockenrein, kross wie unsere Schritte an diesem Nachmittag. Die Sonne steht tief, ist aber stark, und wir gehen eine lange Strecke, bis wir zu den Weiden kommen, die sich weit über den Fluss beugen. Möglichkeiten hängen zum Greifen nah. Eine Lebensinsel nähert sich. Instinktiv werde ich ruhiger, bewege mich langsamer; sehe kleine Wellen das Spiegelbild von Zweigen verzerren. Weichrückig, schwarz, schleichend. Ich zeige darauf, damit Dad hinsieht, wir sitzen stocksteif da. Mum knuddelt Lorcan im Arm und flüstert ihm ins Ohr, damit auch er ruhig ist. Geheimnisvolle Schemen, ein Otter hebt den Kopf und schwimmt los – wir sehen ihn ganz deutlich, und keine anderen Leute sind da. Nur Stille und Otter, Otter und Stille. Ich spüre das Gewicht des Moments, eine Träne rollt mir über die Wange. Ich weiß nicht, warum sie mir ausgebüxt ist. Der Otter-Effekt. Als er sich umdreht und verschwindet, füllt noch mehr Leben seine Abwesenheit aus: Mit dem Schnabel voran schießt ein blaues Licht durch den Fluss, ein Eisvogel, so schnell, dass er wohl Einbildung war.*

*Damit beginnt das Schluchzen, ein großes Schluchzen. Der Winter bringt das hervor, diese Klarheit von allem, man sieht, ohne zu suchen. Auch der Schall trägt weiter. Beim Aufschauen zeigen sich Teile von Dingen, die immer verborgen sind. Natürlich fordert die Länge des Winters ihren Tribut. Sie wird erdrückend, vor allem, wenn einen die Erwartung mit Frühlingssehnen überkommt.*

*Nach dem Ottertag schmolz der Schnee, und jeder folgende Tag wirkte grauer. Ich sah immer noch die Farben, die eigentlich nicht da waren, den Eisvogel, die kleinen schillernden Wellen. Und jetzt, im letzten Viertel meines vierzehnten Lebensjahres, habe ich immer noch die Erinnerung, die ich dann heraufbeschwöre, wenn die Dunkelheit zu viel wird, die Nacht mehr Feind als Freund ist, mich umhüllt und so heftig drückt, dass ich kaum sehen oder atmen kann. All die Momente verwahre ich in meinem Inneren, lege mir einen Schrank voll mit Entdeckungen und Ereignissen an, die ich herausholen kann, wenn ich sie brauche, damit sie mir leuchten. Ich muss hinaus in die Welt und neue Dinge finden. Die gibt es immer. Immer.*

## Samstag, 1. Dezember

Wir gehen in den Hohlweg hinein, und ich spüre die Schnur, die mich weiterzieht und uns mit Dingen verbindet, die es nicht mehr gibt, die jedoch in unseren Gedanken noch Wirklichkeit sind. Seit Kurzem verlaufen meine inneren Wanderungen in Spiralen, und meine Selbstgespräche werden seltsam unförmig, obwohl ich sie spannend und tiefsinnig finde. Ich stelle mir die Zeit immer noch als eine lange Schnur vor, die an einem Ende brennt, das ist die Gegenwart, in der wir handeln können und am lebendigsten sind. Die Asche ist die Vergangenheit, die noch unversehrte Schnur die Zukunft. Die Schnur trennt sich immer auf, wenn etwas passiert. Die Toten sind Asche: Sie bleiben da und verlassen uns nie. Ich spüre die Schnur kürzer werden und als Asche nachglimmen, doch größtenteils ist sie unversehrt, braun, liegt lang gestreckt vor uns.

Haselbüsche wölben sich über den Hohlweg, Wurzeln ragen hervor, und die Erde legt sich sanft um mich, formt einen immer schmaleren Tunnel zu einem schwindenden Licht in der Ferne hin: einem funkelnden Vollmond. Meine Schritte sind laut in meinen Ohren, werden tief in Wintererde gestapft. Die anderen sind schon weiter vorne, aber ich fühle mich wie *Der Eisenmann*, als er in eine andere Dimension scheppert und mit knisternder Energie gefüllt wird. Ein Laut durchbohrt den Schrittetakt: ein Rotkehlchen mit Morse-Trillern, ein SOS-Melder. Ich wackle mit dem Kopf, möchte die Befremdung abschütteln, aber die Unheimlichkeit bleibt.

Ein Atem zieht durch die Äste, ein feierliches, fast singendes Knarren. Alles wird immer unheimlicher, und als ich aus dem Halbdunkel des Tunnels hervorkomme, spielen meine Sinne plötzlich verrückt. Seltsame Formen und Farben erscheinen. Ich biege nach rechts ab, gehe mit großen Schritten ans Tageslicht. Der Ginster steht hier fast in voller Blüte. Auch die Brombeeren mit ihren vergilbenden Blättern. Von den Haselbüschen hängen Stofftiere, billige Schmuckanhänger, schwankende Weihnachtskugeln, Kartons, die ich nicht öffne. Ich beschleunige den Schritt und komme an ein grünes Tor mit einem Schild, auf dem »Ballynoe Stone Circle« (Ballynoe Steinkreis) steht. Ich laufe über Gras mit glitzerndem Reif an den Spitzen; es knirscht unter den Sohlen, schrecklich laut, und dennoch zieht und zerrt die Schnur mich weiter, das Feuer und die Asche, zu den aufrecht stehenden Steinen der jungsteinzeitlichen Grabstätte.

Die Steine bilden im späten Abendlicht einen fast perfekten Kreis mit reiffreiem Eingang, vor dem sich die Umrisse des Zugangswegs abzeichnen. Die Anderswelt ist hier sehr präsent. Als ich mich dem umschlossenen Erdhügel nähere, sehen die harten Steine aus, als hätten sie sich gerade erhoben, voller Leben, mit dem Blut des beweglichen Bodens in den Adern. Das ist die Eigentümlichkeit der Zeit. Die Schnur kann sich in unzählige Möglichkeiten auftrennen. Die alten menschlichen Überreste, die hier begraben lagen und von den Ausgrabungen gestört wurden, hat man als Asche hier verstreut. Die Schnur hängt tief, und um mich herum entfaltet sich Wahrheit. Die Menschen, die uns vor so langer Zeit verlassen haben, leben immer noch irgendwo fort. Im Erdboden, in Bäumen, in dem Rotkehlchen, das auf einem der inneren Steine sitzt und aus diesem Töne abzapft. Der Vogel hüpft von Stein zu Stein, hält eine Weile inne, um zu singen.

Granny glaubt, die Toten leben in den Rotkehlchen, oder dass zumindest ihre Seelen das tun. Granddad starb, als ich zwei war, und immer wenn sie an sein Grab ging, erschien ein Rotkehlchen und begann stürmisch zu singen. Es hatte was von Granddad, sagte sie.

Ich wünschte, ich könnte mich an damals erinnern, als seine Tage dahinschwanden und er in seinem Sessel saß. Granny erzählt mir, dass ich bemerkte, wenn er Durst hatte, seine Wasserflasche holte und sie ihm sogar an die Lippen setzte. »Nur ein bisschen«, sagte er dann. Ich schmiegte mich an sein Knie und war eine Zeit lang ruhig. Damals war ich selten ruhig, plapperte ständig, war immer in Bewegung. Doch in solchen Momenten schwieg ich.

Am Tag, als er starb, hob Dad mich hoch, damit ich seine Stirn küssen kann. Ich wünschte, ich würde mich an das Gefühl erinnern und auch daran, wie es sich angefühlt hatte, als er noch lebte. Immerhin kann ich mich an meine aufgebahrte Tante Sharon erinnern – in Irland haben wir vor dem Tod keine Angst, wir empfangen ihn mit offenen Armen. Die Toten werden zu Hause von ihren Familien »bewacht«, man hält Totenwache. Die Verstorbenen liegen dabei in Särgen, aber ohne Deckel. Man feiert ihr Leben mit viel Essen (ständigem Essen), Tee und Alkohol. Natürlich wird auch gesprochen, und man tauscht sich aus, viele Erinnerungen, Umarmungen, Tränen. Die ganzen Gefühle. Ein Sarg steht da, und die Menschen versammeln sich darum, sind besinnlich. Beten. Beten den Rosenkranz. Bittersüße Melancholie. Ich weiß noch, wie ich Tante Sharons Stirn geküsst habe, und Lorcan musste hochgehoben werden, wie ich bei Granddad. Sie war einundvierzig. Es war September, und ich war sieben, Lorcan fünf und Bláthnaid noch gar nicht geboren. Sie starb an Krebs, wie Granddad. Ich erinnere mich, wie kühl und hauchdünn sich ihre Haut anfühlte. Dass sie nicht wie sonst aussah. Sie war ein Schatten. Ihr altes Ich war woanders hingegangen, weg aus der dicken Luft ihres Schlafzimmers im ersten Stock. Rundum saßen Leute, und sie war in der Mitte.

Hinter dem Erdhügel gibt es nördlich der Grabstätte einen *cairn*, einen Steinhaufen, auf dem ein einsamer Baum steht. So ohne Blätter ist schwer zu sagen, welche Art es ist, aber wie an dem Haselbusch im Hohlweg hängen an fast jedem Ast Opfergaben. Amulette. Glücksbringer. Hoffnungen. Träume. Erinnerungen. Manche schon spröde und ausgefranst. Bänder, gerahmte Blumenbilder, Babyspielzeug, Figürchen. Der Anblick all dieser Dinge im Schein der untergehenden Sonne, während der Wind durch die Steine streicht, löst bei mir genau das Gefühl aus, als wenn plötzlich ein Otter auftaucht oder ein Eisvogel zurückkehrt. Ausgedehnt. Alles dehnt sich aus. Körper, Geist, Verstand, aller Raum um mich herum füllt sich mit unendlichen Möglichkeiten.

Die Toten umgeben mich jetzt, und die Nebelschleier wehen. Ich lege mich auf den kalten Boden, schließe die Augen, spüre den Puls von allem unter mir. Meine Augen aber bleiben trocken – wann ich zuletzt geweint habe, weiß ich nicht mehr. Vielleicht wurden mir die Tränen aus dem Leib geschlagen, und ich bin eingetrocknet, verhärtet. In mich kriecht das Gefühl einzusinken, meine Brust zieht sich zusammen. Mum kommt und setzt sich neben mich, spürt vielleicht die Besonderheit des Moments oder tut es, weil ich, ohne es zu merken, laut summe. Ich setze mich auf, starre über die Felder. Die Dunkelheit versucht sich anzunähern, aber ich konzentriere mich auf den Rotkehlchengesang, und schon fühlt meine Brust sich leichter. Das Gewicht fällt ab. Ich atme auf.

Ich ziehe mich hoch und gehe davon, mit Mum, Dad, Lorcan und Bláthnaid, weiter durch den Hohlweg, jetzt mit einer Taschenlampe. Wir finden den Ausgang und treten in eine andere Nacht, mit Autos und Straßenlaternen, und müssen uns damit begnügen, dass wir immerhin hinein- und hinausgehen können und dadurch eine schmale Sphäre erschaffen, in der sich beide Welten verbinden.

**Donnerstag, 6. Dezember**

Wenn wir im Halbdunkel nach Hause gehen, erfreuen Lorcan und ich uns an diesen Tagen, trotz des stahlblechgrauen Himmels. Kein Blau mehr, seit Tagen nicht. Doch Licht kommt auf vielen Wegen durch, und jeden Tag bleiben wir stehen, um der Musik aus dem Efeu zu lauschen. Sperlingsgesang, ein schnatternder Hexensabbat. Grandioses Getöse. Der Efeu an einer blattlosen Eberesche pulsiert, umrankt den unteren Stamm mit Festgirlanden. Nervöses Flitzen, rein und raus, Picken an den Ästen. Ein ganzer Sperlingsschwarm hat hier seine grünblättrige Villa. Doch ist diese Art Wohnkollektiv nicht mehr überall zu finden. Seit 1970 sind die Bestände im Vereinigten Königreich um fast siebzig Prozent zurückgegangen. Haussperlinge leben in der Nähe menschlicher Behausungen, und ein solcher Baum direkt vor einer Kirche ist ein echter Segen. Ich lausche den Phrasierungen der geplusterten Sänger und achte auf die Reihenfolge, in der sie sich äußern: Die Weibchen beginnen, die Männchen folgen, erst die Braun-, dann die Silberhauben, schließlich singen alle zusammen. Der dröhnende Verkehr flatscht durch Regenpfützen, aber die kalten Spritzer, die vor und auf uns landen, schmälern kaum unsere Freude, zu schauen und zu hören. Der Schwarm hier ist ein anderer als der in den Büschen vor unserm Haus – vor ein paar Tagen, als ich hier am Efeu entlangging, rief ich Mum zu Hause an und fragte, ob dort gleichzeitig etwas los war. Erfreulicherweise waren beide, Efeu und Büsche, voll mit Geplapper und Gezwitscher. Mum zählte fünfundzwanzig Vögel. Hier zählte ich vierzig. Bei solchen Zahlen muss ich lächeln.

Haussperlinge haben, was ich echt erstaunlich finde, einen zusätzlichen Knochen in der Zunge, den Preglossalen, der beim Fressen von Samen eine große Hilfe ist. In der griechischen Mythologie sind Spatzen heilig und werden oft mit Aphrodite in Verbindung gebracht, die für wahre Liebe und geistige Verbundenheit steht. Im zweiten Buch der *Ilias* schreibt Homer von einer Schlange, die neun Sperlinge frisst, acht Jungvögel und ihre klagende Mutter, und damit entscheidet, wie lange der Trojanische Krieg dauern wird. Ich frage mich, wie viele Menschen sich Sperlinge anschauen und die tiefe Verbundenheit spüren, oder sich einfach glücklich schätzen, im Ökosystem denselben Raum zu teilen. In unserer Vorstellung führen alle Vögel ein buntes Leben, sie verbinden uns mit der Natur, eröffnen uns alle kreativen Bereiche. Verliert sich diese Verbundenheit wirklich, bis es kein Zurück mehr gibt? Ich weigere mich, das zu glauben.

Wie ich da im Regen stand und die geplusterten Sperlinge miteinander schwatzten, entdeckte ich einen Acker-Spark. Die Natur zu beachten ist der Anfang von allem. Sich Zeit zu nehmen, trotz Bergen von Hausaufgaben. Einen Zeitraum zu schaffen, um zu stehen und zu schauen, wie der Waliser Dichter W. H. Davies in »Mußezeit« schrieb:

*Was ist das für ein armes Leben,*
*Ohne die Zeit, den Blick zu heben,*
*Sich sattzusehn in aller Ruh'*
*An Baum und Busch wie Schaf und Kuh.*
*Sich sattzusehn und zu entdecken,*
*was Eichhörnchen im Gras verstecken*[2]*.*

Für mich ist das Schauen allerdings keine »Mußezeit«, keine »arbeitsfreie Zeit«. Es ist eine vollwertige Betätigung, ist auch Arbeit. Herzensarbeit. Mit Muße die Natur beobachten, um sich in ihre Muster, Strukturen, Geschehnisse und Rhythmen

---

2 William Henry Davies, »Leisure« in: Songs Of Joy and Others, A. C. Fifield, 1911. Übertragen von Andreas Jandl.

einzufühlen. So holen sich Mathematiker und Naturwissenschaftler neue Ideen. Alan Turing untersuchte Muster in der Natur: die Anordnung von Zellen in einem Embryo oder von Blütenblättern in einer Blüte, die Wellen einer Sanddüne, die Flecken eines Leoparden, die Streifen eines Zebras. Er suchte nach einer mathematischen Formel für die Zellentwicklung in Lebendgeweben. Er entwickelte den Begriff der Reaktions-Diffusions-Systeme, in denen sich Muster in Stimulationsreaktionen umwandeln. Ein irre komplexes Thema! Ich kann seine Theorie unmöglich genauer erklären, aber die Naturbeobachtung schenkte ihm Inspiration und Ideen. Natur als Quelle für Kreativität. Wir müssen uns einfach die Warum-Frage stellen. Mein wirres, wirbelndes Denken in der Natur und auch mein »Tagträumen« ist sehr viel produktiver als alles Arbeiten und Lernen in der Schule.

Ich komme wieder ins Lot, wenn ich nachdenke, und nachdenken, während man die Flugmuster von Libellen oder Staren beobachtet, ist echt Wahnsinn. Wer weiß, wohin das Beobachten der Sperlinge noch führt!

Efeugirlanden, dicht bevölkert, herzförmige Blätter, einige noch blütenbesetzt, viele mit schwarzen Beeren. Eine Drossel taucht auf, pickt in Bodennähe an den Früchten. Eine Amsel erscheint inmitten des Efeus, frisst ausgiebig. Meine Schulkleidung ist mittlerweile durchnässt, und ich merke, dass Lorcan weggegangen ist. Er hat es mir wahrscheinlich gesagt, doch habe ich ihn nicht gehört. Ich war zu beschäftigt. Diese Pause zwischen Bushaltestelle und Zuhause ist so viel besser als die Hausaufgaben, die auf mich warten.

## Samstag, 15. Dezember

Es regnet in Strömen, Wasser zerschellt am Boden wie Glas. Nach wie vor kommen Vögel an die Futterhäuschen, futtern so gierig, dass wir häufiger nachfüllen müssen. Samen, Nüsse, Talg. Dies ist eine Tafel für Flugfutter. Der Regen lässt die Sicht verschwimmen, also öffne ich die Hintertüren und stelle mir einen Stuhl daneben und noch einen, damit ich die Füße hochlegen kann. Gleichzeitig überfliege ich meine Matheaufgaben fürs Wochenende und schaue, wer uns besuchen kommt, führe und vergleiche die Wochenliste. Das tue ich fast jedes Wochenende, vor allem, wenn es schüttet.

Trotz der Sturzbäche fliegen die beiden Kohlmeisen hin und her, wetzen zunächst den Schnabel am schmiedeeisernen Griff der Schüssel, in der ein Teil der Samen liegt, dann sammeln sie einige zusammen und fliegen damit fort. Das Rotkehlchen kommt vorsichtig herangehüpft, pickt das meiste vom Boden, landet manchmal auch auf der Schüssel – aber nie auf dem Häuschen. Die Heckenbraunelle macht es ähnlich, ständig lauernd, und hat noch nie aus der Schüssel gefressen. Erstaunlicherweise landet ein Zaunkönig unweit von meinem Sitzplatz und pickt das verstreute Futter auf, das versehentlich aus dem umgekippten Beutel fiel, während mich das Krächzen eines Raben von oben ablenkte. Der Zaunkönig kommt so nah, dass ich die weiß-braunen Wellenformen des Gefieders sehen kann, und wie der Wind hindurchfährt, Federn anhebt, ganz egal, wie nass sie sind. Sein Schwanz stellt sich leicht auf, etwas hat sich verändert. Ich verharre wie eine Salzsäule, als er in meine Richtung schaut und abrupt auffliegt, fort und herum und in den Schutz des Flammenbaums neben der Tür, der schon lange vor unserem Einzug hier gepflanzt wurde (und wahrscheinlich aus dem Gartencenter stammt). Obwohl der Flammenbaum für einen Wildtier-freundlichen Garten nicht optimal ist, haben Vögel sehr viele Einfluglöcher in das Gewächs gebohrt, durch die sie hinein- und herausschießen. Manche Löcher sind winzig, andere größer. Was tun all die Vögel in dem Baum? Manchmal hört es sich an, als wäre in einem Tudor-Inn eine Schlägerei ausgebrochen, so viele unterschiedliche »Sprachen« von Bewohnern und Besuchern. Eine multikulturelle Gemeinschaft. Alle anders, doch alle Vögel. Einmal flog eine Krähe hinein, und das Ganze explodierte vor Geflatter und Gekreisch.

Eine Kohlmeise kommt heraus und pickt dort weiter, wo der Zaunkönig aufgehört hat, Buchfinken gesellen sich zu ihr. Das Zeisigpaar ist immer noch da, und ein Tier fliegt ins Häuschen, um zu fressen. Meist das Weibchen, während das Männchen aus einiger Entfernung zuschaut, bis beide davonfliegen. Ich schaue hinunter und sehe, dass sich am Eingang eine Pfütze gebildet hat. Der Regen prasselt immer noch, meine Hosenbeine sind klatschnass. Wie konnte ich das nicht merken? Wieder meine Trance-Welt. Beim Beobachten verschwindet Zeit in einem Vakuum. Ich bin wie an meinen Stuhl genagelt, als drei Dohlen hineinfliegen, mit hellblauen Augen. Als Nächstes hüpft eine Elster hinein, und sie fressen alle zusammen, schütteln ihr Gefieder, versprengen Glitzertropfen in die Trübheit. Eine Ahnung überkommt sie (oder sie sind einfach satt), und alle fliegen davon. Ihre Abwesenheit lässt den Verkehr wieder hörbar werden, macht alles hohl und leer. Schlotternd schließe ich die Tür, steige aus meiner durchtränkten Hose.

Wir können der Natur einen sicheren Ort in unseren Gärten erschaffen, vor allem während der Wintermonate, wenn es nur wenig Futter gibt. Sich um die Natur und sich selbst kümmern kann man überall und nirgends: in Gärten voller Leben, Naturschutzgebieten, mit Plätzen zum Rasten, Plätzen zum Fressen. Die Aktivitäten und das Verhalten der Wildtiere in einem Garten zu beobachten bringt viel Erfüllung für Geist und Herz. Nachdem ich einige Zeit lang ruhig den Regen gespürt und Vögel beobachtet habe, sind die Hausaufgaben nicht mehr so unangenehm. Es gibt nichts Besseres, als die Verbindung zwischen allen

Lebewesen instand zu halten und vielleicht sogar das Überleben einiger Arten zu sichern, die in unseren Gärten und entlang unserer viel befahrenen Straßen leben.

**Sonntag, 16. Dezember**

Heute klarte sich der Himmel auf, atmet Licht ins andauernde Grau der tropfnassen vorherigen Tage. Mir ist, als hätten wir seit Wochen keinen vernünftigen Spaziergang mehr gemacht; ein Engegefühl, das zu den Jahresendprüfungen und zum aschgrauen Wetter hinzukommt. Wir haben alle ein bisschen am Rad gedreht. Ich bin trotzdem durch die Dunkelheit gewandert: am frühen Morgen im Dunkeln den Hügel hinauf, durch den Waldpark hindurch bis zum Reitpfad und wieder zurück. Kurze Momente der Flucht in den Regen. Der scharfe Wind hat die Trägheit und Apathie immer fortgeweht, die sich zwischen den Wänden von Haus und Schule aufbaut.

Was für eine Riesenerleichterung, wenn sich die Ankündigung eines Ausflugs im Haus verbreitet. Wir gehen raus! Nach Rostrevor ins Fairy Glen, das »Feental«. Die ganze Familie, auch Rosie, in ihrem lila gepunkteten Hundemantel. Granny wohnt in der Nähe, also werden wir danach mit ihr zusammen zu Abend essen.

In meiner früheren Jugend hätte so ein spontanes Vorhaben bei mir absolutes Kopfchaos ausgelöst. Es wäre nicht gegangen. Schnelle Planänderungen waren Marter; Neues zu verarbeiten ist für die meisten so selbstverständlich, für mich war es ein Grauen. Durch behutsames Vorbereiten, bei dem ich von Mum über das gesamte Vorhaben und alle Planungsdetails informiert werde, kann ich heute mit Spontaneität viel besser umgehen. Ich glaube nicht, dass die Menschen eine Vorstellung haben, was hinter den Kulissen passieren muss, damit »wir Autisten« äußerlich wirken können, als wäre alles in Ordnung. Meistens kontrollieren wir uns, halten alles zurück, bis wir an einem sicheren Ort sind. Lassen dann den Druck ab. Ein rauschender Fluss und ein kleiner Spaziergang. Ich denke daran, wie Virginia Woolfs Figuren in *Mrs Dalloway* von ihren Spaziergängen durch London zusammengehalten werden; ich verbinde mich dabei nicht mit Menschen, sondern mit den Elementen, mit der Natur, die von meinem täglichen Leben, von meiner eigenen Geschichte nicht mehr getrennt werden kann.

Natürlich bin ich auch im Austausch mit Menschen. Mehr als je zuvor in meinem Leben. In der Ökologie-Gruppe meiner Schule sind mittlerweile über zwanzig Schüler*innen aus allen Jahrgängen. Außerdem bin ich im Computer-Klub, bei der Amnesty-International-Gruppe, die sich mittags trifft, und mache in den Pausen kleine Wanderungen mit meinen Freunden – ja, da steht ein Plural! An der Oberfläche wirkt das Leben ganz gewöhnlich. Aber mein Denken gräbt sich in immer größere Tiefen. Weil ich mich um den Alltag nicht mehr viel sorgen muss, habe ich freien Denkraum, um zu träumen und in mir selbst spazieren zu gehen. Wahnsinn ist das. Der Frühling und Sommer, die Jahreszeiten mit Sonne und Licht, brachten mich zur Verzweiflung. Die Dunkelheit schenkte mir Trost und Heilung. Ich pflege keine »sozialen Kontakte« wie andere Jugendliche, die sich nach der Schule treffen, snapchatten, sich über Youtuber streiten. Ich bin nicht imstande zu solchem Small Talk, und zurzeit bin ich darüber ganz froh. So viel lenkt uns von uns selbst und der Natur um uns herum ab, was aber nicht heißt, dass ich keine Videospiele mag – wir müssen dreidimensionale Menschen sein, oder? Vielschichtig. Und unsere Verbindung zur Natur lässt sich mit Technik kombinieren. Es gibt keinen Grund, uns Teenager zu isolieren und ständig über unsere digitalen Gewohnheiten zu schimpfen – wer das vorhat, überprüft bitte erst mal die eigenen Gewohnheiten. Stattdessen gebt uns die Möglichkeiten und den Raum, um selbst Entdeckungen zu machen, gebt uns ein Bildungssystem, das die Natur als unsere größte Lehrerin anerkennt.

Nach der Schattenzeit drinnen blendet draußen das Blau. Die Flussufer sind voll mit Sonntagsgängern, die einer ähnlichen Lust am Draußensein folgen. Oft hört man Ausrufe wie: »Herrlich, nach all dem Regen wieder mal rauskommen!« Nachdem sich der Regenschleier gelüftet hat, lächeln die Leute, genießen die neue Heiterkeit.

Lorcan und Bláthnaid flitzen durch den Fluss, spielen auf den umspülten Steinen. Sie haben ihre Sprungweite perfektioniert, hüpfen von einem zum anderen und kommen unfallfrei von der einen Flussseite zur anderen. Mum muss, während sie ihnen zusieht, immer wieder tief durchatmen, wenn einer von ihnen zu straucheln droht, aber Dad bleibt erstaunlicherweise ganz ruhig. Das Bedürfnis, Energie loszuwerden, ist deutlich sichtbar.

Ich setze mich auf die kalten Steine, ziehe Schuhe und Strümpfe aus, lasse meine Füße in die Kälte einsinken, spüre das Wasser meine Beine umspülen. Dann nehme ich den Feldstecher, suche das Ufer ab. Nichts. Ich genieße einfach die sprudelnde Strömung und die Schärfe des Wassers an der immer tauberen Haut. Nach einer Weile fängt es an zu kribbeln, ein bisschen zu stark. Ich stehe auf und gehe zu den anderen, doch die sind ein kleines Stück weitergegangen, um sich etwas anzuschauen, ich bleibe also, wo ich bin. Dann ein Hüpfen im Wasser vor mir, auf einem der Flusssteine. Eine Wasseramsel. Erhobener Kopf, weiße Kehle. Typisches Rucken. Sie taucht unter, und ich sehe ihre Konturen unter Wasser herumschwimmen, gehen, mit den Füßen am Stein festgesaugt. Sie taucht wieder auf, hüpft auf einen Stein, beginnt unter frenetischem Rucken ein hyperaktives Putzen. Ein Blitz aus Sorbet und Silber an der Wasserlinie fängt meinen Blick: Eine Bergstelze rast wie ein tempogeiler Fahranfänger das Ufer hinauf. Als ich wieder auf das Wasser vor mir schaue, ist die Wasseramsel verschwunden, und ich merke, meine Füße sind vor Kälte schon fast blau. Ich steige mühsam in

Strümpfe und Schuhe, humple unter Schmerzen vorwärts, sage Mum und Dad aber nichts zu meinen Eisfüßen. Ich will kein Tamtam.

Das »Feental« ist wirklich idyllisch. Sein Zugang an der Bridge Street ist auf der einen Seite von efeuberankten Häuschen gesäumt, Natursteinmauern und grasbewachsenem Ufer, auf der anderen Seite vom Kilbroney Park, den der gleichnamige Fluss wie eine Ader durchzieht und Dorf und Park, Wald und Forst voneinander trennt. Eichen reihen sich das Ufer entlang, und die Buchen hier tragen immer noch knittrige, brüniert-goldene Blätter, die sich sträuben herabzufallen. Es sind immer noch viele Menschen unterwegs, also weichen wir eilig zum anderen Flussende aus, runter von der Straße, rauf auf die Wiese, wo sich der Pulk der Sonntagsspaziergänger verliert. Wir gehen noch ein bisschen weiter, für alle Fälle, dann bleiben wir stehen, atmen durch.

Lorcan kann Menschenmengen wirklich nicht leiden, vor allem nicht draußen. Seine Brust kann nicht aufgehen, sein Herz auch nicht. Er kann sich nicht an der Natur erfreuen, kann nicht sprechen. Alle drei von uns machen »Stimming« – das steht für selbst stimulierendes Verhalten und wird von Menschen im Autismus-Spektrum angewandt. Lorcan nutzt Geräusche, Quietschen, Grunzen, Summen, Pfeifen, Stöhnen. Bláthnaid verdreht die Finger, reagiert mit Sauggeräuschen und Armwedeln, ihren »Selbstleuchter-Stresskiller-Moves«, wie sie sagt. Das ist nicht verrückt. Nur anders. Manche neurotypischen Menschen reden unaufhörlich – Small Talk ohne Ende! Ich zwirble meine Haare, hüpfe willkürlich herum und fange manchmal – peinlicherweise – an, mich hin und her zu wiegen. Wenn Leute in der Nähe sind, halte ich mich zurück. Lorcan unterdrückt alles, wenn andere dabei sind. Nur Bláthnaid, die jünger und weniger befangen ist, macht ihr Stimming ganz ohne Hemmungen. So ist das eben. So sind wir. So sprudelt bei uns die Freude raus, kriecht die Angst rein. So steuern wir unsere Gehirne. Wahrscheinlich macht ihr auch Stimming, ohne es zu wissen. Habt ihr schon mal eure Nägel gekaut? Eure Haare gedreht? Euch am Ohr gezupft? Wusst' ich's doch. Vielleicht sind wir doch nicht ganz so verschieden.

Als wir über die schlafende Wiese gehen, scheint alles zunächst leer. Dann kommen die Bewegung, huschende Farben und Formen. Braun, eine Ahnung von Rot, Aschgrau. Wacholderdrosseln. Rotdrosseln. Misteldrosseln. Sie alle wuseln hier herum. Heben den Kopf, schauen rechts-links, tauchen ab und durchstochern die Erde. Da es heute Morgen geregnet hat, gibt es reichlich Würmer, doch als in der Nähe ein Hund bellt, sind sie alle in der Luft, wenigstens einhundert, viel mehr, als ich am Boden gesehen habe. Sie landen etwas weiter die Wiese hinauf, doch braucht es nicht lange, bis sie zurück zu uns und zum Feld vorrücken.

Die manchmal »Winterdrosseln« genannten Wacholderdrosseln und Rotdrosseln kommen aus Skandinavien und vom europäischen Kontinent hierher, und ich erinnere mich an den Winter 2010, den schlimmsten Winter seit unserer Geburt. Wir hatten eingefrorene Leitungen und kein Wasser. Um die Toilette zu spülen, nahmen wir Schnee. An Bláthnaids erstem Geburtstag kaufte ein Freund für uns am anderen Ende von Belfast Wasser in Flaschen, weil es bei uns ausverkauft war. Die Temperatur sank auf minus zehn Grad, aber ich fand das alles aufregend, und wir hatten nur ein Feuer, um im Wohnzimmer zu heizen, weil unsere Zentralheizung, wie bei vielen anderen, wegen Rohrbrüchen nicht mehr lief.

Dad erinnert sich an einen besonders schrecklichen Tag, an dem er von der Arbeit den Lagan River entlang nach Hause ging und sah, dass erfrorene Rotdrosseln auf der Straße lagen. Weitere taumelten herunter, schlugen gegen Mauern, fielen auf die Straße, starben. Das nahm ihn schrecklich mit. Er konnte nichts tun. Er versuchte es, aber das Leben in ihnen war weg. Sie waren hergekommen, vor dem kalten Wetter geflohen, um Wärme, Futter und einen Unterschlupf zu finden. Stattdessen kamen sie um. Solche Kälte hatte ich noch nie erlebt. Zusammengekuschelt in unserem kleinen Haus, weinten wir um die Rotdrosseln und all die anderen Vögel.

Wir stehen auf der Wiese und beobachten noch eine Weile die Vögel, die hier so lebendig und gut beieinander sind, dann erinnern Mum und Dad daran, dass Granny uns zum Abendessen erwartet. Wie gut es uns geht, dass wir immer einen Ort haben, an dem wir im Warmen und willkommen sind.

**Freitag, 21. Dezember**

Es ist sehr früh, und ich bin vor der Schule im Waldpark unterwegs, suche nach kleinen Nischen voll Licht und Farbe. Auch die Krähen sind jetzt wach, zerreißen die Luft. Heute Morgen kann ihr Krächzen mich nicht erfreuen – ich würde nie wollen, dass sie schweigen, aber sie klingen eiskalt, zermürbend. Ich ziehe den Verschluss meines Mantels weiter hoch – hellblau, er ist hier im Umkreis das Auffälligste. Das Gras ist feucht unter den Sohlen, auf dem fast schwarzen See wallen Wellen. Ich fühle mich eingesunken. Ich wollte hier draußen Trost finden, verirrte mich aber an den Rand meines Sicherheitsgefühls. Es wird unheimlich. Ich haste zurück, weg von diesen Gefühlen – und genau da wird es hell. Ich schaue auf die Uhr, es ist spät. Ich möchte heute wirklich nicht zur Schule. Aber es ist der letzte Schultag, ein halber.

Ich bleibe unentschlossen und schlapp, bis in der Pause, in der ich hinter dem Fußballplatz spazieren gehe, leichte Linderung einsetzt. Diese Ecke der Schule ist ziemlich schön, vor allem jetzt, mit dem blauen Himmel – es ist klirrend kalt, aber wolkenlos. Ich lehne mich an den Stamm einer Buche und spüre ihre silberne Borke am Rücken, durch Pulli und Jacke hindurch.

Beim Nachdenken über den Tag merke ich, dass ich die Wintersonnenwende vergessen habe. Oder doch nicht? Vielleicht hat der unheimliche Spaziergang heute Morgen etwas damit zu tun. Ich wurde von irgendetwas aus dem Bett gezogen, stand vor allen anderen auf und ging hinaus an den stahlgrauen See, zum Julfest, dem Alban Arthan. Dann ging ich im dunklen Wald spazieren; die Druiden schnitten Misteln und verbrannten den Julscheit, der im Wald gefunden, mit Mehl bestäubt, mit Bier begossen und mit einem Stück des Julscheits vom Vorjahr entzündet worden war.

Wenn ich nach Hause komme, wird Mum Ilex und Efeu gesammelt haben. Die Immergrünen. Unser Weihnachtsbaum wird auch schon stehen und den ganzen Raum einnehmen, mit Kiefernnadeln überall. Es ist aufregend, einen ganzen Baum im Haus zu haben. Bisher hatten wir dann immer ein Feuer an, aber im neuen Haus ist kein Kamin. Zum ersten Mal haben wir im Winter kein Feuer, und bisher habe ich es gar nicht bemerkt. Ebenso wenig habe ich bemerkt, wie tief ich ins Dunkel gekommen bin, aber von heute an weicht es zurück. Ein Wendepunkt. Das Licht kommt, und zu Hause werden Kerzen sein – und Weihnachten. Auch heute am dunkelsten Tag des Jahres gibt es immer Licht. Dunkelheit und Licht. Beides braucht man zum Atemschöpfen, zum Erholen.

Die Schulklingel reißt mich aus meinem Tagtraum. Auch ein Rotkehlchen ertönt, erzählt von der Wintersonnenwende, sitzt in Augenhöhe auf einem Buchenzweig voller Moos und Flechten. Der Vogel bewegt sich nicht, auch wenn ich es tue, singt einfach weiter, und während ich zurück zur Schule hüpfe, trillert er immer noch, sodass ich mich frage, ob ihn andere überhaupt hören. Ich bleibe auf der Stelle stehen, renne zum Spaß zurück, umarme die Buche und danke den *elders*, den heiligen Bäumen, dass sie mich in den letzten vier Monaten behütet haben, den vier besten meiner Schulzeit.

**Dienstag, 25. Dezember**

Der Weihnachtstag bricht an mit Bláthnaids Begeisterung, die das ganze Haus erfüllt. Ein Fahrrad! Ein Fahrrad! Und bald wird sie draußen sein, wenn es eine Zeit ist, die es einigermaßen zulässt, zusammen mit all den anderen Kindern, und wird im Regen herumfahren. Ich bin immer früh auf, und der Weihnachtsmorgen ist da keine Ausnahme. Die Spannung wird noch erhöht, und alle üblichen Geräusche gehen in zerreißendem Papier unter. Jeder bekommt zwei Geschenke von Santa. Schokomünzen, Strümpfe voll mit Stickerheften, ein Kartenspiel, eine Orange oder selbst gemachte Lebkuchenmänner, Lego- oder Playmobilfiguren – ich habe nie mit den Figuren »gespielt«. Ich habe sie zusammengebaut und aufgestellt, in unterschiedlichen Formationen. Lorcan allerdings hat mit seinen immer gespielt, wild. Brüder, beide autistisch, aber keine Kopien.

Ich glaube, Weihnachtsmorgen waren immer glücklich. Ich kann mich an keinen betrübten erinnern. Ich war immer bei meiner Familie, in meinem Zuhause, sicher. Jedes Jahr schauen wir irgendwo im Fernsehen den Zeichentrickfilm *Der Schneemann*. Gestern, am Weihnachtsabend, haben wir alle einen kleinen Stapel neuer Bücher geschenkt bekommen. Das ist ein weiteres jährliches Ritual. Ich habe *Über den wilden Fluss* von Philip Pullman bekommen und einen gebrauchten Band von *Bruder Cadfael*, dazu einige Naturbücher und Fantasyromane.

Nachdem die Geschenke geöffnet sind, gibt es ein frühes Abendessen, damit wir ausreichend Zeit haben, uns warm einzupacken und einen Spaziergang zu machen. Mum ist die berufene sowie selbst ernannte Köchin – niemand ficht das an, aber wir helfen alle beim Gemüseschälen und Aufräumen. Nun, ein bisschen – dieses Weihnachten haben Mum und Dad uns eine Xbox geschenkt, weil wir alle zusammen gerne Open-World-Strategiespiele spielen. Manchmal wird das gewalttätig, aber zunächst versuchen wir es immer als Pazifisten. Verhandeln,

Kompromisse finden. Ist das die echte Welt? Wir können da unterscheiden. Die meisten Teenager können das. Wir spielen mit Computern, werden von ihnen aber auch gelangweilt, und dann ist es immer Zeit, nach draußen zu gehen. Und genau das tun wir, nachdem wir Bláthnaid überzeugen konnten, ihr Fahrrad zu Hause zu lassen, damit Rosie mitkommen kann.

Wir alle stemmen uns gegen den brausenden Wind, laufen Richtung Murlough Beach. Als wir dort ankommen, regnet es, und der Himmel fühlt sich an, als würde er auf unsere Köpfe drücken. Normalerweise gehen wir den entgegengesetzten Weg, aber heute biegen wir rechts ab zum Strand, über den rutschigen Bohlenweg. Bei den Dünen angekommen, findet Bláthnaid einige Rocheneier – »Nixentaschen« – und eine Rabenfeder. Ich entdecke eine Turmfalkenfeder und denke zurück an den Vogel, den ich im Herbst hier gesehen habe. Ich streiche über ihre kompakte Form und stecke sie vorsichtig ein – eine Turmfalkenfeder habe ich noch nie gefunden.

Als wir vor zur Strandlinie laufen, mit Dünen auf beiden Seiten, kommt aus dem Nichts landeinwärts ziehender Nebel und saugt den Horizont auf, sodass wir nur eine einzige Reihe Wellen sehen, die schäumt und sprotzt. Am Strand peitscht uns der Wind gegen Fußknöchel und Gesichter, boxt uns in den Bauch. Wir rennen auf die Wellen zu, biegen erst im letzten Augenblick ab. Lorcan und Bláthnaid haben Seetang gefunden, verhauen sich damit und kichern hysterisch. Ich lasse sie sich austoben und gehe zurück die Dünen hinauf.

Der Nebel steigt aus den Wellen auf, umhüllt mich beim Gehen, umringt mich mit zarten Ranken. Ich schmecke das Salz, höre das Tosen, aber weiter als einige Meter kann ich nicht sehen. Ich spüre die unermessliche Weite dessen, was ich nicht sehen kann, und kauere mich in den Schutz einer perfekten, unversehrten Düne.

Plötzlich brechen Umrisse durch, ein Regenbogenschal und eine Mütze: Lorcan im Wikingermodus geht auf mich los. Auch ich renne, und wir alle brüllen in den Nebel hinein, verlangen nach einer besseren Welt. Unser Gebrüll ist halb Schlachtruf, halb Verzweiflung. Es zeigt auch, wie tief unsere Gefühle sind, für diesen Ort, füreinander. Wir nehmen uns bei den Händen und rennen in einer festen, geschlossenen Reihe den Dünenpfad entlang. Wir sind jetzt alle Krieger. Wir rennen zu den Wellen, der Wind schlägt uns die Wangen rot. Wir bremsen erst kurz vor der Strandlinie und umarmen einander. Manchmal überkommt uns das, einfach so. Ein unbezwingbarer Drang, wie der Rhythmus einer Bodhrán zusammen mit Flöten und Geigen, der von irgendwo hergeweht kommt und uns einhüllt. Im rüttelnden Wind lachen wir, lösen uns voneinander, rennen die ganze Strandlänge hinunter zu Mum, Dad und Rosie.

Bei unserer Rückkehr am Parkplatz sind wir euphorisch, außer Atem. In den Bäumen ein Geschnatter, aber wir müssen am Zaun des Naturschutzgebiets sehr still stehen, um im Nebel die Umrisse von Berg- oder Bluthänflingen auszumachen, von denen auf jedem kahlen Ast einer sitzt. Kleine, klare Bewegungen, ein Zwitscherchor. Sie fliegen auf, landen im benachbarten Feld, durchwühlen emsig den Boden. Ein Gesang durchdringt das Gezwitscher, kräftig wie von einem Rotkehlchen, doch er stammt von einer Heckenbraunelle, deren Kehle vor lauter Anstrengung zittert, im dichten Nebel trällert sie ihre kurze Melodie, durchbricht die Materie. Ich mache, da niemand da ist, der es sehen könnte, einen meiner kleinen Zappelsprünge. Als ich zum Auto hopse, merke ich, dass ich irre Hunger habe.

Der Tag nimmt seinen Lauf ohne Aufregung, ohne Stress, ohne Tischdekoration (abgesehen von Knallbonbons) und Partyspiele (ausgenommen Dame, Bláthnaids neues Sleeping-Queens-Kartenspiel, und natürlich die Xbox, deren Anschaffung Mum sogleich bereut, als Lorcan und ich die *Skyrim*-Titelmelodie mitsingen). Später schauen wir die Fotos von uns am Murlough Beach auf Mums Telefon an, ich sehe die Windböen den Strandhafer peitschen, sehe die Bildung der Dünen durch

Winderosion, und obwohl unsere Familie auf der Weitwinkelaufnahme klein und unbedeutend ist, erkennt, wer genau hinschaut, wie lebendig wir uns gefühlt haben.

Wir beenden den Tag damit, dass Mum uns bei Kerzenschein aus Susan Coopers *Wintersonnenwende* vorliest – was sie heute noch überzeugender tut als sonst. Vielleicht liegt es am Rotwein.

**Freitag, 4. Januar**

Es ist später Nachmittag. Wir folgen Rotmilanen, die von Baum zu Baum huschen, von Feld zu Feld. Wir beobachten sie aus der Entfernung, wie sie dasitzen wie Statuen. Bislang haben wir sieben Vögel gezählt, aber viele haben die Schlafplätze des letzten Jahres verlassen, und es ist für sie noch etwas zu früh im Jahr, um sich neue zu suchen. Erstaunlicherweise entdecke ich einen Vogel mit Leuzismus, der ganz weiß ist und zwischen den Bäumen hervorsticht, aber im Himmel unsichtbar ist.

Wir sind hier mit unserer Freundin Noreen, die jedes erdenkliche Geheimnis der Rotmilane kennt. Ich habe sie letztes Jahr hier getroffen, als ich eine Zählung der Rotmilan-Schlafplätze gemacht habe. Ich erinnere mich noch ganz genau. Der Tag war klar wie heute, der Abendhimmel loderte über den Mourne Mountains, und Rotmilane flogen faul und träge nur wenige Meter entfernt über unsere Köpfe hinweg. Ihre langsame Bewegung ließ einige Details und Kennzeichen erkennen, sogar den Hauch ihrer Flügel spürte ich. Es war atemberaubend. Wir zählten ganze sechzehn Vögel an diesem wolframroten Abend.

Rotmilane waren die Ersten in der Kette, die mich in die Welt der Raubvögel hineinzogen. Mit sechs fing ich an, alles über sie zu lesen, lernte alles, was ich lernen konnte, und dachte mir aus, wie ich am besten an sie herankam. Ich wollte sie verstehen. Ich wollte ihnen helfen. Rotmilane waren in meinem Land früher einmal durch Überjagung ausgestorben, aber 2008 wurden einige Vögel aus Wales geholt und nach einer hundertsiebzigjährigen Abwesenheit wieder in den Mourne Mountains angesiedelt. Unsere Augen können die schwalbenschwänzigen Flugkünstler wieder bewundern, und wir können Zeit mit der Beobachtung verbringen, wie sie unser Sichtfeld durchziehen und im Sturzflug in unsere Gedanken eintauchen.

Ein Jahrzehnt nach ihrer Wiederansiedlung ist ihre Geschichte eine bunte Mischung aus Verzweiflung, Hoffnung und Geduld. Es gab Fälle von Vergiftung, Fälle von Abschuss. Aber eine kleine Gruppe entschlossener Befürworter gab einfach nicht auf, und jetzt haben sich die Mitglieder der hiesigen Gemeinschaft zu Greifvogelfreunden entwickelt und sind extrem stolz auf »Unsere Rotmilane«. Auch ich fühle mich als Teil dieser Gemeinschaft, und nun den Flügelschlag der Milane wieder zu beobachten, empfinde ich als großes Privileg. Nie werde ich ihrer müde werden.

Wir beobachten sie noch eine Weile, bis Mum gesteht, dass sie Lust hat, sich die Stare anzusehen. Sie kann einige Grüppchen in der Ferne ausmachen, die anfangen, sich zu sammeln. Bald ist die Zeit ihrer Formationsflüge. Mum erzählt Noreen und einer anderen Zählhelferin von unseren Versuchen, den berühmten Schlafplatz der Stare zu finden, dass wir jedoch bisher nur ein paar Streuner und Nachzügler entdecken konnten. Noreen lächelt und verrät uns den neuen Ort.

Die Rotmilane hocken reglos auf ihren Ästen, wirken, als wollten sie weiter hier sitzen. Doch zögere ich wegzugehen, bin leicht enttäuscht, dass dieser Abend nicht spektakulär war wie die Flugshow vom Vorjahr, aber als wir zum Auto zurückkehren und davonfahren, spüre ich das bekannte Kribbeln. Ich habe den Formationsflug der Stare noch nie gesehen, war immer zu früh oder zu spät dran oder zur richtigen Zeit am völlig falschen Ort. Vielleicht klappt es ja heute Abend. Bringen die Milane uns zu den Staren?

Wir fahren durch die schmale Straße mit Brombeergebüsch an beiden Seiten, hinauf an eine Stelle mit Ausblick über die Felder und Bäume. In einer Bodensenke bewegt sich plötzlich eine dunkle Wolke. Mum parkt am Straßenrand, wir steigen aus und lauschen dem Flügelschlag, der die ländliche Stille durchbricht. Sie fliegen heran und um unsere Köpfe, ein Fluss aus Wind, sie steigen auf und landen auf dem Dach einer Scheune, in der Rinder Silage fressen. In Spiralen ziehen sie weiter den Hügel hinauf, also folgen wir ihnen, rennen, die Luft sticht in unseren Lungen. Vor den verbogenen Zweigen einer Weißdornhecke stoppen wir und halten Ausschau, blicken hinauf zur Starenwolke, die durch den Himmel strömt und rauscht. Vereinigte Flügelschläger, Formwandler. Ihr Magnetismus, ihr Sicherheitszusammenschluss versagt jedoch, als ein Wanderfalke durch sie hindurchfährt. Die Stare versprengen sich, stieben auseinander, schlängeln sich davon. Noch einmal schießt der Falke herab, ist fort. Überraschend. Mission erfüllt, möglicherweise.

Als die Stare sich wieder formieren, ist es unmöglich zu sagen, ob einer von ihnen erwischt wurde. Der Himmel wird dunkler, die Stare schreien und strahlen weiter als Origamis vor dem kalksteingrauen Himmel. Als ihr Pulsieren langsam nachlässt, sehen Mum und ich sie nach und nach auf einigen Zypressen landen, zunächst in Grüppchen, dann werden sie plötzlich alle für die Nacht aufgesaugt, zusammen mit der letzten Wärme des Abends. Eine tiefe Stille löst sie ab, verwandelt die Nacht in Basalt. Wir fahren in bester Laune nach Hause, erhellen die Dunkelheit der Nacht mit unserem Lächeln, unserem Plappern, unseren »O mein Gott!«-Ausrufen.

**Sonntag, 13. Januar**

Vor ein paar Tagen hatten wir eine Wärmewelle, die einige Stängel Scharbockskraut unglaublich früh hat hervorkommen lassen. Ich konnte mich nicht an ihnen freuen. Nicht ganz. Es war, als wüchsen sie im Schatten eines aus dem Tritt geratenen Planeten.

An diesem Morgen bin ich erschöpft. In diesen Tagen ist Chemie der Inhalt meiner Abende. Hausaufgaben, Lernen. Die Schule ist immer noch in Ordnung, doch in meinem Inneren schwelt es. Fängt der soziale Austausch jetzt langsam an, sich zu rächen? Vielleicht ist es der ständige Fluss von Leuten, die mir Fragen stellen, im echten Leben wie auch in den sozialen Medien. Es überwältigt mich. Ich brauche immer länger, um alles zu verarbeiten, und mir ist, als würden in meinem Gedächtnis große Lücken entstehen. Die machen mir Sorgen. Ich komme immer nur mit einer Sache klar – einer Rede, einem Artikel, einem Interview –, dann erst mit der nächsten, Dominostein nach Dominostein. Die Anfragen laufen über, und ich verlasse meine üblichen Grenzen, doch mein Gehirn produziert Kurzschlüsse. Alles wird zu viel. Ich brauche einen Reboot, muss noch mal hochfahren. Momentan muss ich mich sogar mit Gewalt nach draußen schleifen, meine Füße sind tödlich träge. Schwer wie Blei. Die Woche erstreckt sich vor mir, wirkt endlos. Mit Spazierengehen und Schreiben versuche ich, dagegen anzukommen. An den meisten Tagen mache ich wenigstens einen kurzen Gang zu Promenade und Strand oder hinauf in den Waldpark, um den Wind zu spüren und die Worte zu finden. Es alles rausschreiben, mir den Kopf leeren, hilft mir, die Welt wieder irgendwie zu verstehen. Mein anfängliches Gekritzel und Gekrakel bildet jetzt die Grundgestalt meiner Tage. Ich muss mir aus irgendwas, von irgendwo Energie holen.

## Samstag, 19. Januar

In der Höhe, zwischen Wolken und Granit, finde ich die Energie, die ich brauche, auf Hen Mountain, nach einem berauschenden Nonstop-Lauf bis nach oben, das Land der Raben vor Augen und mit echtem, heftigem Wind im Gesicht. Als wir den Gipfel erreichen, schaue ich hinüber zu Dad, frage mich, ob wir zu schnell waren, also machen wir eine Pause. Heute sind es nur wir drei: Lorcan, Dad und ich. (Bláthnaid wollte zu Hause bleiben und mit ihren Freunden spielen; Mum war etwas verstimmt, musste aber auch dableiben.)

Der Weg den Hen Mountain und die benachbarten Cock- und Pigeon-Felsen hinauf ist steil. Man steigt höher und höher, spürt das Ziehen in den Beinen, und es braucht eine irre Energie, die Strecke schnell zu machen. Das ist Lorcans Klettertraum, fast & furious. Er möchte später Trailrunner werden, Berge hinaufrennen, und wenn ich ihn hier sehe, kann ich mir das absolut vorstellen. Er ist wirklich anders, wenn seine Energie zündet. Und hier oben sind wenig andere Leute – der Slieve Donard ist immer voll, da fällt es schwer, sich richtig zu verlieren. Aber zum Hen kommen nicht die gleichen Mengen, vor allem nicht im Winter. Vielleicht wird Hen Mountain unser neuer Gortmaconnell oder das neue Killykeegan. Ein Spielplatz für schon etwas Größere.

Wir erreichen den höchsten Punkt, wo tiefe Rinnen weit in den Granit der drei Hügelkuppen führen. Drei Aufschlüsse aus blankem Fels, kronenförmig, vom Feuer geformt, verwittert und verschliffen von der Zeit. Als ich mit den Händen über den groben Stein fahre, fühlt es sich nicht feucht an, hinterlässt aber Feuchtigkeitsspuren. Der Berg macht seine Markung, Feuchte verlässt ihn, dringt in mich ein; jedes Anrühren und Anfassen ist Stoffaufnahme.

Zwischen zwei der Hügelkuppen – den »Bullenhörnern« – liegt ein Moorauge, winterstill. Ich stecke die Hand hinein, spüre die torfige Kälte. Das Gefühl an meinen Fingerspitzen erinnert mich an eine Zeile aus Seamus Heaneys *Tod eines Naturforschers:* »Tauchte ich die Hand hinein, würd' Laich sich daran setzen.« Wir müssen im Frühling wiederkommen und nachschauen, ob irgendwelche Kaulquappen hier zappeln.

Immer wenn ich hoch auf einem Berg bin, vereinbare ich mit mir selbst, alle Alltagssorgen, -probleme und -gedanken hinter mir zu lassen. Sie sollen den Ort und die Naturerfahrung nicht stören. Das zu lernen verlangte eine große Anstrengung, und es gelingt auch nicht immer, aber wenn, dann schafft es so viel Platz. Ich kann jeden Duft und Klang, jedes Flattern und Zucken aufnehmen, bis mein Kopf voll davon ist.

Wenn mich Leute fragen, warum ich die Natur so intensiv erlebe, ist die ehrliche Antwort, dass mein Erleben erst später beim Aufschreiben kommt. Die Intensität sprudelt hervor, und ich fühle alles noch einmal. Ich kratze mit dem Stift oder tippe und hole damit Momente zurück an die Oberfläche. Ich muss dafür nicht viel nachdenken; alle Einzelheiten sind gleich in meinem Kopf, was mich jedes Mal erstaunt. Und meinen Verstand brauche ich in dem Moment gar nicht. Ich fühle, beobachte. Die Hirnkamera macht Bild um Bild von der aufgeblähten Wolke über Cock Mountain, von den Mulden im Granit mit kleinem Tümpel darin, von den Schatten der benachbarten Cock und Pigeon, von allem, was mir ins Auge fällt.

Wir springen von einigen Aufschlüssen herunter – andere ragen über zehn Meter aus dem Hügel empor, bei denen setzen wir uns auf die Kuppe, lassen die Beine baumeln, frei von jedem Druck. Es ist beglückend. Wir klettern auf eine der höheren Hügelkuppen und machen dort Rast, als unvermittelt ein Rabe neben Lorcan landet. Ich kann jede seiner Federn sehen, ihr schillerndes Schwarzlila. So nah war ich einem Raben noch nie. Mein Herz will bersten oder rückwärts schlagen. Ich beruhige mich aber, nehme alles in mich auf. Der Wind streicht hörbar über seine Federn, zerzaust das dumpf raschelnde Halsgefieder, und dann das unglaubliche schwarze Auge, das nie blinzelt. Lorcan ist sprachlos (ein seltener Fall). Er drückt meine Hand, um nicht laut loszuschreien. Der Rabe sitzt bei uns für etwa eine Minute, eine Marathon-Minute. Eine Berg-Minute. Denn die Zeit verlangsamt sich hier oben, es gibt keine Eile. Keinen Grund, zu hetzen. Ich höre Flügelschlagen über uns, und ein weiterer Rabe fliegt auf, fliegende Seide. Ich sehe die beiden weiter aufsteigen; Lorcan und ich legen uns rücklings hin und prusten alles Zurückgehaltene hinaus.

Die Wiederherstellung ist noch nicht vollständig, aber ich fühle mich stabiler, entspannter. Mein Lächeln ist eindeutig breiter.

**Sonntag, 20. Januar**

So ein schwerer, tiefer Schlaf letzte Nacht. Ich kann solche Nächte aus den letzten Jahren an einer Hand abzählen. Ich bin erholt und weiter gestärkt, und heute Morgen sagt Mum, sie muss mal rauskommen und irgendwohin, ein bisschen weiter weg als sonst. Sie schlägt einen Ausflug zu Castle Ward vor, einem denkmalgeschützten Herrenhaus, das durch *Game of Thrones* berühmt wurde, die Serie, die ich allerdings nie gesehen habe, weil ich zu jung bin, doch kann ich mir alles genau vorstellen. Herrenhaus. Großer Hof. Mauertürme. Als wir ankommen, stöhnt Lorcan beim Anblick der Reisebusse und des kostümierten Personals laut auf. Sie alle wollen ein wenig Fernsehmagie einfangen. Ein Selfie für Twitter oder Instagram. Ich hoffe, sie wissen, dass es überall Magie gibt.

Während wir warten, bis eine Gruppe aus einem der Reisebusse eingelassen worden ist, setzen wir uns auf eine Bank und schauen hinaus auf den Strangford Lough. Rotschenkel pfeifen, und Brachvögel klagen, ihre Worfelrufe hallen über das Wasser. Einer stößt seinen gekrümmten Schnabel in den Schlamm, sucht Nahrung. Auffälligerweise haben Brachvögel und Rotschenkel fast biegsame Schnäbel. Der äußere Teil kann unabhängig vom Rest des Schnabels ein wenig nach oben klappen. Das nennt man distale Rhynchokinese und ermöglicht ein Öffnen der Schnabelspitze, auch wenn das Fresswerkzeug tief in Schlamm oder nassem Sand steckt. So eine Anpassung an den Lebensraum finde ich grandios, echt umwerfend.

Später, nachdem wir das Anwesen und die Außenanlagen besichtigt haben, entdecken wir ein Ohrenkneiferweibchen, das unter einem Stein aus einer alten Mauer seine Eier hegt und pflegt. Die Mauer ist fast vollständig mit Zimbelkraut bewachsen (auch als Mauerblümchen bekannt). Die Pflanze stammt aus Südeuropa, hat sich in den letzten Jahrhunderten aber auch in Irland eingebürgert und wächst hier an Castle Ward mit seinen efeuähnlichen Blättern und den drei löwenmaulähnlichen Blütenblättern über alle Winkel und Ritzen. Mitten darin bewacht das Ohrenkneiferweibchen sein Gelege buttergelber Eier – eine sehr gewissenhafte Mutter, die, wenn das Nest gestört und die Eier verstreut werden, sofort eingreift, alle wieder zusammensammelt und sie weiterhin gut bewacht. Auch Asseln vollbringen erstaunliche Leistungen. Sie zerlegen vermoderndes Material, recyceln, räumen auf. Ihre Rollen im Ökosystem sind vielfältig und wichtig.

Eine Mauer ist für Insekten eine eigene Welt, ein ganzes Universum und auch im Winter dicht bevölkert. Wer genau hinschaut, für den erwacht alles zum Leben. Die kleinsten Wesen können am interessantesten und am einfachsten zu beobachten sein. Während sich vor unseren Augen Minidramen abspielen, treten viele Fragen zutage. Asseln sehen aus, als würden sie Autoscooter fahren: Ihre Wege scheinen willkürlich, sind es aber nicht. Ich erinnere mich an einen Kampf zwischen einem Tausendfüßler und einem Ohrenkneifer an einer kleinen Mauer in meinem Garten in Belfast. Ich lag auf dem Bauch und schaute zu, vollkommen fasziniert. Keine Ahnung, wie lang das gedauert hat, aber der Ohrenkneifer durchstach den Tausendfüßler an einer Seite. Sein Tod machte mich nicht traurig, ich wusste, so funktioniert die Natur. Gleichgewicht. Ordnung in einem mauerförmigen Universum.

**Sonntag, 3. Februar**

Langsam verarbeite ich all meine Eindrücke, sitze unter einer großen Eiche im Mount-Stewart-Naturschutzgebiet, auch mit Blick auf den Strangford Lough. Brandgänse schreien, ihre Laute vermischen sich mit dem Geheul der Windböen, die vom Ufer herauffahren. Es ist eiskalt. Der Himmel ist klar, enteneiblau. Äste wirken seltsam, wie aus Kristall, wie komplizierte Landkarten oder aufragende Dendriten. Würden wir doch Bäume häufiger dazu nutzen, uns zu leiten, zu informieren, zu lehren, wie Gemeinschaft und fruchtbringende Vernetzung funktioniert.

Ein Bussard steigt auf und kreist über dem Feld vor der Eiche, ein anderer gesellt sich dazu, sie fliegen zusammen, ziehen einander umwerbend Spiralen, berühren sich mit Fängen und Flügeln, steigen auf, fallen ab. Die betörende Balz löst leichte Trauer in mir aus. Manches in der Welt ist einfach so richtig. Ich muss mich an diesen Momenten festhalten, um nicht ganz zu erodieren.

Der Februar kam angerauscht, folgte irre vollgestopften Tagen. Meine Chemieprüfung ist vorbei, und ich komme gerade aus London zurück, von noch einer Rede und Veranstaltung. Erschöpfung setzt ein. Eine echt seltsame Sache war, den Umweltminister im Londoner Zoo zu treffen. Natürlich kam er spät. Sehr spät. Seine Rede war überzeugend, ging ihm leicht von den Lippen. Aber Worte sind manchmal einfach zu leicht. Sie verwandeln sich und sind schnell vergessen, ohne in Handlungen umgesetzt zu sein. Der Minister machte an dem Tag großartige Versprechen und Pläne, aber was ist jetzt mit ihnen? Und er blieb auch nicht, um meine Rede zu hören oder die Reden der anderen jungen Menschen. Er kam herangerauscht, und wenig später war es, als wäre er nie da gewesen.

Glücklicherweise retteten die Galapagos-Riesenschildkröten im Zoogarten den Tag. Ihren Panzer zu streicheln und die feinen symmetrischen Linien darauf zu spüren war eine Erlösung, denn der Rest war nicht mehr als eine günstige *photo opp* für den Minister und den Zoo. So bekam ich immerhin die Möglichkeit, drei dieser wunderbaren Wesen etwas näher zu kommen, die ich bisher nur aus dem Fernsehen kannte. Die größten Schildkröten der Welt. Ich ertrage den Gedanken nur schwer, dass Darwin auf einer geritten ist, ganz zu schweigen davon, dass er ihr Fleisch gegessen hat.

Wie viele andere Veranstaltungen, zu denen man mich anfragt, fühlt sich dieser Tag in London an wie eine Mogelpackung. Jugendliche werden eingeladen, damit »ihre Stimme hörbar wird«, um über ihre Ideen, Hoffnungen, Träume und Ängste zu reden, doch dann passiert recht wenig. Die Erwachsenen laden uns nie dazu ein, sich gemeinsam hinzusetzen und etwas zu planen. Wir reißen uns das Herz raus und präsentieren es auf dem Silbertablett – völlig umsonst. Nichts Konkretes folgt. Weltweit haben wir seit 1970 sechzig Prozent aller Wildtierarten verloren. Und da ist es meine Generation, von der behauptet wird, wir seien »gleichgültig«, »egoistisch«, »nicht organisiert«! Während die Erwachsenen, die derzeit unseren Zugang zur Natur kontrollieren und zwischen breiter Straße, Siedlungsbau oder Grünfläche entscheiden, weiterhin Entscheidungen treffen und Steuergeld auf Dinge verwenden, die mit der Natur nicht vereinbar sind.

Die Kluft wird immer größer. Die Aussterbe-Zeitbombe tickt. Ist es da verwunderlich, dass fast ein Viertel der Jugendlichen mit psychischen Problemen kämpft? Unsere Welt ist zunehmend gespalten zwischen Leistungsanspruch, Materialismus und Selbstanalyse. Wir kommen an einen kritischen Punkt in der Beziehung zu uns selbst, zu anderen und zur Welt. Eine Welt, in der alles auf so komplexe Weise verwoben, aufeinander angewiesen, fundamental verbunden ist. So empfindlich. Der Machtkampf zwischen Großorganisationen, Wirtschaft, Entwicklern und den Arten, mit denen wir unseren Planeten teilen, gerät dermaßen außer Kontrolle, dass man sich leicht überfordert, deprimiert und entfremdet fühlen kann.

Ständig muss ich dagegen ankämpfen. Manchmal schlägt mein Herz schnell wie ein Libellenflügel, und meine psychische Gesundheit hat echt gelitten, weil es kein Ventil für die Verzweiflung über die Untätigkeit gibt. Meine enge Verbindung zur Natur hilft ein bisschen und schwächt die kraftraubenden Gefühle etwas ab. Wenn ich in die Natur eintauche, beschäftige ich mich weniger mit mir selbst und achte mehr auf die Organismen um mich herum – Bäume, Pflanzen, Vögel und andere Säugetiere (mit etwas Glück). Bei diesen Begegnungen empfinden wir Freude, und vielleicht sind es diese Momente, in denen ich ganz deutlich verstehe, dass wir uns alle darum kümmern können, diese überwältigende Schönheit zu hegen und zu schützen. Wir sind alle Bewahrerinnen und Bewahrer.

Ich habe auch herausgefunden, dass ich mich auf lokaler Ebene, in meiner unmittelbaren Umgebung, am wirksamsten für Hoffnung und Wandel einsetzen kann. Als ich die Ökogruppe in der Schule gegründet habe, wusste ich nicht, ob überhaupt jemand mitmachen wird, weil ich davon ausging, den anderen Jugendlichen wäre das Thema egal. Ich lag so falsch. Vielleicht war ich so voreingenommen wegen meiner Versuche, auf einer anderen Schule ähnliche Gruppen zu gründen. Jetzt merke ich, dass Lehrer schrecklich überlastet sind, doch obwohl wir auf ihre Hilfe und die von anderen Erwachsenen angewiesen sind, können wir auch selbst etwas unternehmen. Die Ökogruppe ist jetzt proppenvoll mit allen Altersgruppen, und einige, die dabei sind, sagen, es fühlt sich so gut an, mitzumachen, Ideen tatsächlich umzusetzen, laut zu sagen, was wir empfinden, uns zu wehren. Vielleicht haben sie gerade nach so einer Möglichkeit gesucht. Vielleicht brauchen wir alle mehr Möglichkeiten, um Bedeutsames zu bewegen.

In einer so schnelllebigen, wettbewerbsbestimmten Welt brauchen wir ein Fundament. Wir müssen den Erdboden spüren und Vögel singen hören. Wir müssen unsere Sinne gebrauchen, um in der Welt zu sein. Vielleicht, wenn wir unsere Köpfe lange genug gegen Wände schlagen, stürzen sie irgendwann ein. Und vielleicht können die Trümmer dazu genutzt werden, etwas Besseres zu bauen, etwas Schöneres, das unser eigenes Wildsein ermöglicht und zulässt. Stellt euch das vor.

**Freitag, 15. Februar**

Noch nie habe ich so starr in so kaltem Wind gestanden. Allein in meiner Schuluniform hielt ich an einem Schultag während des Unterrichts mit behandschuhten Händen zwei Schilder hoch, auf denen »Schulstreik für die Natur« und »Schulstreik fürs Klima« stand. Keine Wolke am Himmel, doch blies sehr scharfer Winterwind und rüttelte am Gesetz der Schwerkraft. Blies mich an, blies Sand über den Deich am Newcastle Beach. Vier Stunden stand ich da. Stellte mich gegen die Habgier der Welt. Stellte mich gegen alle, die lieber nehmen als geben. Gegen alle, die mir die Hoffnung stehlen und den zukünftigen Generationen die Hoffnung stehlen, die einen ausgebeuteten, zerstörten, schrecklich arm gewordenen Planeten erben werden. Leute blieben stehen, fragten, warum ich das täte. Passanten, Lehrerinnen, Eltern, Radiosender wollten Interviews. Das hatte ich nicht erwartet. Statt über die wichtigen Themen zu reden, interessierten sie sich für »mich«, wie »ich mich fühlte«. Es ging nicht um Fakten und Wissenschaft. Nicht um die Grässlichkeit von Klimawandel und Massenaussterben oder um die Frage, warum junge Menschen weltweit sich genötigt sehen zu handeln – junge Menschen, für die Bildung ein hohes Gut ist und die doch gegen die Untätigkeit vorgehen müssen. Allerdings bin ich kein Untergangsprophet. So kann ich gar nicht denken, weil ich jeden Tag so viel Schönheit sehe, das ist ein riesiges Privileg. Ich würde aber auch nie die Angst und Trauer von Leuten anfechten, denn die Probleme sind ja real. Durch die anstehende Klimakatastrophe geraten schon jetzt Millionen Menschen in eine noch schlimmere Lage. Was sie erleben, ist real, ihre Angst ist real. Wie hoch werden die Wellen, deren Gischt über den Deich hinter mir fliegt, in fünf, in zehn Jahren sein? Wie ergeht es dann den Menschen, die hier an der Küste leben? Genau, deswegen habe ich mich Leuten wie Greta Thunberg und den Tausenden anderen angeschlossen. Bin raus aus dem Unterricht gegangen und habe mich vor die Schule gestellt, mit Mums Segen und der recht reservierten Erlaubnis meiner Schule. Obwohl ich weiß, dass sie alle »stolz« auf mich sind, dürfen sie zivilen Ungehorsam offiziell nicht unterstützen. Mum blieb bei mir und brachte mir einen heißen Kakao, bevor ich zurück in den Unterricht ging. Ich war verfroren. Hatte taube Stellen. Aber es war wichtig, dass ich mit meinen Schildern wieder hineinging. Ich musste den anderen Schüler*innen sagen, warum ich es getan hatte. Wenn ich jetzt daran zurückdenke, bin ich selbst erstaunt über die Wirkung. War es nur Kameradschaftlichkeit? Interessierte es sie bloß, weil ich rebelliert hatte? Mein Gefühl, dass ich etwas tun muss, hatte sich über Jahre angestaut. Und diese eine Aktion rief mehr Aufmerksamkeit hervor als all die anderen Dinge, die ich getan hatte, all die Arbeit mit Greifvögeln, die Reden und Auszeichnungen für meine Artikel. Ist das jetzt überzeugender? Die Erwachsenen sagen uns, wie erstaunlich unsere aktivistische Generation ist, loben unsere Aktionen in den sozialen Medien und in der

Presse – während sie selbst *was* tun? Meine Generation hat etwas angefangen, das ist toll. Was dabei nicht so leichtfällt, ist die Suche nach »Oberaktivisten«. Anführer*innen der Klimabewegung, die aber jung sind. Ein absurder Anspruch. Wie es scheint, bin ich nun einer von ihnen. Nur weil ich einmal rausging, wurde ich gekrönt. Doch das passt nicht zu mir. Das bin ich nicht, so gar nicht.

**Sonntag, 17. Februar**

Letztes Jahr habe ich meinen ersten Frosch Ende Januar gesehen. Bei nicht einmal fünf Grad hüpfte er uns über den Weg, als wir am Cuilcagh Mountain wanderten, wirkte vollkommen zufrieden auf dem eiskalten Boden und verschwand in der Heide. Heute Morgen, also fast einen Monat später als letztes Jahr, entdecke ich einen im Schatten der Brombeeren, mit straff gezogener Haut und zusammengepressten Gliedern saß er auf Schlamm und vermoderndem Eichenlaub. Ich warte und warte, dass er sich regt, aber der Frosch sticht mich aus, übertrifft meine Geduld und Entschlossenheit beim Reglos-Verharren, da wir es eilig haben.

Wir halten nur kurz am Peatlands Park, einem Naturschutzgebiet gleich an der M1, als Pause auf unserem Weg zurück nach Fermanagh, wo wir zu Granddad Jims Geburtstag hinfahren. Er wird siebzig dieses Jahr. Es wird so schön sein, ihn und Grandma Pamela wiederzusehen – seit dem Umzug ins County Down haben wir uns so gut wie gar nicht besucht, dabei freuen sie sich immer so, Zeit mit uns zu verbringen. Grandma ist ein paar Jahre älter als Granddad Jim und hat eine Energie, als wäre sie nur halb so alt. Granddad hat so leuchtende Augen und eine so gute Seele. Die Fahrt zurück nach Westen ist ein halbes Nachhausekommen und ein halber Herzbruch.

Der Zwischenstopp im Peatlands Park ist willkommen zum kurzen Vertreten der Beine (mit Frosch), bevor wir noch die restliche Strecke fahren. Unterwegs schweifen meine Gedanken zu meinen ersten richtigen Erinnerungen an Granddad. Eine solche frühe Begegnung war, als wir das Anwesen von Crom Castle besucht haben. Lorcan war noch nicht geboren, doch das Bild ist vollkommen klar: Wir gehen einen Pfad neben der alten Burgruine entlang, die oben am Steilufer des Lough Erne steht. Ich hocke mich ins Gras, um Heuschrecken zu lauschen, merke aber nicht, dass es dafür noch zu kalt ist. Ich erinnere mich an Granddads Hand in meiner und daran, wie er erzählt, wo er geboren wurde und wie viele Kilometer er jeden Tag zur Schule laufen musste. Und er erzählte, dass sein Vater Sättel und Schultaschen gemacht und die Post ausgetragen hat. Ich war gefesselt von seiner singenden Stimme, seiner freundlichen Art.

Mum glaubt, ich hätte mir die Szene ausgedacht, ausgehend von einem Foto, weil ich damals noch keine zwei war. Aber ich bin überzeugt, dass die Erinnerung stimmt. Vielleicht habe ich mehr abgespeichert, als ich älter war, habe neue Erinnerungen hinzugefügt, aber das Gespräch damals hinterließ ein ganz tiefes, warmes Gefühl. Ich habe dabei sicher viel geplappert, wahrscheinlich immer mit einem »Weißt du...?« vorweg. Ich lernte früh sprechen, was für alle eine Prüfung war, da ich nie aufhörte. Ständig Fragen stellte. Mein Wissen preisgab, über das All oder über Asseln. Granddad war so geduldig. Er hörte zu. Und wenn wir spazieren gingen, kitzelte das hohe Gras meine Beine. Normalerweise, wenn ich draußen im Park oder auf dem Spielplatz war, wurde ich dafür gehänselt, dass ich unbedingt wissenschaftliche Fakten anbringen, unbedingt etwas erzählen wollte. Das war nicht erwünscht. Und machte mich zur Zielscheibe für Gespött. Anders bei Granddad Jim. Er hörte zu, sprach und hob mich auf den Arm, um die Burgruine zu besichtigen. Zusammen befühlten wir die Steine der Mauern, und ich küsste seine Stirn.

Dieser Ausflugstag ist eine meiner ersten Erinnerungen, und sie ist für mich sehr wertvoll. Ich sah die Trauer in Granddads Augen, und wie Mum ihn umarmte, ihren Daddy. Nach wie vor Daddy. Ich erinnere mich nicht, dass wir nach dem Castle zu seinem alten Häuschen gefahren sind. Aber Mum erzählte mir von den verschlungenen, kurvigen Straßen nach Crieve Cross und dann weiter über Land, bis es vor uns auftauchte, weiß getüncht, kaum größer als ein Werkzeugschuppen; offenbar konnte ich nicht glauben, dass so viele Menschen hineinpassen sollten. In meiner Vorstellung ist die Landschaft rund um das Haus immer perfekt, mit weitem Himmel und überall Weißdorn.

Ich bin jetzt größer als Granddad, und als wir am Pub ankommen, gibt es ein großes Hallo und viele Umarmungen. Ich drücke ihn und Grandma besonders fest, weil das Leben zerbrechlich und schmerzhaft schön ist.

**Sonntag, 3. März**

Wir wohnen wirklich nah an den Bergen: Commedagh, Donard und Bearnagh herrschen über meinen Schulalltag. Es ist ein tolles Gefühl, von ihnen umgeben zu sein, und noch ein tolleres, sie mal eben so besuchen zu können, wie wir es heute Morgen tun, da jetzt der Dauerregen vorbei ist.

Unser Ziel ist der Parkplatz an der Slievenaman Road, von wo wir einen kleinen Gang den Ott Mountain hinauf machen wollen, einfach um die Trägheit loszuwerden, die uns in der feuchten Zeit in den Körper gekrochen ist. Als wir in höhere Lagen fahren, verändert sich plötzlich die Luft, und hinter einer Bergkuppe geraten wir direkt in einen Schneesturm. Wir können keinen Meter weit aus der Windschutzscheibe schauen. Unerwartet und furchterregend ist das; glücklicherweise lässt sich bereits die Einfahrt zum Parkplatz erahnen.

Das ist der einzige Schnee, den ich den ganzen Winter gesehen habe, also springen wir aus dem Wagen, nicht zum Wandern, sondern einfach, um ihn zu spüren. Auf unseren Zungen und Wangen. Weil er allen Schall schluckt, schafft Schnee so viel Raum im Kopf. Nur bei diesem Wetter kann ich alles, was ich erlebe, störungsfrei in Echtzeit verarbeiten. Normalerweise ist es beängstigend viel Input, wenn Augen, Ohren und Haut ihre Informationen alle zeitgleich an mich senden. Solche Reizüberflutung heißt, dass ich das Erlebte größtenteils erst später am Tag verarbeiten kann, in einem dunklen Raum, wo ich die Momente noch einmal komplett neu erlebe und alles rausschreibe, um mir den Kopf zu leeren. Bei Schnee ist das anders. Ausgedehnte Gedanken können sich prompt entfalten. Es gibt weniger Farben, weniger Tiefe, weniger von allem. Für mich ist es eine märchenhafte Erfahrung, ich bin in meiner Blase, empfinde aber intensiv, und sogar jetzt, im heulenden Wind, unter herabtaumelnden Massen von Schneeflocken, tickt mein Kopf anders. Ich spüre, wie Synapsen Signale senden. Ich kann hören, ich kann hören. Ich kann denken und sprechen und fühlen und mich dabei noch bewegen, ohne dass ein Prozess alle anderen blockiert. Wenn ich dieses Gefühl erkläre, weiß ich nie, ob andere das verstehen. Wahrscheinlich müsstet ihr dafür einmal ich sein. Wir alle reagieren in gleicher Weise auf Schneegestöber, glaube ich, nur eben unterschiedlich stark.

Auf der frischen weißen Fläche des Landes zeigen sich Vogelspuren, und ich erinnere mich plötzlich, wie ich noch ganz klein und dichter am Boden im Schnee einer Fuchsspur von unserem Haus in Belfast über die Straße zum Ormeau Park gefolgt bin. Es war frühmorgens an einem Sonntag, kein Verkehr auf den Straßen, keine Menschen, keine Geräusche. Nur Fuchsspuren. Lorcan war im Tragetuch, war müde, weil er in der Nacht schlecht geschlafen hatte, und konnte nur kurz laufen. Den Fuchs selbst haben wir nie gesehen, doch das, worum es ging, war das Fährtenfolgen, eine Expedition durch die Stille der Stadt, an einem der friedlichsten Tage, die ich in den acht Jahren dort erlebt habe. Unvergesslich. Ich weiß noch, wie ich die Hand in den Schnee stecke, um zu wissen, wie er sich anfühlt, und das Herumrollen darin, wie ein Hundewelpe, der eine Schneehose anhat. Dazu das Lachen. Das so erleichternde Lachen.

Vom Parkplatz an der Slievenaman Road steige ich in den wild tanzenden, wirbelnden Flocken einige Steinstufen hinauf zu einem besseren Aussichtspunkt, wobei meine Füße tiefer und tiefer einsinken. Alles ist weiß bis auf die dunklen Konturen der Bäume. Ich halte mein Gesicht hoch ins Gestöber, erfreue mich am Kribbeln und am Geschmack. Gerne würde ich länger bleiben, aber Dad macht sich Sorgen um den Rückweg. Wir müssen los, möglichst schnell, doch als wir den Hang runtergeklettert, ins Auto gestiegen und davongefahren sind, ist vom Schneesturm und von der Weiße auf einmal nichts mehr zu sehen. Alles ist wie vorher. Nur noch ein feuchtes Glitzern am Boden. Sonst keine Spur mehr vom Schnee. Hat es ihn überhaupt gegeben? Haben wir das alles nur geträumt? An meinen Stiefeln klebt noch Schnee, und meine Hände sind rot und kalt, Beweise für die Existenz von Narnia. Blitzbesuch in einer schönen, fremden und doch vertrauten Welt. Wahrscheinlich der letzte Kuss des Winters. Ich bin so froh, mein Gesicht hinaufgestreckt zu haben, um ihn zu spüren.

### Donnerstag, 21. März

Im Wald gibt es kein Halten mehr. Buschwindröschen und Farne entrollen sich und treiben aus, heraus aus der geduldigen Erde, aus dämmrigen und alten Räumen. Weiße Fuchsienglocken brechen hervor, und der Luftraum ist nach der Winterstille wieder voller Musik. Auch Blauglöckchen sind kurz vor der Blüte. Das Licht und die Wärme des Frühlings ziehen durch die Berge und in mich hinein. Mit dem Dunkel hatte ich mich arrangiert, doch jetzt berauschen mich das Licht und das Frühlingsfeuerwerk. Ab März werde ich normalerweise ungeduldig, begierig. Aber dieses Mal nicht; ich habe jeden Tag genossen, jeden Moment in mich aufgesogen.

Morgen werde ich mit anderen Schüler*innen in Belfast auf die Straße gehen und protestieren, mit vielen zusammen – nicht allein wie letztes Mal. Das jetzt gefällt mir besser. Ziviler Ungehorsam ist besser in einer Gruppe. Dann muss ich auch nicht alle Last tragen und ziehe nicht so viel Aufmerksamkeit auf mich. Die Ökogruppe wird bald pausieren, und ich muss für einige Fächer lernen, in denen ich dieses Jahr Prüfungen habe, gleichzeitig haben wir unseren Aktionsradius an der Schule ausgeweitet und verbringen die Mittagspausen damit, uns mit Bannern hinzustellen, um Themen zu setzen und Bewusstsein zu schaffen. Ich platze fast vor Aufregung über das alles. So habe ich mich noch nie gefühlt, es fühlt sich fremd an, erfrischend und elektrisierend. Ich frage mich, ob das von dem ganzen Trubel kommt. Den Aktionen. Den Unmengen wilder Erfahrungen. Auch ich entrolle mich und treibe aus – und fühle mich so viel stabiler, wage ich zu sagen. Ohne festgefahren zu sein, das nie. Und ohne es als selbstverständlich anzusehen. Das wäre wohl fatal. Ich weiß, alles kann in jedem Moment auch wieder kippen, aber so viele Puzzleteile passen jetzt zusammen.

Letzten Sonntag haben wir zum Sankt-Patricks-Tag eine Pilgerfahrt nach Glendalough gemacht, ein Gletschertal mit zwei Seen und einer alten Klostersiedlung, die der heilige Kevin, mein Amselheiliger, gegründet hatte. Ich war zum ersten Mal dort und wollte ein bisschen Einsamkeit und Frieden, aber das war unmöglich. Als wir auf der Brücke standen und über den rastlos rauschenden Glendasan River schauten, hinüber zu dem dreißig Meter hohen Rundturm, sah ich überall Menschengewimmel, alles war voll mit Touristen. Doch auch ich war einer. Ein Pilger des heiligen Kevin. Und obwohl es nicht danach aussah, dass sie Trost suchten, wie sie so von Kirche zu Kirche eilten, herumwuselten mit ihren Telefonen, klickenden Kameras und dröhnenden Stimmen, sehnten sich all diese Leute vielleicht nach genau demselben wie ich.

Mit seinen Granitsockeln voller Farn und Flechten, den Mauern voll mit Wäldern aus Frauenhaarmoosen und Lebermoosen schlug mich der Ort in seinen Bann. Wir ließen uns Zeit, fanden Tümpel mit Kaulquappen, blieben stehen und lauschten einer lauthals singenden Misteldrossel in einem Oberholz aus Eiche und einem Unterholz aus Ilex, Haselstrauch und Eberesche, mit prächtigen, glänzenden Blauglöckchen, Buschwindröschen und Sauerkleeblüten. Die Sonne schien, alles war grün und golden, vollgesogen mit Morgenregen, und ich zog mich, um die Stimmen und das unnatürliche Rumoren auszublenden, in mich selbst zurück und versank in der mich umgebenden Natur. Auch Bláthnaid fühlte sich im Himmel, als sie die Rinde der besten Kletterbäume streichelte, und mit einer Wange an einem moosigen Ast behauptete sie steif und fest, sie könnte einen Herzschlag hören. Ich sah an ihrem Blick, dass sie es wirklich so fühlte.

Nachdem wir den unteren See umkreist hatten, wählten wir den längsten der Poulanass-Wasserfall-Wege, und als wir schließlich zur Reefert Church kamen, waren wir ganz für uns allein. Stille herrschte, als wir die Stufen eines felsigen Bergsporns hinaufgingen zu Kevins Mönchszelle – von der nur noch das Fundament erhalten ist, kreisförmig angeordnete Kragsteine. Es gibt dort eine Granitplatte, in die Umrisse niedergeschlagener Augen, einer edlen Nase und eines leichten Lächelns eingemeißelt waren. Ich war nicht ganz auf die Gefühle vorbereitet, die mich überkamen, als ich eine gemeißelte Hand und einen Vogel entdeckte. Eine Amsel. Ich fuhr mit dem Finger über Formen aus glänzendem Quarz, und genau dort saß, unter einem Vorsprung, ein ruhender Marienkäfer. Ein orangefarbener Marienkäfer, der oberhalb von Kevins Kopf Unterschlupf gesucht hatte.

Die restliche Familie ging weiter zum Wasserfall, während ich zurückblieb und mich mit dem Rücken an den Stein lehnte. Ich schaute hinaus auf den See, mein Körper füllte sich mit Zittern – Ottergefühle. Ich dachte an Kevin und seine lange Reise aus der Abgeschiedenheit in die Gemeinschaft, vom Alleinleben zum Zusammensein, und überlegte, wie er Raum für sein eigenes Lernen und die Gastfreundschaft gefunden hat, die er jedem, der wollte, anbot. Ich fragte mich auch, wie er sein Bedürfnis nach Stille und seine Arbeit mit Menschen in Einklang brachte und wie seine Zeit mit den Elementen und der Natur, mit Stein und Flügel, sich änderte, als mehr und mehr Menschen herkamen.

Ich streckte die Hand aus, wollte das Kitzeln des Windes spüren. Eine Amsel würde niemals zum Nisten ihre Eier in meine Hand legen, aber ich weiß, dass meine Hand für Natur und Menschen immer ausgestreckt sein wird. Denn wir sind nicht abgetrennt von der Natur. Wir sind Natur. Und wer ohne eine Gemeinschaft immer nur auf sich allein gestellt ist, kann schwerer Ideen austauschen und wachsen. Ich bin so daran gewöhnt, meine Gedanken für mich zu behalten und mich in Räumen aufzuhalten, in denen nur ich und meine Familie sind. Aber jetzt kräuseln sich Wellen in der digitalen Onlinewelt, schwappen hinüber in die reale Welt von Aktionen, Aktivismus und sozialem Austausch. Und es wogt weiter. Ich muss mich treiben lassen, mitwirbeln, muss mich aber auch zurückziehen zu meinem eigenen Fundament.

Die Frühlingstagundnachtgleiche kam und ging, und jetzt stehe ich kurz vor meinem fünfzehnten Geburtstag, auf halber Strecke zwischen Kindheit und Erwachsensein. Alles und nichts hat sich verändert. Wieder fallen mir Seamus Heaneys Worte ein:

*Warm spürt Kevin das Gelege, die kleine Brust,*
  *den gereckten*
*Hübschen Kopf und Krallen und findet sich selbst*
  *verwoben*
*Im dichten Netz des ewigen Lebens.*

Vor einigen Jahren haben wir zur Tagundnachtgleiche den Friedhof von Caldragh auf Boa Island in Fermanagh besucht. Ein in die Landschaft eingebetteter Ort, hinter dem Seeufer verborgen, von einem Kreis aus Bäumen umarmt. Blauglöckchen blühten überall, und einige hatte man gepflückt und auf einer der janusköpfigen Statuen in die Mulde zwischen ihren Kopfhälften gelegt. Die fast zweitausend Jahre alten Gesichter schauen beide geradeaus, aber in unterschiedliche Richtungen, ein Dualismus. Und so etwas fühlte ich an dem Tag. Ich war dreizehn, klein in jeder Hinsicht, aber ich hatte große Gedanken. Ich legte meine Hände auf die Steine und spürte grollendes Ahnengebrüll. Einen Laut wie von einer Mutter, die ihr Kind anschreit, das sich in Lebensgefahr begibt. Eindringlich. Flehentlich. Ich spürte die daher rührende Hitze, als ich meine Hand an meine Wange hielt.

Auf Boa Island genau wie in Glendalough spürte ich auf Kevins Spuren, wie sich Tore öffneten, Entscheidungen sich anbahnten, Wege gegangen werden wollten. Ich sehne mich danach, mehr Zeit mit den Unwägbarkeiten der Natur zu verbringen, ohne den Austausch und die Komplikationen mit Menschen. Ich wünsche mir so sehr diese Einfachheit, möchte aber auch hinaus in die Welt und meinen Weg gehen, egal wie fordernd und schmerzhaft das vielleicht ist. Die Natur und wir, entzweit, vereint.

Ich lasse in Glendalough den heiligen Kevin und die Amsel hinter mir, renne zu meiner Familie, um das letzte Wegstück zusammen zu gehen, da ergießt sich über uns gleißende Sonne, verbindet uns und das Land mit unsichtbaren Schnüren. Eine längere, festere Verbindung wird in die Welt gelegt. Mein Herz öffnet sich. Ich bin bereit.

*My soul is in the trees*
*It's in the sap that fills the wood*
*It's in the rings that tell her age*
*It's in the smoke that marks the days*
*It's in the fire in my heart*
*It's in the embers in the soot*
*It's in the place I put the ash*
*It's in the soil*
*It's in the grass*
*It's in the mouths of all the herd*
*It's in the beetles and the birds*
*It's in the feathers that I found*
    *one morning lying on the ground*
*It's hallelujah, aye and oh*
*It's where I've been and where I go*
*It's in the people that I meet*
*It's kneeling silent at their feet*
*It's ever dutifully yours*
*It stems my pride*
*And opens doors*

*Aus* BOTTOM OF THE SEA BLUES *von Johnny Flynn*

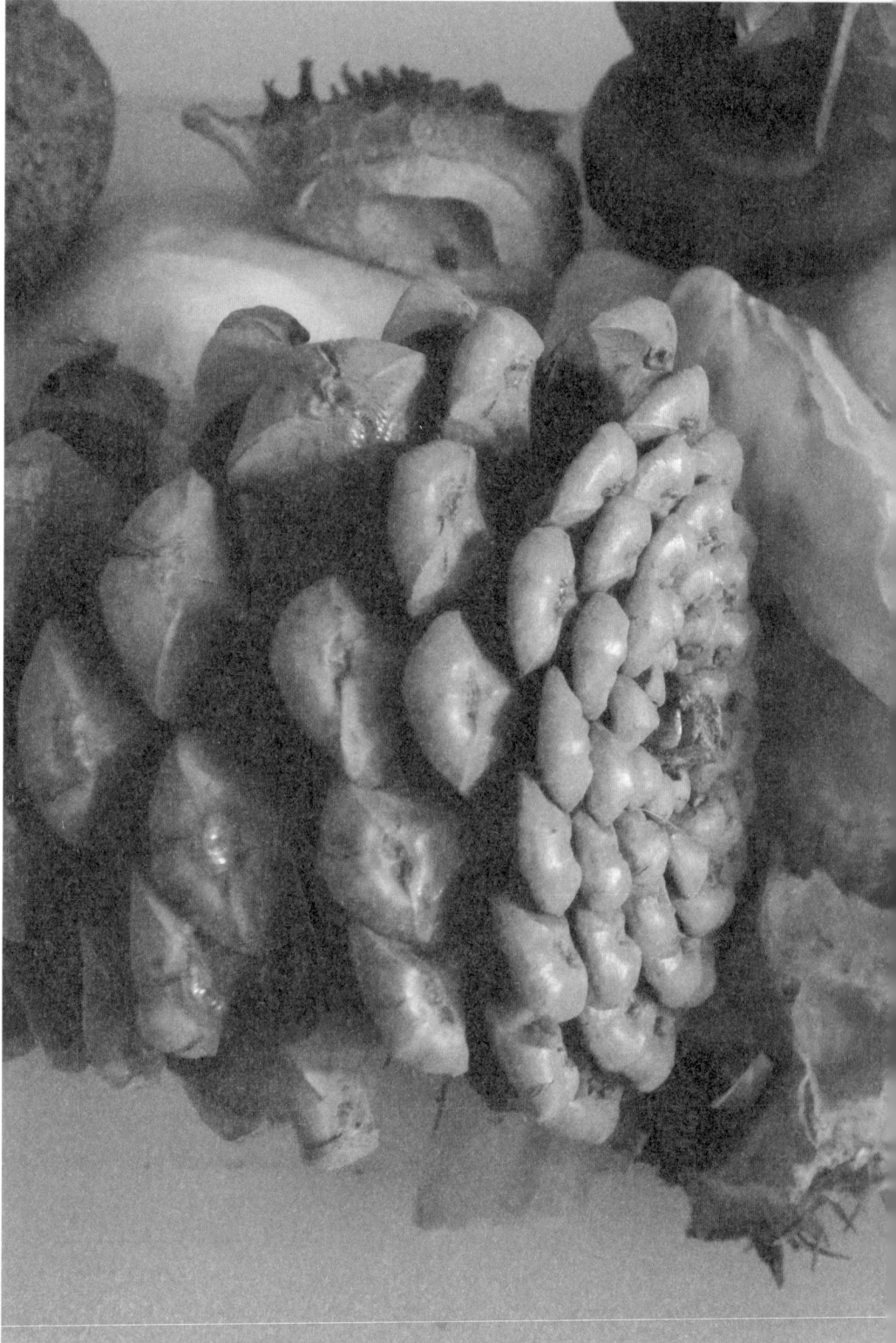

# Glossar

**Banshee** (ban-shee) *bean sidhe*
Bedeutet »Feen-Frau« im Irischen. Banshees gelten als Vorbotinnen von Tod und Verderben, deren Schrei einem das Blut in den Adern gefrieren lässt. Wenn jemand eine Banshee in Gestalt einer alten Frau am Ufer eines Sees Kleider von Blut reinigen sieht, so wird er oder ein Familienmitglied der Sage nach bald sterben.

**Beowulf** (bay-o-wolf) *Beowulf*
Gilt als eines der wichtigsten Werke der altenglischen Literatur, auch wenn die genaue Entstehungszeit unbekannt ist – das heute noch erhaltene Manuskript stammt aus dem späten zehnten oder dem frühen elften Jahrhundert.

**Binn** (ben) *binn*
Irisches und schottisches Gälisch für »Bergspitze«, vor allem bei höheren Bergen. Oft anglisiert als Ben. Der Plural ist Beanna. *Siehe auch* Slieve.

**Bláthnaid** (blaw-nid) *Bláthnaid*
Heißt im Irischen »die Blühende«, abgeleitet von »bláth«, dem irischen Wort für »Blume«.

**Boa Island** (bo island) *Inis Badhbha* (in-is baa-v)
Die Insel der Badhbhs (Baa-vs), was für Aaskrähe steht und auch der Name einer keltischen Kriegsgottheit ist. Boa Island inmitten des Lough Erne ist lang und schmal und über zwei Brücken mit der Hauptinsel verbunden.

**Bodhrán** (boar-on) *bodhrán*
Eine irische Rahmentrommel aus Ziegenfell, die häufig in der traditionellen irischen Musik eingesetzt wird.

**Bran** (braan) *bran*
Bran (Irisch für »Rabe«) und Sceolan sind der Sage nach die beiden Irischen Wolfshunde von Fionn Mac Cumhaill gewesen. Ihrer beider Mutter Tuiren war von einer Feen-Frau in einen großen Hund verwandelt worden.

**Cairn** (karn) *carn*
Ein von Menschen angelegter Steinhaufen; in Irland oft eine prähistorische Grabstätte.

**Callows** (kallows) *caladh* (kall'ah)
Eine Flussaue, abgeleitet von der »caladh«, das ist im Irischen eine saisonal überflutete Feuchtwiese, wie es sie in Irland gibt.

**Caoimhín** (kee-veen) *Caoimhín*
Daras dritter Name (»Kevin« im Englischen) und ein bedeutsamer irischer Heiliger aus dem sechsten Jahrhundert, der das Kloster von Glendalough gegründet hat (65 km südwestlich von Dublin).

**Cashel** (cash-ell) *cashel*
Heißt »Burg« im Irischen, bezeichnet aber hauptsächlich eine runde, gemauerte Wehranlage aus der frühen Eisenzeit in Irland.

**Children of Lír (Kinder von Lír)** *Oidhe Chlainne Lír*
Die Tragödie der Kinder von Lír. Lír, ein irischer Gott, gehörte zu den Tuatha (two-uh-tha) Dè Danaan, den legendären Vorfahren der heutigen Iren, und heiratete Aoife, die seine Kinder aus einer früheren Ehe in Singschwäne verwandelte.

**County Fermanagh** (fur-man-ah) *Fir (oder Fear) Manach*
Ein County im Südwesten von Nordirland; Name abgeleitet vom Irischen »Fir Manach«, den »Männern von Manach«. Das westlichste County von Nordirland liegt an der Grenze zur

Republik Irland und ist eine der neun historischen Grafschaften der Provinz Ulster.

**Country-Parks/Naturschutzgebiete/Waldparks**
In Nordirland gibt es sieben Country-Parks im Besitz der Regierung, die von der nordirischen Umweltbehörde NIEA verwaltet werden, neben einigen Naturschutzgebieten auch den Castle Archdale Country Park. Darüber hinaus gib es Waldparks, die allerdings in der Obhut des Northern Ireland Forest Service sind.

**Crocknafeola** (crock-na-foal-a) *Crock na feola*
»Der Fleischberg«. Ein kleiner bewaldeter Gipfel der Mourne Mountains.

**Cuilcagh Mountain** (cull-key) *Binn Chuilceach*
»Kreidiger Gipfel«. Der Berg verdankt seinen Namen dem Kalkgestein im County Fermanagh.

**Dara** (da-rha) *Dara/Dáire*
Bedeutet Eiche, weise, fruchtbar. Möglicherweise eine Ableitung des irischen Namens Doire, der oft in der irischen Mythologie vertreten ist.

**Erne** (err-n) *Éirne/Érann*
Name einer Gottheit, Namensgeberin der Érainn, einer in Irland weit verstreuten Ethnie, die zum Manaig von Fermanagh gehörte, einem keltischen Stamm, der ursprünglich aus Belgien kam. Der Fluss Erne weitet sich in zwei große Seen: Upper und Lower Lough Erne.

**Eimear** (ee-mer) *Eimear*
Irischer Frauenname mit der Bedeutung »Schwalbe«; die legendäre Ehefrau des Heldenkriegers Cuchulain aus Ulster.

**Enniskillen** (ennis-kill-in) *Inis Ceithleann*
»Ceithleanns Insel«. Ceithleann war die Ehefrau des legendären Balor, eines Riesen vom Volk der Fomori. Es heißt, sie sei zu der Insel, auf der sich Enniskillen befindet, geschwommen, um dort Zuflucht zu suchen, nachdem sie in der Schlacht von Moytura in Sligo den König der Tuatha Dè Danaan tödlich verletzt hatte.

**Fianna** (fee-uh-na) *Na Fianna*
Gilt als Spezialarmee des irischen Hochkönigs, stationiert in der einstigen Hauptstadt Tara, im County Meath.

**Finn McCool** (fin-mac-cool) *Fionn Mac Cumhaill* (fee-yun mac-cool)
Anführer der Fianna und der Held vieler irischer Sagen.

**Fomori** (fore-more-i) *Fomhóire*
Böses Menschenvolk, das seine einstige Hauptstadt auf der Insel Tory im County Donegal hatte. Sie versklavten Irland und führten Krieg gegen die Tuatha Dè Danaan.

**Glendalough** (glen-da-loch) *Glendalough*
»Das Tal der zwei Seen« liegt 65 km südwestlich von Dublin im Wicklow-Mountains-Nationalpark. Ehemalige, vom heiligen Kevin gegründete Klostersiedlung mit einem Rundturm und anderen Bauten aus dem irischen Frühmittelalter im sechsten Jahrhundert.

**Inish** (in-ish) *inis*
Irische Bezeichnung für Insel, mit den Varianten »inch« und »inse«. Wird oft anglisiert als »inish« oder »ennis«, wie bei Enniskillen oder Inis Ceithleann (Kathleens Insel).

**Isle of Inishglora** (in-ish glor-ra) *Inis Gluaire*
Eine unbewohnte Insel an der irischen Westküste vor der Halbinsel An Muirthead in Erris im County Mayo. Daras Urgroßmutter wurde in Erris geboren.

**Lagan** (lag-han) *an lagáin*
Bedeutet »Fluss im tief liegenden Gebiet«. Der Lagan durchfließt als größter Fluss die Stadt Belfast – sein Treidelpfad ist als schöner Wander- und Radweg bekannt und verläuft durch Wälder der Belfaster Außenbezirke.

**Lon dubh** (lawn doo/duv) *lon dubh*
Irisch für »Amsel«.

**Lorcan** (lor-can) *Lorcan*
Männlicher Vorname, bedeutet »der wild Entschlossene«.

**Lough** (lock) *loch*
»Lough« ist die anglisierte Version des irisch-gälischen Wortes »loch« mit der Bedeutung »See«. Typisch für Irland, in Schottland nicht zu finden.

**Lough Derravaragh** (loch derra-var-och) *Loch Dairbhreach*
Die Kinder von Lír verbrachten hier dreihundert Jahre, bevor sie in den Nordkanal zogen, die Meerenge zwischen Irland und Schottland, und sich daraufhin weitere dreihundert Jahre im irischen Westen im County Mayo zwischen Erris und Inishglora aufhielten.

**Lough Nabrickboy** (lock-na-brick-boy) *Loch na breac buí*
»See der gelben Forelle« im Big Dog Forest in Fermanagh.

**Mallacht** (mall-oct) *Mallacht*
»Die Verfluchende«, Name der Hexe, die von Fionn Mac Cumhaill und seinen Hunden durch das County Fermanagh gejagt wurde. Auf ihrer Flucht blieb sie stehen und verzauberte die Hunde in zwei Felshügel namens »Big Dog« und »Little Dog« *(Bran* und *Sceolan).*

**McAnulty** (mac-a-null-tee) *Mac An Ultaigh*
Wortwörtlich »Sohn eines Mannes aus Ulster«. Dieser Clan ist eine Abspaltung der Mac Donleavys, die von Downpatrick aus über das Königreich Ulster (bzw. Ulaid) herrschten, bis es 1177 vom Normannenritter John de Courcy erobert wurde.

**Mourne Mountains** (mourn) *Múrna/Beanna Boirche*
Eine Granitbergkette im Südosten des County Down, benannt nach dem irischen Clan namens »Múghdhorna« bzw. »Múrna« im heutigen Irisch, der hier um 1300 ansässig wurde. Bekanntheit erlangten sie auch durch »Mountains of Mourne«, ein Lied von Percy French aus dem Jahr 1896, das mehrfach nachgesungen und gecovert wurde, unter anderem von Don McLean. Ihre ältere Bezeichnung »Beanna Boirche« (banna-bor-ka) bedeutet laut mancher Quellen »Berge des mythischen Viehhirten Boirche«, der im dritten Jahrhundert die Rinder des Königs von Ulster hütete.

**Quoile** (qu-oil) *An Caol*
Wortwörtlich »der Enge«. Der Quoile ist ein Fluss in Downpatrick im County Down. An seinem nördlichen Ufer befindet sich Inch Abbey, eine vornormannische keltische Klostersiedlung. Das Quoile-Naturschutzgebiet erstreckt sich über beide Uferseiten.

**Róisín** (row-sheen) *Róisín*
Irischer Vorname mit der Bedeutung »kleine Rose«.

**Samhain** (sah-win) *Samhain*
Gälisches Fest mit heidnischen Wurzeln, das nach der Ernte im Herbst zu Beginn der dunklen Winterzeit stattfindet. Ist historisch in Schottland, Irland und auf der Isle of Man belegt und wurde traditionell vom 31. Oktober auf den 1. November gefeiert. Vom Christentum übernommen als »Hallowe'en«.

**Sceolan** (sh-kyo-lan) *Sceolan*
Bruder von Bran, einer der beiden legendären Irischen Wolfshunde von Fionn Mac Cumhaill.

**Scréachóg** (scra-oh-g rail-ya-ga) *scréachóg reilige*
Irischer Name der »Schleiereule« mit der Bedeutung »Friedhofs-Kreischer«.

**Sea of Moyle** (moy-ull) *Sruth na Maoile*
Nordkanal. Die Meerenge, die das südwestliche Schottland und Nordirland voneinander trennt, auch bekannt als »Irish Channel« (Irischer Kanal) oder »Sea of Moyle« (Meer von Moyle). Bei klarem Wetter ist das andere Ufer in Sichtweite. An der engsten Stelle knapp zwanzig Kilometer breit. »Maoile« ist die gälische Bezeichnung für »Mull (of Kintyre)«, was »kahler Gipfel« heißt.

**Slieve** (slee-ve) *sliabh*
Im Irischen gibt es viele Wörter für »Berg«, das verbreitetste ist »sliabh«, anglisiert zu »slieve«, das in die Namen der irischen Berge und Bergketten Eingang fand; wird auch für Hügel verwendet. *Siehe auch* Binn.

**Slieve Donard** (sleeve donn-ard) *Sliabh Dónairt*
Bedeutet »Berg von Dónairt«, 850 Meter hoch, erhebt sich eindrucksvoll aus dem Meer und ist einer der zwölf Stammesführer-Berge auf der irischen Insel. Höchster Berg Nordirlands. Der

heilige Dónairt, einstmals ein heidnischer König und Krieger, schloss sich dem heiligen Patrick an und lebte als Einsiedler in dieser Gegend.

**Slieve Muck** (sleeve muk) *Sliabh Muc*
Einer der »Mourne Mountains«, wortwörtlich »Berg des (Wild-)Schweins«. Sein Nordhang ist die Quelle des Bann, des längsten Flusses in Nordirland.

**Slievenaslat** (she-leeve-na-shlat) *Sliabh na slat*
»Berg der Stäbe« oder »Berg der Stöcke«, liegt im Castlewellan Forest Park. Noch immer finden sich dort viele Weiden- und Haselnussbäume, deren Ruten früher vielleicht zum Flechten von Körben etc. genutzt wurden.

**Stieglitz** (laa-seer coll-yeh) *Lasair choille*
Im Irischen bedeutet der Vogelname »Flamme des Waldes«.

**Stormont** (stor-mont) *Stormont*
Seit dem Karfreitagsabkommen (Regelung der Selbstverwaltung) von 1998 Sitz des nordirischen Parlaments und der eigenständigen Regierung im Osten von Belfast.

**Tamnaharry** (tam-na-harry) *Tamhnach an Choirthe*
Wortwörtlich »Lichtung im Hochland des Hinkelsteins«. In Tamnaharry bei Mayobridge in Newry im County Down befindet sich auf einem Hügel ein beachtlicher Hinkelstein aus der Megalithkultur, der weithin zu sehen ist. Daras Urgroßvater McAnulty ist auf dem Bauerngehöft von Tamnaharry groß geworden.

**Uaigneas** (oo-ig-nuss) *uaigneas*
Schwer in andere Sprachen zu übersetzen, bedeutet in etwa »eine unheimliche Art von Einsamkeit«.

# Dank

Meinen allertiefsten Dank meiner Familie, für eure bedingungslose, unerschütterliche Liebe und Unterstützung. Dass ihr mir Flügel gebt und mich selbst bestimmen lasst, wohin ich fliege und welche Trommel ich rühre. Eure Geduld und Opferbereitschaft, euer Humor und Abenteuergeist haben mir erlaubt, zu wachsen und abzuheben. Ich hoffe, euch irgendwann mal einen ähnlich großen Dienst erweisen und etwas von dem zurückgeben zu können – Mum, Dad, Lorcan, Bláthnaid und Rosie, ihr seid die Besten!

Dank an Adrian von Little Toller dafür, dass er im Lektorat nicht versucht hat, meine Stimme »erwachsener« zu machen. Für das Glätten einiger Kanten und für die Möglichkeit, dass ich, ein autistischer Teenager, meine Geschichte erzählen kann, mit all ihrer ehrfurchtslosen Direktheit und kindlichen Verwunderung. Gracie, Graham und Jon, die Arbeit mit euch hat mich zugleich Demut gelehrt und einiges Adrenalin bei mir freigesetzt. Außerdem danke an Lily und Luca, dass sie ihre Eltern so lieben und unterstützen – und Luca noch mal danke für deine

Express-Korrekturlese-Kunst! Ich hoffe, das war nicht unser letztes gemeinsames Abenteuer.

Dank an Tony Smith, meinen großartigen Pfadfinderleiter und Freund, der mir beibrachte, dass ich meine Grenzen überwinden, meine Komfortzone verlassen und »schwierige Sachen« probieren kann – und wie man Erfolge feiert! Unsere Pfadfinderlager mitten in der Natur gehören zu meinen besten Kindheitserinnerungen; auf einer Steinbruchkante im Wald Sauerklee zu essen, Kanu zu fahren, umherzustreifen – diese Erfahrungen machen mich aus. Und obwohl im Text nichts davon erzählt wird, sind diese Erinnerungen mit die Hauptgründe, warum es das Buch gibt.

Danke, Dr. Eimear Rooney und Dr. Kendrew Colhoun! Die Anleitung und Beratung von euch einzigartigen Ornitholog*innen hat meine Greifvogelmanie in keiner Weise geheilt – ich bleibe euch also erhalten. Tut mir leid.

Dir, Chris Packham, danke ich für die Freundschaft und Geduld, als du der Klangboden meiner Teenagerangst wurdest. Du hast meine Wurzeln getränkt und gabst mir Zuversicht zu wachsen. Danke für deinen unbeirrbaren Einsatz für die Natur und dafür, dass du die Stimmen so vieler junger Naturschützer und Aktivisten weithin hörbar machst. (Ich höre jetzt auf, bevor du anfängst, mich zu hassen!)

Ein großes Dankeschön an Robert Macfarlane für den Hühnergott, die Literaturhinweise und den verlässlichen Rückhalt, die Ermutigung und Begeisterung. Du bist ein Gentleman und ein Gelehrter (das ist das höchste Lob, das es in Irland gibt).

Ich bedanke mich auch bei meinen Freunden aus Schule und Gemeinde – ihr habt meine Welt auf eine gute Umlaufbahn gebracht. Auch wenn ich beim Kreisen immer wieder die Kontrolle verlor, konnte eure Anziehungskraft mich ins Sonnensystem zurückholen.

Besonderer Dank gebührt folgenden Organisationen dafür, dass sie mir ein Gerüst zum Hinaufklettern gebaut haben, um von allen Dächern rufen zu können, dass wir die Natur schützen müssen: die Northern Ireland Raptor Study Group, Ulster Wildlife (The Grassroots Challenge), die Royal Society for the Protection of Birds, die #IWILL campaign, Our Bright Future sowie The National Trust. Ich hoffe, wir können uns weiterhin zusammen für eine bessere Welt einsetzen – ich bin dabei, jederzeit und mit aller Kraft.

Danke auch an die Natur: meine Quelle und Wurzel, mein Anstoß und Schwung. Mein Kronendach. Mein Schild und Schwert.

D. McA.
*County Down,* 2020

# Stimmen zum Buch:

»Daras Stimme und Weitsicht sind außergewöhnlich: mutig, poetisch, ethisch, lyrisch und so stark, dass man ihm schon in jungen Jahren Gehör und Bewunderung schenkt.« — *Robert Macfarlane*

»Dieses Buch ist bedeutsam, ein Tagebuch, aber im Grunde zeitlos. Es geht ums Aushalten, um Leidenschaft, Schönheit und Verbundenheit. Es ist sehr, sehr besonders.« — *Chris Packham*

»McAnultys Sprache erglüht vor tiefem Mitgefühl für die Natur.« — *Tim Flannery*

»Atemberaubend.« — *Philip Marsden*

»Nachdem ich ein paar Stunden in diesem intimen, feinfühligen und tief empfundenen Buch gelesen habe, waren mein Herz leicht und die Hoffnungen, die ich für unsere Zukunft hege, groß – ganz einfach, weil Menschen wie Dara McAnulty sie schreibend bevölkern.« — *Alex Preston, The Guardian*

»Die Lektüre dieses wundervollen Tagebuchs hinterlässt bei mir den Eindruck, dass, was auch immer die Zukunft bringen mag, sie mit jungen Menschen wie McAnulty in guten, sicheren Händen ist.« — *Amanda Bell, The Irish Times*

»Dies ist ein bedeutsames Buch über die Natur – umso mehr, als Dara McAnulty es noch vor seinem 16. Geburtstag abgeschlossen hat. Unser diesjähriger Siegertext ist nuanciert, leidenschaftlich und voller Anteilnahme. Ein wunderbares Tagebuch ... die Jurymitglieder haben es geradezu atemlos verschlungen, so bewegend ist es. Und so eindringlich.« — *Julia Bradbury, aus der Begründung der Jury für den Wainwright Prize*

»Als würde man William Blake oder Ted Hughes lesen, eine wirklich kuriose und magische Erfahrung ... Mit Sicherheit eines der am meisten besprochenen Naturbücher, oder Bücher überhaupt, in diesem Jahr.« — *The Daily Mail*

»Ein leidenschaftlicher und origineller Appell zur Bewahrung unserer empfindlichen, sich wandelnden Biosphäre ... Ein zauberhaftes und bemerkenswertes Buch.« — *Charlotte Moore, The Spectator*

### SEIEN SIE EIN TEIL DAVON

**25 JAHRE MALIK VERLAG**

»MALIK-BÜCHER LASSEN UNS IN GEDANKEN KOFFER PACKEN UND MIT DEM HERZEN SCHON AM ZIEL SEIN!«
*HAPE KERKELING*

MARIA BLUMENCRON • CHARLES FOSTER • ALEXANDER HUBER • THOMAS HUBER • ZLATAN IBRAHIMOVIĆ • GERLINDE KALTENBRUNNER • JAN KAMMANN • HANS KAMMERLANDER • HAPE KERKELING • ANDREAS KIELING • JULIANE KOEPCKE • JON KRAKAUER • REINHOLD MESSNER • STEFFEN MÖLLER • RÜDIGER NEHBERG • STEPHAN ORTH • CHRISTOPH REHAGE • CARMEN ROHRBACH • DIRK ROHRBACH • ANNE SIEGEL • UELI STECK • CHRISTINE THÜRMER • HELGE TIMMERBERG • NICOLAS VANIER • KRISTINA VOGEL • ANA ZIRNER • UND VIELE WEITERE

Mehr Infos unter
**piper.de/malik**